U0073654

《推背圖》歸序全解
修訂版

陳曦　文征

《推背圖》再版序言

　　縱觀人類歷史，朝朝代代興衰起落，波瀾壯闊，浩瀚輝煌；作為神傳文化一部分之「預言」貫穿古今是為奇葩。「預言」用深奧隱晦之圖文來斷言或暗示後世人類走向的預測及警示，無論佛家、道家、西方正教、或民間流傳的眾多預言，都有一個共同的指向，那就是：本次人類會面臨大劫難，走向完結；而且從預言得知的時間點就是當今這個紛亂繁雜、十惡毒世、道德淪喪殆盡的時代。

　　在眾多預言中，《推背圖》、《梅花詩》、《諸世紀》、《格庵遺錄》、《聖經》〈啟示錄〉、《馬前課》等少數幾本，對大劫難到來時人類面臨的慘局及如何逃離大劫難，有不同程度的著墨，其中又以《推背圖》為最，其詳細預知了近代及現代人類走向終結的變遷，並特別重點指出了遠離大劫難之正道，堪為冠甲群倫之作。

　　2007年本書初版，對古本《推背圖》進行了歸序詳解，一時獲得眾多愛好者的肯定；但限於當時之情勢，尚有解析遺漏之不足。

　　時至今日，天象已顯，大局日漸明晰，對《推背圖》深奧難測之隱含深意已然破解，故此續推再版。

　　先知在《推背圖》中用了二條主線暗示未來：一是書名「推背」，何為「推背」？之前甚難破解其意，其實是指

明一個「退」字；二是結語中歸於終極的一個「修」字；理清了這二個主軸，對《推背圖》第四十象起之近代、現代、當今正在進行的，以及未來即將發生的大劫難及逃難方法即可豁然開朗。

「推背」冠於書名堪為至重，何解為一個「退」字？「不如推背去歸休」呼應全書定論結局，何解為終極警示一個「修」字？再版《推背圖》中有前所未有的明晰解讀，讀者諸公只需細細端詳，必有玄妙解方，方能度過大劫難，獲得自救及永世新生之未來。

留此預言，先知絕非嬉鬧好事，此乃大劫難將至之慈悲警示；遵循先知的明燈指路，緣結千萬年的慈悲正道，即可洞悉其中奧妙玄機。

二〇一六年八月六日

自序

　　《推背圖》作為世界最著名的預言書，在中國歷傳千年而不衰，據網際網路統計，《推背圖》如今依然是世界上最受關注書籍。

　　雖然近代闡釋《推背圖》的文獻很多，但因為《推背圖》後面各象的順序被打亂了，所以常常解釋的各執一詞，莫衷一是。也就是說，如果不能正確地歸正錯亂的順序，《推背圖》就永遠是謎中之謎。

　　筆者也曾在前人解析《推背圖》的框框裏徜徉了十來年，也以為中外各大預言的結局各異，還是在文征的啟發下，發現古今中外十多部預言的焦點、結局驚人地一致！

　　結合與文征的探討，筆者博採眾長、廣泛查證、深思慎取之後，寫成了本書。初稿的一部分在網路上互動試播時，收到了中國大陸、港台、美洲眾多網友的熱烈反饋，有熱情的支持鼓勵，有精見妙解，也有置疑異議，甚至是謾罵攻擊……

　　令人欣慰的是：在所有的反饋中，大家一致認可上部（一至三十三象）的解析，對下部某些象的破解定位有異議的只占6.2%，其中的2.4%是對下部的歸序全解全盤反對，但基本是出於非學術因素。

　　這部正式書稿根據網友的意見和批評做了很多改進，

收入了不少網友的精見妙解（在文中用｛｝標注出），因此和初稿有了顯著不同。

歸序全解之後，我們發現《推背圖》不是李淳風、袁天罡證實自己的，不是創造預言文化為後人消遣的，而是警醒後人，在今人即將面臨的大劫前，警示世人避禍得福的。用意可謂深遠！

如果李淳風、袁天罡二位先師，真是為今人留下指點迷津的警言，願本書能完成他們的夙願。

千古之謎《推背圖》，完全破解，非幾人之力可成。歡迎大家繼續批評指證！反饋的精見妙解，將收入下一版中。

再次向各位熱心讀者表示衷心的感謝！

陳曦

二〇〇七年九月十一日

目 錄

歸序篇

附錄

【前言】

千古奇書《推背圖》

人類步入了資訊的時代，在浩如煙海的文章書籍中，人們最關注的是什麼？

答案可能會讓你大吃一驚！互聯網的統計告訴我們：在西文中，十六世紀法國諾查丹瑪斯的大預言《諸世紀》獨占鰲頭；在中文裏，中國唐朝的大預言書《推背圖》高居榜首，網頁量、點擊量超過《諸世紀》（中、西文）一倍多！

如此看來，預言文化還是深入人心的，人們在閒暇時，還是很想知道未來是什麼樣子的。

下面，我們就展開《推背圖》的歷史畫卷，一同揭開這部世界第一大預言的奧祕。

一、引言

《推背圖》是中國古代第一奇書，古今第一謎語，是中國預測學——陰陽易學推演的巔峰之作！它用六十象圖讖（音趁，謎語一樣的預言詩句）預言了唐朝至當代、以至未來的重大事件，歷朝的興衰更替俱在其中。因為應驗的奇準無比，深為歷代統治者所忌憚，所以歷代都被列為禁書，但在民間一直廣傳不衰。

《推背圖》被正式收入了《宋史・藝文志》，在《元

史》等多部史書古籍中也被提及。

《推背圖》近代流傳最廣的版本，是明末清初著名才子金聖歎的批注本（在本書中簡稱「金批本」）。英法聯軍攻入北京時，宮廷祕藏的「金批本」《推背圖》被劫掠到英國，後來被華商從英國買回，民國時得以發行。

近年來研解《推背圖》的著作很多，筆者在博採眾長的基礎上，深入探究，詳加考證後寫成了此書，試圖：

1. 首次嘗試全面、深入破解金批本《推背圖》的每一象。

2. 首次嘗試簡明地解讀各象的「卦」，展現《推背圖》圖、讖、頌、卦四位一體的「預言藝術」。

3. 首次嘗試將金批本《推背圖》第三十四象以後的錯亂順序，按照史實歸正，以期還原《推背圖》的原貌，歸序全解之後，《推背圖》的核心天機自然會呈現在讀者面前。

本書意在拋磚引玉，歡迎大家斧正，一同解開這部千古之謎。

二、《推背圖》八大置疑

筆者總結了近代對《推背圖》的種種置疑，主要有以下八個。這些置疑有的是很致命的，目前對《推背圖》的解析基本都在迴避它們。本書首次嘗試解答。

置疑一：《推背圖》號稱預言，可是從唐朝就出現了清朝服飾，這不明顯是清朝偽作嗎？

試解：如果是清朝人這樣「杜撰」——豈不此地無銀三百兩？！

《推背圖》都是用清朝裝束表示胡人，但並不這麼簡

單，還有更深的內涵，只有全部破解六十象之後，才能看到真諦。本書第七象首次做了解答，相信會令讀者信服。大家不但能明白《推背圖》如此設謎的用意，還能進一步體悟預言設謎的妙不可言。

置疑二：《推背圖》出現了「漁陽鼙鼓」，該成語出自白居易的〈長恨歌〉，白居易晚生於李淳風一百七十年，這不是說《推背圖》最早也是唐朝中期作品，那麼《推背圖》對唐初的預言不就是編造的嗎？

試解：置疑者顯然把**「漁陽鼙鼓」**當成白居易的「專利」了，在第五象中會全面解釋。

置疑三：《推背圖》既然在五代才廣泛流傳，可見不是唐朝的作品，否則在唐朝就會流行，古籍中能沒有記載？

試解：如今認為《推背圖》在五代才廣傳，這是對《桯史》[註1]（桯：音營）的曲解！下文的考證證實：《推背圖》在唐代就廣傳了。

置疑四：今天的《推背圖》，是經過後世不斷完善、修正的吧？

試解：這一點甚至是某些《推背圖》專家的意見。這顯然把北宋初年同時出現的造假水平不一的偽本，當成後世漸次演變的產物了：把拙劣的偽本，當做原始版本，把比較華麗的偽本，當做後世修改潤色的版本了，人為地排列了一個「進化」的順序⋯⋯

本文就是要深入考證，排除偽本干擾。相信讀者看完本書，自己就能鑑別了。

置疑五：《推背圖》版本眾多，差異甚大，怎見得金批本

《推背圖》就是真本？

　　試解：這是不能迴避的。這個前提不能確定，解析《推背圖》豈不錯了方向？本書的前言就要辨析清楚，去偽存真。

置疑六：既然《推背圖》準確預言了歷朝大事，為什麼未提孫中山？這不是表明：要麼《推背圖》預言不準，要麼是假的嗎？

　　這曾是港台文壇對《推背圖》的一個致命打擊。在大陸也有類似的疑問，只不過，是因為他們沒有看到其中有大陸的某個元首。

　　其實，《推背圖》歸序全解之後，孫中山、袁世凱、蔣介石、李登輝、陳水扁、馬英九，毛澤東、周恩來、四人幫、趙紫陽、江澤民、胡錦濤……甚至未來的元首俱在其中。

置疑七：金批本《推背圖》後面各象的順序是否顛倒過？

　　目前大家基本公認西元二〇〇〇年前後的歷史，演進到了「金批本」的第四十三、四十四象。

　　有不少人認為第五十五象是清朝的事，因此懷疑《推背圖》後面的順序有亂，但是沒有得到公認。還有少數人認為第五十二、五十七、五十八象似乎也是應驗了的往事……

　　本書「歸序全解」展現的是：「金批本」從第三十四象開始，順序就被打亂了！

置疑八：《推背圖》預言的美好結局還很遙遠，《推背圖》後面的結果現在猜不準的。

　　試解：近年來《推背圖》的民間研究很熱，不少人對《推背圖》後面的「未來象」進行了大膽的猜測，甚至對其

中「預言第三次世界大戰的某象」達成了共識……

　　本書「歸序全解」之後，竟然發現：當前而言，《推背圖》對未來的預言，和大家原來認為的完全不一樣！中外古代著名大預言的預言結局，不但驚人地一致，而且可能近在眼前……。在《推背圖》預言的美好結局之前，同樣是有大劫數的！

　　所以，現在解讀《推背圖》的意義就非同一般，甚至迫在眉睫了。

三、引經據典考淵源

　　現存的史料中，最早側面提及《推背圖》的是北宋的《雞肋編》[註2]，書中側面反映了《推背圖》被北宋查禁的事。

　　成書於南宋的《桯史》卷一記載：「唐李淳風作《推背圖》……」

　　《宋史・藝文志》中正式記載了《推背圖》一卷，但未注明作者。

考證古籍，可得出下列結論：

（1）唐朝時《推背圖》已傳開了。

　　《桯史》記載：唐李淳風的《推背圖》，在五代時炙手可熱，宋太祖登基之初，就下詔禁《推背圖》，但《推背圖》已經流傳數百年[註3]。

　　以往只注意了文字表面上講的：《推背圖》在五代廣傳。有人還因此判斷《推背圖》可能是五代或唐末的作品。這是沒有注意上述「**已經流傳數百年**」的重要線索。

　　我們知道，唐朝滅亡於西元907年，宋太祖登基於西元960年，期間的五代時期只有五十三年多，上述以宋太祖為基點的「數百年」，顯然表明《推背圖》在唐朝已經流傳了。

　　唐朝是兩百九十年國運，如果「數百年」，以最低的年限兩百年來推算，《推背圖》至少在中唐時期，就已經傳開了。

不容忽視的是：在古代流傳書籍是很難的，特別是禁書，全靠手抄，《推背圖》要流傳得眾人皆知，可是需要相當的時間的。所以，它很可能是初唐的作品。

　　（2）五代時，《推背圖》炙手可熱。

　　《桯史》記述：五代亂世，群雄紛湧，很多人想輔佐命中能成大器的人，於是熱切鑽研《推背圖》。《推背圖》的讖語成了口頭禪，甚至吳越一代流行用《推背圖》中的可能是人名的詞給孩子起名。

　　（3）北宋建立，《推背圖》因應驗而傳播更熱，被太祖查禁。

　　《桯史》的「藝祖禁讖書」記載：宋太祖禁讖書時，民間多有藏本，禁不勝禁，官府都發愁了。一日，趙普上奏：藏《推背圖》的人太多，株連的人太多。

　　太祖說：「不必多禁，正當混之耳。」

　　於是下令：取舊本《推背圖》，除了已應驗的各象之外，顛倒後邊各象的順序，製作了一百個版本流傳到民間。

　　於是大家就不知道哪個是真本了，間或有存《推背圖》的，因為不再應驗，也就不藏了。

　　（4）《推背圖》在北宋中後期，幾乎家喻戶曉。

　　北宋莊綽的《雞肋編》卷記載：宋神宗啟用王安石變

法時，王安石打擊反對他的范純仁（范仲淹次子），甚至要連坐他全族的理由，竟是范家有《推背圖》！結果神宗説：「此書人皆有之，不足坐也。」

從神宗的話中，就能看到《推背圖》被查禁後的流傳程度。

至此，我們能判定：《推背圖》是唐朝的產物，而且其真本必定存在過。從史書、古籍的記載，從它對歷史的不斷應驗，從宋太祖對它的畏懼和造假，從各朝統治者對它的封禁，都能印證這一點。

《推背圖》為什麼不署名？

《推背圖》不署名的主要原因，可能是不敢。

唐朝法律明令禁讖書，貞觀十一年（西元637年）頒布的法典《唐律疏議》卷九對此有明文規定。非但如此，還授命李淳風「刪方伎書」(註4)。如果《推背圖》是李淳風作，必不敢署名。如是別人作的，更不敢「頂風留名」。

因為沒有正式署名，正史中也未給《推背圖》添加作者。

另一方面，道家講：「道隱無名」，如果能從書中看出作者是誰，也就沒有必要直接留名了。也許正是因為這樣，《推背圖》才在第六十象的圖中，把作者以畫謎的形式展現出來。

歷代對《推背圖》的作者的傳說基本是一致的：唐初的易學大家李淳風、袁天罡。我們先看一下史書古籍中是如何記載他們的。

四、曠世奇才：史籍中的李淳風和袁天罡

李淳風、袁天罡都是唐朝名人，《新唐書》、《舊唐書》中都有他們的傳記。

曠世奇才李淳風

李淳風（西元602-670）是中國歷史上最著名的易學術數專家，屈指可數的天文學家，還是唐朝著名的數學家、文史學家。

李淳風的父親李播，是隋朝的高唐尉，頗有文采，注《老子》，撰《方志圖》，文集十卷傳世，後來棄官做了道士，自號黃冠子。李淳風深受父親影響，自幼博覽群書，精於陰陽術數、天文曆算之學。

1. 研製出「三重環」渾天儀

下圖是台灣高雄「國立科學工藝博物館」的古渾天

儀，這種「**三重環**」結構就是李淳風發明的。

兩「部」《唐書》都記載了李淳風研製渾天儀。

唐太宗貞觀七年（西元633年），李淳風在古代渾天儀的「兩重環」之間，加進了稱為「三辰儀」的中間重環，成為「三重環」結構。該渾天儀結構更加精妙，三重環可以相對旋轉，星體運行變化盡在其中。

後世的渾天儀都是模仿上述結構，如上圖，只是零件略變而已。

李淳風的「三重環」渾天儀和他新著的《法象志》七卷，得到了唐太宗的大加讚賞，李淳風因此升為「凝暉閣承務郎」。後來逐漸升為「太常博士」、「太史丞」、「太史令」[註5]。

2. 中國歷史上首次精確地預測日食

在有記載的史料中，李淳風是中國歷史上首次準確預測日食的科學家——精確得「不差毫髮」！

據唐朝劉餗（音：速）著的《隋唐嘉話》[註6]記載：李淳風校成新曆，稟報太宗說要發生日蝕（食）。

古代認為日食是不祥之兆，而且當時是沒人能預報日食。太宗有些不高興，對李淳風說：如果沒有日蝕，愛卿你怎麼辦？

淳風曰：「有如不蝕，則臣請死之。」

到了說要日食的那天，太宗在庭院裏等著，看著沒有日食的跡象，就對李淳風開玩笑說：我放你回家，和老婆孩子告別。

淳風對曰：「尚早一刻。」他指著日晷的指針影子

說：「至此而蝕矣。」

果然，「如言而蝕，不差毫髮。」

3. 卓越的天文學、易學專著《乙巳占》

李淳風流傳至今的專著《乙巳占》，是我國古代著名的天文學、易學專著。其中詳細記述了渾天儀的結構，還準確定量計算出了冬天太陽（相對地球）運行加快、夏天運行減慢的數值，早於著名天文學家「僧一行」。書中還首次給風力定級。

《乙巳占》中大量的占卜、陰陽、預測學內容，被近代一些人視為「糟粕」，但正是憑著這類「糟粕」，李淳風能毫釐不爽地推算日食的時刻^(註7)，還能準確地預知未來。

4. 預知武后代唐王，勸諫太宗順天數

兩「部」《唐書》都記載了李淳風預知武后將稱帝，並勸諫太宗的事。

《新唐書·列傳第一百九十五·方技》記載：太宗得到一本祕讖，上面說：「唐中弱，有女武代王。」太宗召來李淳風問是怎麼回事。

淳風答：「先兆已成，那女子已經進宮了，四十年以後稱王，差不多能把唐室子孫夷平殆及。」

太宗問：「我先殺了她怎麼樣？」

淳風答：「天命難違，既然命定為王就死不了，陛下只能白殺無辜。何況她是陛下所愛，四十年後她就老了，老了會變得仁慈些，雖然取代唐朝，但不能殺絕唐室。但是，如果真把她殺了，她轉生回來殺氣更旺，陛下子孫就會被殺盡！」

太宗信以為然，當時就作罷了。

但從史實上看，唐太宗並沒有完全相信李淳風，於是引出一段——「五娘子」因讖被殺，李淳風預言應驗。

《舊唐書‧卷六十九‧列傳第十九》、《新唐書‧卷九十四‧列傳第十九》記載：一次宴會上，大家行酒令，説自己的小名兒。李君羨説他叫「五娘子」。太宗驚愕，大笑曰：「何物女子，如此勇猛！」

當時人們並未在意，因為一個男人、一員猛將自幼有個女人的小名，確實好笑。但不能不令太宗震驚的是：君羨是洺州「武安」人，被封為「武連縣公」（公爵），任「左武衛將軍」，守「玄武門」——命中有五個「武」字！使得太宗懷疑古讖中的「有女武代王」就是指他！

後來趕上御史彈劾君羨，説他「與妖人員道信潛相謀結，將為不軌」，於是太宗下詔殺之。武則天稱帝的第二年，君羨的家屬來申冤，君羨被平反。

從清代至今，很多人以為《唐書》中「淳風勸太宗」和「太宗殺君羨」自相矛盾，近代個別人理解不了，反而藉此攻擊《推背圖》是假的。

筆者以為，説有矛盾的——是不通曉預言謎語之道所致。

謎語、讖言一般是當代人解不開的。就如《推背圖》後面預言太平天國的一象，用了「**太平又見血花飛**」，後來人看得很明白，而太平天國以前的人，怎知道這句「**太平**」的真正預意呢？同理，武則天稱帝以後，人們看上述讖言謎語和李淳風的預言很明瞭，但武則天得勢前，人們實際是看不明白讖言謎語的！否則就不是讖語，而是洩漏天機了。

當世人解不開讖言謎語，最明顯的例證就是現在——

金批本《推背圖》後十八象有多少至今都沒有解開？！而且被近代解讀了幾十年的第一至三十三象，有多少「誤解」至今還流行著？

正因為當世人對讖語預意難以確定，而且讖語一般不能從表面意思解讀，所以才有唐太宗殺「五娘子」的事。我們不難理解：李君羨的小名「五娘子」，命中還有五個「武」字，很容易被當時人「悟到」他可能就是古讖中説的「女、武」。還有一點：把古讖解析為「後宮女子能稱王代唐」，這種解讀沒有先例，也沒有任何跡象；而李君羨要是造反稱王可不稀奇。而且，有人彈劾李君羨跟妖人（術士）往來甚密，「將為不軌」，唐太宗因此殺了李君羨，似乎既有情理可循，又不犯李淳風警告的惡果——惡果的前提是殺某個女子。

但是，這恰恰證明了李淳風説的：「天命難違，既然（女武）命定為王就死不了，陛下只能白殺無辜。」可見《唐書》的記載並不矛盾。

5. 卓越的數學家

李淳風還是唐朝的大數學家。《舊唐書》卷七九記載：李淳風主持編定、注釋了《周髀算經》、《九章算術》、《海島算經》、《孫子算經》、《五曹算經》等十部數學專著。李淳風以詳細的推演，使古代算經由艱深晦澀，變得易學易懂，後來成為唐代國子監算學館的數學教材。

李淳風注釋算經的功績對當世和後世影響極大。英國著名學者李約瑟博士曾評價説：「他（李淳風）大概是整個中國歷史上最偉大的數學著作注釋家。」

6. 農學領域的貢獻

李淳風寫有一部農書：《演齊人要術》，是對南北朝時的農學專著《齊民要術》的推演發揮。因避太宗李世民之諱，故名「齊人」。《演齊人要術》今雖失傳，但仍可以推斷李淳風是唐朝的農學家。

7. 文史學領域的貢獻

李淳風博學多才，著作頗豐。貞觀十五年（西元641年），他從事《梁書》、《陳書》、《北齊書》、《周書》、《隋書》的編寫，並為《晉書》、《五代史》親自撰寫了《天文志》、《律曆志》、《五行志》，其署名的專著還有《文思博要》、《秘閣錄》、《典章文物志》等十餘部傳世。

8. 校正曆法

唐朝初年用的是傅仁均所造的《戊寅元曆》，李淳風發明了「麟德曆」，代替了當時的曆法。

9.「六壬仙師」

李淳風晚年退隱於房公山，專心修煉，自號「六壬」[註8]。同時傳法授徒，信徒很多，以張常存、李惠舉為道家系代傳人。後人尊稱李淳風為「六壬仙師」。

占卜預測之法有繁、簡之分：繁者綜合多種因素，可以達到精準細密，簡者簡明易學，從整體上把握全局。諸葛亮完善的「奇門遁甲」和「馬前課」[註9]就分別走了繁、簡兩法，而李淳風的《推背圖》和「小六壬」也是如此，他的「小六壬」把自古的「掐指一算」演化得至簡至易，至今仍廣為流傳，很是靈驗。

可見，李淳風堪稱歷史上屈指可數的曠世奇才。由於後人難以理解他神異莫測的術數、易學成就，而掩蓋了他在科學史上的光輝。

易學大家袁天罡

袁天罡，又名袁天綱。《舊唐書·列傳第一百四十一·方伎》中記載：他是隋煬帝大業年間的「資官令」（小吏）；唐高祖武德初年，在蜀為「火井令」。他署名的著作，現今有《六壬課》、《五行相書》、《袁天罡稱骨歌》傳世，《易鏡玄要》已失傳。

袁天罡也對預測學簡易化做出了貢獻。他獨創了「稱骨演算法」，可以簡便準確地算前程、測吉凶，現在仍廣為流傳。

袁天罡神奇的預測術，在隋末唐初極有盛名，深為唐太宗所賞識。《新唐書》對他神奇的相術記載較多，《舊唐書》細緻地記載了他給武則天算命的事：武則天在襁褓的時候，袁見武后之母說：「看您的骨法，必生貴子。」於是武后之母召三個孩子來請他算了命，等抱武則天出來，哄袁說是男孩。袁大驚道：「龍睛鳳頸，貴人之極！」轉側視之，又驚曰：「必若是女，實不可窺測，後當為天下之主矣！」

據《舊唐書》記載，袁天罡給人相面算官運奇準。貞觀八年，太宗把他召到了九成宮，讓他給人相面，結果袁天罡的預測都應驗了。後來申國公高士廉問袁：「你自己能做什麼官？」天罡說：「我知道自己的壽數，今年四月命終。」結果真應驗了。

還有些古籍記載了袁天罡和李淳風一同起卦預測的事蹟，皆是當時的佳話。至於他們是不是《推背圖》的作者，本書也進行了考證（見第35頁）。

五、顛倒本、偽本、金批本的辨析

從《桯史》上述記載，可以看出：宋太祖是命人將《推背圖》——除了當時已應驗的各象（十六象以前）外——後面的排列順序打亂了，做了百種版本流傳出來，以達到以假亂真的目的。

本書稱這些只打亂順序的版本為「**顛倒本**」——如果是這樣的版本，我們只要歸正其順序，就能恢復《推背圖》的原貌了——但事實上絕非這麼簡單。

從現今發現的《推背圖》的幾個版本的巨大差異，很可能北宋當時除了做「**顛倒本**」之外，還改動一些象。在後世的流傳中，又發生了造假，比如出現過六十七象本——因為造的太假，很容易被識破。本書稱這些改動過內容的《推背圖》為「**偽本**」。

是不是經過了如此以假亂真，解析《推背圖》就沒有意義了？無法確定真本？

非也！通過細緻深入的辨析，是能基本還原《推背圖》的真容的。

時間、歷史的驗證，顛倒本、偽本被大量淘汰，真本和接近真本的會因應驗而興起。

這一點，是大家忽視的。

《桯史》「藝祖禁讖書」條最後記載：因為《推背圖》（假本）不能應驗，有存它的，就不再存了。

明朝郎瑛《七修類稿》卷十五說：「《推背圖》相傳是唐朝李淳風做的。我在萬都憲五溪家中看到了，上面的預言沒應驗」，就說：「宋太祖造假本迷亂《推背圖》，這是假本吧？」五溪說：「得，這類書都別看了。」

這恰恰記錄的是歷史對「顛倒本」、「偽本」的淘汰過程！

歷史的檢驗是很嚴格的：

（1）從北宋到清初，經過了近七百年歷史的檢驗。

（2）《推背圖》又歷經了十七象，即一至三十三象時間順序未改、內容大體不錯的版本，才能脫穎而出。

所以：大部分假本經不起這樣的檢驗被淘汰；相反，能經得起這樣考驗的版本，實在不多，它們會因為應驗而越傳越廣！

上述邏輯推斷，至少能得到下述證實：

元、明、清、民國（袁世凱）都要查禁《推背圖》，是因為歷史的檢驗，不斷把接近真本的版本烘托出來，令統治者恐懼。

現在芝加哥大學收藏的彩圖本《推背圖》，前邊各象次序是亂的，它未能廣傳，因為它禁不起歷史的檢驗。

嚴格的檢驗中，「金批本」《推背圖》在清朝就脫穎而出了，成了清宮的祕藏本。到了當代，目前普遍認為「金批本」順次應驗到了第四十二象，第四十三、四十四象正在應驗之中。它又經過了清朝、民國、當代的檢驗！

　　而新的應驗是金聖歎身後的歷史，金聖歎對「未來各象」的猜測，基本都錯了，而對他生前應驗的各象，大部分都解出來了，這也證明了《推背圖》確實是一部預言，未來的天機，一般人，包括清初奇才金聖歎，都是看不出來的。也正是這個原因，現在紛紛傳說它就是真本。

　　但是，也有人發現「金批本」後面有幾象顛倒了次序……

　　那麼「金批本」是《推背圖》的真本，還是「顛倒本」、「偽本」呢？

六、本書提出三個鑑別標準

　　對現存各版本的深入審視中，筆者提出下述三個具體的鑑別標準：

1. 最有力的鑑別方法：全書文風是否一致

　　文如其人。用文風來鑑別作者，是目前公認的最準確的方法。

　　北宋初年，要迷亂當時傳抄的越來越火的《推背圖》，「**顛倒本**」是最好的方法，這樣文風不會變。而「**偽本**」的圖文造了假，就會造成「**偽本**」文風的不一致，細看能看出來。比如，有的詞句華麗、連貫，但沒有內涵；有的是粗俗的打油詩，有的圖畫寓意極為露骨……

　　這樣的檢驗下，我們發現「金批本」《推背圖》通篇詩文，是唯一風格、用詞習慣一致的，可見「金批本」《推背圖》的文字出自一人之手。

2. 最深入的鑑別方法：預言設謎的風格是否一致

「金批本」《推背圖》達到了這個標準。

在本書後面的詳解中，大家可以看到：《推背圖》設謎的精妙，遠遠超過了金聖歎的水平。第一至三十三象中，有的金聖歎的解析出了小錯；有的設謎之妙，金聖歎都沒發現那是謎語。因為大家都迷信金老前輩的解析，所以其「誤解」、「漏解」依然通行於世。

筆者歸序全解《推背圖》發現：金批本第三十四至六十象，設謎風格是和一至三十三象一致的。所以解析後面一些謎語時，筆者會印證前面的「設謎慣例」。這也是本書要詳解一至三十三象的原因——溫故而知新。

3. 每象的圖、讖、頌、卦是否「四位一體」，共同烘托一個主題。

這個標準能檢驗：是否沒有更改文字，而把不同象的圖、讖、頌、卦做了拼湊。

「金批本」《推背圖》每象的圖、讖、頌、卦是完美配合在一起的，共同指向一個主題，本書稱其為「四位一體」，這是讓人歎為觀止的設謎境界！

當前對《推背圖》的解析，如果不深入或者有誤，就達不到上述標準。本書的「歸序全解」力求深入、詳實，以期展現每象圖、讖、頌、卦**「四位一體」**的妙處。

那麼，「金批本」通過了上述嚴格的檢驗，是否能確定是真本呢？

非也！能通過上述三個檢驗標準的《推背圖》，是**真本**和「**顛倒本**」，而這種「**顛倒本**」是每象的圖、讖、頌、卦沒有拆散的。

「金批本」正是一個這樣的顛倒本，而且前邊的順序沒有顛倒，所以它能通過歷史的檢驗，脫穎而出。

那麼，我們對它「歸序全解」，就能基本展現《推背圖》的原貌了。雖然個別字詞在流傳中會有訛誤，但中國古典文化重在內涵、神韻，個別字詞的訛誤並不影響整體內涵。

七、「金批本」的去偽存真

經過上述考證，我們可以基本撥開偽本的迷霧，鎖定「金批本」來解析《推背圖》了。但是，隨之而來，還有三個問題得先確定下來：

1.「金批本」《推背圖》的批註，是否出自金聖歎一人之手？

很多人都能看出：「金批本」《推背圖》中批注的文風和解謎的風格全書一致。

金聖歎是近代文學評注的大師，他批注過《水滸傳》、《西廂記》等名著，「金批本」《推背圖》批注的文風，和那些批注在文風上是一致的，可判定它出自金聖歎之手。

2.「金批本」《推背圖》的序的真偽

個別人曾懷疑該序的真偽。因為序說「**壬戌之夏**」得到了《推背圖》的手抄本，序的落款是金聖歎批書的風格：

「**癸亥人日 金喟識**」。

金聖歎生於明朝萬曆三十六年（西元1608年），清朝順治十八年（西元1661年）因「抗糧哭廟案」被官府冤殺。該《序》說得書的「**壬戌**」年就是西元1622年；批注完《推背圖》再寫序的「**癸亥**」年，應是西元1623年，作序時金聖歎才十五周歲！？

雖然金聖歎少年奇才，難道十五歲就能批書了！？

這就是當前一些人置疑的原因。

其實，最簡便的判別方法是：

西元1623年時，《推背圖》預言的「第三十二象李自成滅明朝」、「三十三象滿清入主中原」還沒有發生呢！金聖歎如何準確地解析出來，並說那是他「證已往之事」呢？而且寫序中說：「玩其詞，參其意，胡運不長……」[註10]西元1623年竟然能看出：滿清天下運數不長？！

可見，做假並不容易，總有疏漏。反過來講：如果全篇嚴謹無漏、渾然一體，必是真品！《推背圖》的預言，正是這樣的真品！

該「序」本書沒有引用，有興趣的讀者看一看，能發現該序語言平平，不見靈性和才氣，是否是金聖歎所做，從文風上容易辨別。

這個後人附會的「序」，不過是美玉上的灰塵而已。如果因此而一葉障目，又走入另一個極端了。

只要去掉這篇偽序，金批本《推背圖》仍是最好的研究資料——這就是去偽存真。

3.「金批本」的正文在流傳中，是否被人有意改動過？

有人對比現存的幾個版本的《推背圖》，發現有的版本詩文和「金批本」完全不同，因此認為「金批本」是漸次演變成的版本。

這顯然是沒有考證，指導思路也有問題：

（1）把偽本、顛倒本攪到了一起，拿假的當成真的研究了。

（2）忽視了宋太祖造假的史實。把北宋同時出現的眾多造假水平不一的偽本、顛倒本，也當成了演變過程中的產物。

（3）人為地按照由粗糙到精妙的詩文水平，來臆測其在歷史上出現的先後順序，人為地擺出了「進化順序」。

由此，我們也能看到考證思路的重要性，這是確定大方向，是全解《推背圖》的前提。

「金批本」的個別字詞，確實可能存在訛誤，且前面已說過，個別詞字訛誤，不會對內涵有多大影響。

從常理上講，誰願意自己留一個筆誤的手抄本啊？自己為自己的珍藏本校對，一定會很嚴格。所以，這樣的筆誤不會多。

在後面各象的解析中大家會看到，個別字的訛誤，但這不屬於「有意改」的範疇。

4.「金批本」如此神驗、文筆又極為精妙，會不會是金聖歎潤色修改後的結果，他可是批書的奇才！？

目前雖沒有人這樣置疑，但是，這是不得不解決的問題——否則全解《推背圖》時，談不上嚴謹性。

筆者認為，金聖歎是不可能修改《推背圖》的，原因有五：

（1）《推背圖》裏「謎語」水平遠遠在金聖歎之上，字字玄機，令金十分欽佩。金聖歎是批書的「祖師」，他非常清楚：拙筆改高手的作品，越改越糟(註11)。

（2）前三十三象的設謎水平，遠在金聖歎之上，有的謎語金聖歎都沒有解開，甚至沒發現。所以他不可能改前面三十三象。

（３）金聖歎未得周易之道，他沒能破解各象的「卦意」，也不可能預測未來，更無力改動後面二十七象預言的圖讖。事實也是這樣，如果改了，就不會毫釐不爽地應驗到現在了。

（４）金聖歎對後二十七象對他來說是未來的預言，基本都破解錯了。後二十七象，與前三十三象文風一致、「四位一體」的設迷風格一致，完全是出自「頗具文采的頂級易學大師」一人之手。

（５）假如前三十三象順序是金聖歎歸正的順序，他明知是假本，還去破解三十四至六十象，等於自取其辱，必然知道那樣做會遺臭萬年。

經過上述辨析，我們可以嚴謹地說：歸序全解「金批本」《推背圖》，可以基本還原《推背圖》的本來面目了！

本書前三十三象採用金批本的順序，後二十七象，根據解讀和對應的史實重新歸序，首次嘗試展現《推背圖》的原貌，並破迷全解。

八、《推背圖》為什麼是唐太宗時代的作品？

這個問題，由於史料的缺乏，以前的研究都沒有深入涉及，除了南宋的《桯史》記載「唐李淳風作《推背圖》」外，再無線索可言了。

可是李淳風（西元602-670年）是歷經太宗李世民（西元626～649年在位）、高宗李治（西元649～683年在位）兩朝，而且，西元660年李治因為眼病，武則天已經成了實質的統治者了。即使《桯史》記載是對的，如何斷定《推背

圖》成書的具體年代？何況《推背圖》的作者是誰，也需要
考證呢！

筆者發現：

縱覽《推背圖》，從整體上把握這部預言至今都毫釐不爽
的奇書，可以認定它成書於唐太宗時代。

1.《推背圖》裏沒有唐太宗，表明它是太宗即位後的作品。

《推背圖》預言朝代的更替和興衰，各朝最重要的君
主都在其中，為什麼沒有唐太宗呢？

如果它是唐太宗登基前的作品，一定會寫上唐太宗，
否則開始就不會有人信這個預言。反之，因為它沒有寫唐太
宗，也就說明它是太宗登基後的作品，因為它是預言書，不
能拿「故事」冒充預言！

《推背圖》的作者可是道家有修為的人，他的能力、
易學上的造詣、道行和他的思想境界是一致的；沒有極高的
道德境界，不可能在易學、修煉上有大成就的。所以，《推
背圖》的作者不可能用「故事」冒充預言，那樣是公然的欺
騙了。

因此，從《推背圖》裏沒有唐太宗來判斷，它是太宗
即位後的作品。

2.《推背圖》預言的第一個帝王是武則天，表明它成書於
武后稱帝前，否則那就不是預言，給自己抹黑。

3.《推背圖》預言武則天，先講其出家為尼，表明它成書
於武則天出家（因唐太宗去世）之前。

因此筆者判斷，《推背圖》是成書於唐太宗時代。

這個判斷：與下述史實吻合了：

（1）《桯史》等史書古籍記載的李淳風做《推背圖》；

（2）《舊唐書》、《新唐書》記載的李淳風、袁天罡預算出「女武代唐」；

（3）《推背圖》在唐朝中期就廣傳了，而禁書靠手抄流傳，需要時間。也就是說：

《推背圖》在作品的設計上，巧妙地向後人展示了成書的時間。

這個巧妙設計，有點像大金字塔一樣：埃及三大金字塔的精密天文、方向定位，向後人精確地展現了它們的建造時間。

當然，《推背圖》後面也有一象預言當代——用精確的星象展現時間的，畢竟李淳風是古代屈指可數的天文學家呀！

九、《推背圖》作者到底是誰？

上面我們已辨析認定：

（1）《推背圖》是唐太宗時期的作品。

（2）《推背圖》的作者一定是古代頂級的「易學大師」、「天文學家」，而且「頗具文采」。

（3）《推背圖》的正文文字，出自一人之手。

看過了前言第（四）部分對李淳風的介紹，大家都能認定：

——《推背圖》作者，非亙古奇才李淳風莫屬！

李淳風這個「大隱隱於朝」[註12]的奇才，作為朝中的重臣，在唐朝「禁讖書」的法律下，在授命「刪方伎書」的政策下，做《推背圖》而不署名是很正常的。

　　根據歷代承傳，袁天罡——在唐初唯一能和李淳風並駕齊驅的頂級易學大師——也是《推背圖》的作者。從第六十象的圖文來看，《推背圖》的創作似乎是兩個人，在最後一象露兩個背影，留下作者的畫謎。

　　《推背圖》有兩位作者，與其詩文都出自李淳風一人之手的考證並不矛盾。傳說中有的講《推背圖》的畫謎是袁天罡做的。

　　幾乎所有的傳說都一致地講：李淳風推演到後來，袁天罡推了推他的後背，讓他停下來，不要洩漏太多的天機，於是李淳風罷手，《推背圖》到六十象而止。

　　這是一個很合情理的傳說，在第六十象確實有二人「推背去歸休」的詩句和圖，但是，歸序全解《推背圖》之後，大家會發現上述，《推背圖》不是因為「李淳風被推了後背，才終結的」，而是在《推背圖》開始整體設計的時候，就定好的。

　　不僅僅是因為六十是一個甲子的循環，也不只是第一象要與第六十象遙相呼應，使《推背圖》結構嚴整這麼簡單的問題。歸序全解之後，大家能看到：中國、乃至全世界最終的大劫、大福，都似乎一步不差地在其中演繹、展現開來……

　　閒言少敘，我們還是翻開《推背圖》，從中華盛唐的歷史著陸吧。

陳曦

二〇〇七年九月十一日

註1：《桯史》：南宋文學家岳珂（音：科）所著，記述兩宋人物、政事、舊聞等，有較高的史料價值，為歷代史家所重視。岳珂（西元1183～1234）是岳飛之孫，岳霖之子。

註2：《雞肋編》：北宋莊綽所著，記載先世舊聞、當代事實，有重要的史學價值，多為史家參考。莊綽是醫藥學家、考證學家，天文學家。

註3：《桯史》「藝祖禁讖書」條原文：「唐李淳風作《推背圖》。五季之亂，王侯崛起，人有倖心，故其學益熾。閭口張弓之讖，吳越至以遍名其子，而不知兆昭武基命之烈也。宋興受命之符，尤為著明。」

「藝祖即位，始詔禁讖書，懼其惑民志以繁刑辟。然圖傳已數百年，民間多有藏本，不復可收拾，有司患之。」

「一日，趙韓王以開封具獄奏，因言犯者至眾，不可勝誅。」

「上曰：『不必多禁，正當混之耳。』」

「乃命取舊本，自已驗之外，皆紊其次第而雜書之，凡為百本，使與存者並行。於是傳者懵其先後，莫知其孰訛；間有存者，不復驗，亦棄弗藏矣。」

註4：見《舊唐書・列傳第一百四十一・方伎》。方伎，在《新唐書》中稱方技，泛指醫、卜、星、相之術。

註5：見《新唐書・列傳第一百二十九・方技》。

註6：《隋唐嘉話》：唐朝集賢殿學士劉餗所著，記載了南北朝至唐開元年間歷史人物的言行事蹟，以太宗、武后兩朝為多。該書有重要的史學價值，多被後世史書典籍引用。劉餗的父親是史學家劉知己。

註7：李淳風的精確推算出日食，不是單單憑藉天文學、曆法計算——在中國古代沒有那樣的技術和學問，但是憑藉高深的易學推算，是能算出來的。易學預測的水平，在於對卦象和當時契機的深度解讀和神奇的靈感。《新唐書》上記載，當時的術數家都認為，李淳風的占卜推算是「有鬼神相之，非學習可致」。

註8：六壬：中國古代的一種占卜法，為三式絕學之一。其名取自《易經》曰：「天一生水，地六成之」，即是以天干之一「壬」，六地支，得「壬子、壬寅、壬辰、壬午、壬申、壬戌」，進行推演測

算，變化無窮，甚為靈驗。六壬分為大六壬、小六壬，前者複雜，後者簡明，後者即是李淳風發明的。

註9：見附錄的《馬前課》全解。

註10：在「金聖歎序」的最後寫著：「玩其詞，參其意，胡運不長，可立而待，毋以天之驕子自處也。」顯然作者已經看到了滿清不會長久。

註11：近代考證認為：金聖歎腰斬一百二十回本《水滸傳》，並做了結尾和偽序，以七十回本冒充古本。是因為他判斷後五十回不是施耐庵所寫，認為太差才這麼做的。

註12：取自諺語：「小隱隱於野，中隱隱於市，大隱隱於朝」。意思是：隱居山野的隱士是小隱，隱居在市井中的隱士是中隱，隱在朝中為官的隱士，是最高深莫測的大隱士。

第一象

甲子【乾為天】 ䷀

開篇論循環

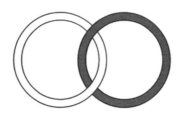

讖曰

茫茫天地

不知所止

日月循環

周而復始

頌曰

自從盤古迄希夷

虎鬥龍爭事正奇

悟得循環真諦在

試於唐後論元機

金聖歎：「此象古今治亂相因，如日月往來，陰陽遞嬗，即孔子百世可知之意，紅者為日，白者為月，有日月而後晝夜成，有晝夜而後寒暑判，有寒暑而後歷數定，有歷數而後系統分，有系統而後興亡見。」

一、眾解精華

圖已解釋得很明瞭，下面略解讖（音趁）、頌。

【茫茫天地　不知所止　日月循環　周而復始】

天象茫茫，日月星辰有序地循環運行著，暗示人間演變亦有規律可循。

【自從盤古迄希夷　虎鬥龍爭事正奇】

自從盤古開天闢地，人間爭鬥變遷，有的合於常理，有的出乎意料。

「希夷」，遙遠。《老子》：「視之不見謂之希，聽之不見名曰夷。」

正：合於常理、常規的。

奇：與「正」相對的，指不按常規的、出乎意料的，如出奇兵。

【悟得循環真諦在】

這是《推背圖》的核心天機——「循環真諦」。

歷史是循環的，後世常常重蹈覆轍。所以「以史為鑑，可知興亡」。

【試於唐後論元機】

預言從唐朝開始，試論天機。

二、文征解卦^(註1)

周易中：— 為陽爻（音遙），代表陽；-- 為陰爻，代表陰。三個陰陽爻組成八卦，六個陰陽爻組成六十四卦，每卦都有不同的象徵和卦意。

卦為「乾」☰，上下都是八卦中的乾☰，都代表天，所以本卦常稱為「乾為天」。「乾」是六十四卦中的第一卦，《推背圖》用此卦開篇也很自然，喻指《推背圖》為天意、天機。

「乾」卦大象「天行剛健，自強不息」，似以此喻天數。

註1：流傳的幾個版本的金批本《推背圖》，每篇卦名的形式有所不同。有的版本畫出了卦符，有的採用了描述卦符的「乾上乾下　乾」的形式。筆者查證發現：上兩種形式的卦符都難免出錯、筆誤，因為陰陽爻極易混淆，而一些古本《推背圖》採用「乾為天」這種形式，這是最不容易出錯的——即使不懂卦的人流傳也不會傳錯。很可能，高瞻遠矚的《推背圖》就是採用了這種形式。

第二象

乙丑【天風姤】

唐朝國運

讖曰

纍纍碩果

莫明其數

一果一仁

即新即故

頌曰

萬物土中生

二九先成實

一統定中原

陰盛陽先竭

金聖歎：「一盤果子即李實也，其數二十一，自唐高祖至昭宣凡二十一主。二九者指唐祚二百八十九年。陰盛者指武當國，淫昏亂政，幾危唐代。厥後開元之治雖是媲美貞觀，而貴妃召禍，乘輿播遷，女寵代興，夏姊繼之，亦未始非陰盛之象。」

一、眾解精華：解識

【纍纍碩果　莫明其數　一果一仁】

以一盤果，喻唐朝國運，圖中一個果子代表一人，二十一果代表唐朝共二十一帝（高祖李淵至哀帝李祝），第四果無柄，暗喻第四帝是女性。

【即新即故】

武則天做了皇帝，既是新皇，又是故人（過去的皇后）。

二、陳曦解頌

【萬物土中生】

唐朝始於西元618年，戊寅年，戊對應五行的「土」。

【二九先成實】

二九乘十為二九〇，喻唐朝國運二百九十年。《推背圖》都是按時間跨度紀年的，故唐朝從西元618～907年，計為二百九十年，非二百八十九年。

【一統定中原　陰盛陽先竭】

唐朝一統中原，但是不久陰盛陽衰，先後有武則天稱帝、韋后攝政、太平公主專權，以及肅宗皇后張良娣干政。

三、文征解卦

卦為「姤」☰，音：夠。下為巽 ☴，指風；上為乾 ☰，指天，故本卦稱為「天風姤」。

「姤」卦有「**陰長陽消，桃色糾紛**」之意。正合唐朝宮廷實情。三位專權女性，養男寵，穢亂宮廷。「**姤**」：拆字為女后，喻女后專權。

第一至六象，卦象依次為 ☰☰☰☴☶☷ ，按卦象的演化，陰依次增長，正合頌中所言的「**陰盛陽先竭**」。

圖、讖、頌、卦的寓意「四位一體」，堪稱絕妙！

第三象

丙寅【天山遯】

武后稱帝

讖曰
日月當空
照臨下土
撲朔迷離
不文亦武

頌曰
參遍空王色相空
一朝重入帝王宮
遺枝撥盡根猶在
喔喔晨雞孰是雄

　　金聖歎：「此象主武曌當國，廢中宗於房州，殺唐宗室殆盡。先武氏削髮為尼，故有參遍空王之句。高宗廢后王氏而立之，故有喔喔晨雞孰是雄之兆。」

一、眾解精華

【日月當空　照臨下土】

　　是武曌的「曌」（音：照），又一語雙關，喻武后稱帝。武后名照，自己發明了曌字。

　　武曌死後諡號「則天」，習慣叫她武則天，並不規範。

【撲朔迷離】

　　出自南北朝時《木蘭辭》，本意指難辨兔的雌雄，喻花木蘭男扮女裝，後來指事情錯綜複雜。此處暗喻出了女皇帝。

【不文亦武】

　　暗示本象女主角姓武。

【參遍空王色相空】

　　「空王」，指佛門，佛家有「四大皆空」之說。

　　喻武則天在唐太宗死後，身為太宗妃子，被迫出家之事。

【一朝重入帝王宮】

　　武則天後來被唐高宗李治從感業寺接回宮中。

【遺枝撥盡根猶在】

　　「根」，指恢復唐朝的中宗李顯，武則天的三兒子。

　　武則天把親生子女、李姓皇族幾乎殺滅殆盡。但李唐

根苗還在。

【喔喔晨雞就是雄】

　　指武則天稱帝。

　　圖中女子提刀，喻武則天殺人太多，從親生子女、孫兒、李氏宗親，到親屬、大臣，大肆殺戮，還啟用小人酷吏，刑殺無度。

二、文征解卦

　　「遯」☰，音：頓，下為艮☷，音互，指山；上為乾☰，指天。故本卦稱為「天山遯」。

　　「遯」卦大象：「**陰漸長，陽漸消，小人道長，宜退避三舍**」，正合恐怖朝政之象。

第四象

丁卯 【天地否】

逼退武皇

讖曰

飛者不飛

走者不走

振羽高岡

乃克有後

頌曰

威行青女實權奇

極目蕭條十八枝

賴有猴兒齊著力

已傾大樹仗扶持

金聖歎：「此象主狄仁傑薦張柬之等五人反周為唐。武后嘗夢鸚鵡兩翼俱折，狄仁傑曰：武者陛下之姓也，起二子則兩翼折矣。五猴指張柬之等五人。」

一、陳曦試解

【飛者不飛 走者不走】

與圖中相應：鸚鵡不飛，我五猴就不走——當面逼武則天退位。

有人説「**走者不走**」指五王功成名就後沒有立即退隱，終遭陷害。雖是史實，但是，本象並沒有説他們被害的事。畢竟《推背圖》不是歷史書，每象有一個主題，圖、讖、頌、卦都是圍繞這個主題的，解釋得零散，不是《推背圖》之道。

【振羽高岡】

喻武則天退位。「**振羽**」：飛走了。

【乃克有後】

被自己的後人克了。指武則天被迫讓位給三兒子李顯。

二、眾解精華

【威行青女實權奇】

青衣尼姑，奇女掌權，威行天下。指曾被迫出家的武則天當了女皇。

【極目蕭條十八枝】

「**十八**」：十八子是李，這裏用十八代指李。指李氏

皇族幾被殺盡。

【賴有猴兒齊著力 已傾大樹仗扶持】

「猴」：諧音侯，古代王、侯並稱，故這裏以「猴」指代「王」。

圖中：

五猴指張柬之等五人，齊心政變，匡扶了傾頹的李唐王朝。他們後來都被封為「王」，故以五猴喻指。

鸚鵡高高在上，喻女皇武曌。

三、文征解卦

「否」☷☰，音匹，下為坤☷，指地；上為乾☰，指天。故本卦稱為「天地否」。

卦象為「**天氣上升，地氣下降，天地之氣不交，主閉塞不通**」，運勢：「**上下不和，百事不通**」，正是本象所述的政變前後的時局。

四、史實精要——五臣逼宮

神龍元年（西元705年），八十二歲的武則天大病，男寵張氏兄弟禍亂。張柬之、敬暉、崔玄暐（音偉）、桓彥范、袁恕己五位大臣政變，入宮殺張氏兄弟，在病榻前逼武則天退位。武則天開始極其強硬，張柬之等人深知武則天言出不二、心狠手辣，於是毫不退讓，強逼武皇退位，不達目的決不甘休，即是本象所説「**飛者不飛，走者不走**」。後來女皇只好甘休，五人才退去。

次日武則天在女兒太平公主的勸説下退位。曾經被她

廢掉的李顯，三日內由經監國、傳位、即位，又當了皇上，恢復了大唐國號。

以下是本象所預指的歷史事件的後續：

五人擁立李顯復位後，功成名就。政變時雖抓、殺了一些異己，但留下了武三思這個隱患。武三思設計給五人封王，明升實降，奪了五人的實權。後武三思又以五人誣陷韋后為由，將五人治罪流放，隨之敬暉、桓彥范、袁恕己被殺。

第五象

戊辰【風地觀】

安史之亂　馬嵬之變

讖曰

楊花飛

蜀道難

截斷竹簫方見日

更無一吏乃平安

頌曰

漁陽鼙鼓過潼關

此日君王幸劍山

木易若逢山下鬼

定於此處葬金環

金聖歎：「一馬鞍指安祿山，一史書指史思明。一婦人死臥地上，乃貴妃死於馬嵬坡。截斷竹蕭者肅宗即位，而安史之亂平。」

目前這一象，流行的解釋未盡完善，試解如下：

一、陳曦試解

《推背圖》不是歷史書，不能根據字面最淺表的意思去揣測歷史，人人理解都不太一樣，而史實只有一個。只有在查證歷史的基礎上，才能體味出《推背圖》對歷史預言的妙處。

1. 解頌

【漁陽鼙鼓過潼關】

指安祿山在漁陽造反，攻克潼關後，人馬開過潼關攻向長安。

「漁陽」：今天津薊縣，安祿山的大本營所在地，他的造反誓師地。

「鼙鼓」：古代軍中用的小鼓，鼙：音皮。這裏指擂響了戰鼓。

「漁陽鼙鼓」：白居易《長恨歌》中有：「漁陽鼙鼓動地來，驚破霓裳羽衣曲」。有人以此認為《推背圖》不是李淳風的作品，是白居易以後的人謅的，顯然是把該詞當作白居易的專利了。

漁陽鼙鼓這個詞並不是白居易的發明。這是很普通的兩個詞：「漁陽」、「鼙鼓」，在白居易之前，誰用了也不奇怪。

【此日君王幸劍山】

指唐玄宗向四川劍山逃去。

「**劍山**」：四川劍閣縣北，劍門關兩側是直如刀削的大小劍山，七十二峰，峰峰如劍，這是川陝交界通往巴蜀的咽喉天險。李白《蜀道難》中的「劍閣崢嶸而崔嵬，一夫當關，萬夫莫開」，就是説這裏。過了劍山就安全了，因此，逃亡的第一個目標是劍山。

「**幸**」：皇帝到某地稱為巡幸，這裏喻指逃亡。

【木易若逢山下鬼　定於此處葬金環】

「**木易**」：「楊」字。指玄宗寵幸的貴妃楊玉環。

「**山下鬼**」：「嵬」字，音圍，指馬嵬驛，今陝西興平縣。

「**金環**」：喻楊玉環。如果用「玉環」，太直白了就不是預言的字謎了。古代金、玉常並稱，這裏以金代玉。

「**葬金環**」：楊貴妃當時就埋在了馬嵬驛。現今那裏仍有楊貴妃墓。

玄宗一行逃到西安以西百里外的馬嵬驛，軍兵嘩變，殺死了楊貴妃的姐姐、兄長——宰相楊國忠，而後逼玄宗賜死楊貴妃。

2. 解讖

【楊花飛、蜀道難】

唐玄宗帶楊貴妃等人逃往四川。

【截斷竹簫方見日】

肅宗即位，戰局方才看到希望。

「**截斷竹簫**」：簫字截去竹字頭是「肅」字，指肅宗。

「**方見日**」：剛見太陽，喻戰局初見希望。

【**更無一吏乃平安**】

「**更**」：更替；

「**無一吏**」：「史」字；

「**更無一吏**」：更替了姓史的，喻指史思明被其子所殺。

「**平安**」：平定安史之亂。

本句指史思明被其子殺了以後，才能**平**定**安**史之**亂**。

3.解圖

圖中女子倒地，喻楊貴妃之死。馬鞍指安祿山，史書指史思明。

二、文征解卦

卦為「**觀**」☶，下為坤 ☷，指地；上為巽 ☴，指風，故稱為「風地觀」。

大象為「**風運行於地上，有周遊觀覽之意。陰長陽消，正道衰微，萬物難行。**」正合安史之亂中皇室逃亡之象。

三、史實精要

唐玄宗天寶年間，朝政腐敗，各地節度使擁兵自重。天寶十四年（西元755年）十一月初八[註1]，三道節度使安祿山十五萬大兵反於漁陽[註2]。安氏死後，其部將史思明成為叛軍首領，故稱「安史之亂」。西元755年十二月十三，安祿山攻下洛陽後，於次年正月初一在洛陽自稱大燕皇帝。

　　西元756年六月初九，安祿山攻克陝西潼關，稍事修整，開始陸續開過潼關，向長安進犯。六月十二，唐王室帶著幾個皇室近親和重臣倉皇逃往四川，十四日馬嵬之變，殺楊貴妃兄妹四人。次日，在百姓苦苦跪求下，玄宗傳位於太子，命太子留下平叛。太子李亨極不情願地留下來，但不受皇位，玄宗隨即逃往四川。

　　七月十二日，為振奮民心，李亨在大臣五次勸諫下，在武靈稱帝，為肅宗，改元至德，尊玄宗為太上皇。

　　安祿山叛軍所到之處，婦女財物被搶光，男丁被抓去服苦役，老人、兒童被砍死。安祿山稱帝不久雙目失明，757年正月，被其子安慶緒所殺。

　　叛軍殘暴激起百姓強烈的反抗。西元757年九月，郭子儀等克復長安，十月一舉收復洛陽。西元759年三月，安祿山的部將、先降唐後再反的史思明，率兵解了安慶緒的鄴城之圍，然後殺安慶緒，回范陽自立為大燕皇帝。九月，史思明再占洛陽。西元761年三月，史朝義殺其父史思明，而後稱帝。

　　叛軍三度內哄，元氣大傷，正是唐朝復興時——歷史「進入了」《推背圖》的下一象——**再造唐朝**。

註1：本書用漢字寫的日期都是陰曆，用阿拉伯數字寫的日期是陽曆。

註2：現在一些史書說安祿山在范陽起兵，是因為漁陽隸屬范陽地區。安祿山身兼范陽（今北京）、平盧（今遼寧朝陽）、河東（今山西太原）三道節度使，漁陽（現天津薊縣）是他的基地，他造反誓師就在漁陽獨樂寺前。現在獨樂寺還有李白手書的「觀音之閣」，是李白為調查安祿山謀反的陰謀，於752年到漁陽遊歷時留下的。

第六象

己巳【山地剝】

安史亂平　再造唐朝

讖曰

非都是都

非皇是皇

陰霾既去

日月復光

頌曰

大幟巍巍樹兩京

輦輿今日又東行

乾坤再造人民樂

一二年來見太平

金聖歎：「此象主明皇還西京，至德二載九月，廣平王俶、郭子儀收復西京，十月收復東京，安史之亂盡弭。十二月迎上皇還西京，故云再造。」

本象金聖歎解釋的史實有誤：郭子儀收復兩京後，安史之亂未平。這個誤解造成當前對「一二年來見太平」的普遍曲解⋯⋯

一、眾解精華

1. 解讖

【非都是都 非皇是皇】

不是國都的靈武成了京都，太子成了皇帝。

安史之亂，玄宗逃離長安奔蜀中。太子李亨在靈武繼位，暫以靈武為京都，把玄宗尊為太上皇。逃亡的玄宗還不知道，故曰「非皇是皇」。

【陰霾既去 日月復光】

安史之亂平定，天下重見太平。

二、文征解卦

「剝」䷖，下為坤 ☷，指地；上為艮 ☶，指山，故稱「山地剝」。

「剝」卦大象：「山石崩而落於地，五陰迫一陽，正義被損」，又「群陰剝陽，有去舊生新之意」（註1）；運勢：「惡運纏身，防被女子及小人連累」。

「惡運纏身，防被女子及小人連累」：肅宗正是這樣。他先寵信宦官魚朝恩，讓魚主掌兵權導致大敗，還聽信

魚的讒言貶黜大帥郭子儀。之後信用宦官李輔國專權，又寵信皇后張良娣干預政事。肅宗病重，張皇后、李輔國都想政變。李輔國反先，帶兵進宮把張皇后從肅宗病榻前拖走殺掉，肅宗受驚無人過問，當天駕崩，正是「**群陰剝陽，去舊生新**」。

「**正義被損**」：聽信讒言，三貶郭子儀。玄宗寵信奸相楊國忠，不聽郭子儀之言，結果丟了潼關，致使郭子儀在河北輝煌戰績付之東流，不然安史之亂早平定了；肅宗即位後寵信宦官，罷黜了郭子儀；等到時局不可收拾了才再啟用他，等他收復兩京後再次削了他的兵權；河東叛亂，朝廷無力彈壓，只好又起用郭子儀平定亂事。後代宗即位，聽信宦言又收了郭子儀的兵權，不久就招來了《推背圖》下一象的大難。

可見「**剝**」卦與本象對應的歷時階段完全吻合。第一至六象的卦為：▤▤▤▤▤▤ 陰盛陽衰之變一目了然。

三、解頌、圖

【大幟巍巍樹兩京　輦輿今日又東行】

「**大幟**」：旗幟。「**兩京**」：唐朝稱長安為西京，洛陽為東京。

「**輦輿**」：皇上的車駕鑾儀。與圖中相應。

本句指西元757年九、十月，郭子儀和掛名元帥廣平王李豫（註2）收復長安、洛陽，十二月，唐玄宗從西蜀（四川）向東返回長安京城。

【乾坤再造人民樂】

收復兩京視為乾坤再造，兩京人民見安樂。

「**乾坤再造**」：指郭子儀再造唐朝：郭子儀受命於危難之中，屢建奇功，收復兩京之後，肅宗對他說：「**雖吾之家國，實由卿再造。**」

「**人民樂**」：兩京人民初見安樂，似又指郭子儀深受人民的愛戴。

【**一二年來見太平**】（陳曦試解）

讖語設謎，有時故意在字面上把人引向歧途，才能既不洩漏天機，又隱含真意，否則當世就被看破了。本句往往被理解為：再有一、二年就太平了。而對照史實，其預意卻是：

安史之亂平定，人民只能見到一、二年的太平！

安史之亂初步平定，只有近兩年的太平：西元757年十月，郭子儀收復兩京（長安、洛陽）， 西元759年五月，洛陽又陷入史思明之手。

安史之亂最終平定，只有近一年的太平：西元763年正月，史朝義在莫州（今河北任丘北）自縊（註3），安史之亂徹底平定。但好景不常，同年十月，下一象的兵災就開場了，唐皇又開始了逃亡生涯。

註1：卦的各爻是由下向上演化的，「剝」卦最上面是陽爻，故曰群陰剝陽，即將有變，是為去舊生新。

註2：李豫：後來的唐代宗，初名李俶（音：處），原封為廣平王。

註3：史思明西元759年攻下洛陽後，761年被其子史朝義所殺，史朝義即位。西元762年十月，唐代宗借回紇兵收復洛陽，史朝義奔逃莫州，而後自縊。

第七象

庚午【天雷無妄】

吐蕃侵掠

讖曰

旌節滿我目

山川跼我足

破關客乍來

陡令中原哭

頌曰

螻蟻從來足潰堤

六宮深鎖夢全非

重門金鼓含兵氣

小草滋生土口啼

金聖歎：「此象主藩鎮跋扈及吐蕃入寇中原。」

一、眾解精華

1. 解讖

【旌節滿我目 山川跼我足】

各地藩鎮旌旗滿目，山川因藩鎮分成了格局，跼促得不好立足。

「跼」，音局，跼促與局促同意。

安史之亂時，為抵禦叛軍，軍鎮制度擴展到了內地，紛設節度使、防禦使、團練使等扼守要地，大小軍鎮割據一方，皇帝不好控制了。

《推背圖》每象有一個主體，這兩句是主體事件的背景。

【破關客乍來 陡令中原哭】

「乍」，突然。「陡」，也是突然的意思。

吐蕃突然殺到長安周邊，長安等地遭到空前的劫掠。

「客」：在《推背圖》中指外族，這裏指吐蕃。蕃，古音：波。

西元763年，吐蕃率吐谷渾、黨項、氐、羌等族二十萬眾入寇關中，邊關告急，宦官程元振阻撓軍情上報。吐蕃兵開過距西安四百八十里的涇州（甘肅涇川）時，皇上才知情。十月初二，吐蕃攻占長安一百五十里的奉天（今陝西乾縣）。被解職的郭子儀知情後，自帶二十騎奔赴咸陽，看到吐蕃二十萬人馬漫山遍野殺到了咸陽外的渭河，郭子儀急派人請求增援，再次被程元振擋住。初六，代宗正操演軍隊，

吐蕃已打過渭水。初七，代宗倉皇逃往陝州（河南陝縣），唐軍一哄而散。初九，吐蕃進入長安大肆剽掠，潰散的官軍也趁火打劫。

2. 解頌

【螻蟻從來足潰堤 六宮深鎖夢全非】

「**螻蟻**」：指宦官，即太監。他們出身平民，平民過去稱為蟻民。

二句指太監專權誤國，封鎖皇宮消息，國堤崩潰，皇宮美夢全非。

【重門金鼓含兵氣 小草滋生土口啼】

吐蕃殺入重重大門，大肆劫掠。

「**土口**」：是吐蕃的「吐」字。

「**小草滋生**」：是吐蕃的「蕃」字；蕃，草茂也（《說文解字》），蕃茂，指草木繁盛。

二、文征解卦

卦為「**無妄**」☲，下為震☳，指雷；上為乾☰，指天，故稱為「天雷無妄」。

運勢：「凡事宜守正，若行為不檢者，必招災禍」。亦有「**無妄之災**」之意，正合本象之災。

三、陳曦解圖

圖中人口銜草，草指吐蕃。圖中的服飾是清朝的服飾——有人以此攻擊《推背圖》，說這是清朝人編的——如果真是清人改編的，為什麼不改為唐朝胡人裝束，反而「此

地無銀三百兩」呢？

其實，這是預言為了設謎、保密——如果用當時人的裝束，會被當代人看破天機。所以，《推背圖》中清朝以前各象，都用清朝服飾表示外族人；清代以後各象，官員都畫成了漢官服飾——顛倒服飾設謎局！

四、史實精要——子儀一手擎唐室，威名三度退蕃兵

下述史實《推背圖》本象沒有提及，因與本象有關，做一簡述。

（接上文「解識」）面對二十萬強敵，六十六歲的郭子儀只收羅到四千士兵。他派二百人到長安城東四十里的藍田城外，白天擂鼓，夜晚點火做疑兵；同時派人混入長安，祕招數百少年，晚上在城中大喊「郭令公大軍來了」！蕃兵驚恐，不戰而逃。長安陷落十三天，以吶喊收復。

西元764年十月，僕固懷恩引吐蕃、回紇（音：合）、党項十萬眾南下奉天，郭子儀向代宗提出堅守退敵，嚴陣以待。回紇將士大多和郭子儀並肩戰鬥過，一起平定過安史之亂，懾於郭的威望，敵軍望郭而退。

西元765年八月，三十萬蕃兵取長安，僕固中途病死。郭子儀一萬多人被困涇陽。郭親自遊說回紇倒戈，吐蕃聞風而逃，唐軍與回紇隨後追殺，大獲全勝。

第八象

辛未【火地晉】

藩鎮之亂

讖曰

攪槍血中土

破賊還為賊

朵朵李花飛

帝曰遷大吉

頌曰

天子蒙塵馬首東

居然三傑踞關中

孤軍一駐安社稷

內外能收手臂功

金聖歎：「此象主建中之亂，三人者李希烈、朱泚、李懷光也。李懷光以破朱功，為盧杞所忌，遂反，故曰破賊還為賊。三人先後犯闕，德宗乘輿播遷，賴李晟以孤軍收復京城，而社稷重安矣。」

本象金聖歎解釋的似有誤。未解出主人公，難見《推背圖》圖讖頌卦四位一體的妙處。

一、陳曦試解

本象背景：唐德宗即位初，勵精圖治。當時全國藩鎮林立，幾近失控。西元780～805年，德宗開始削藩，利用忠實的藩鎮剿滅不法藩鎮。

1. 解讖

【攙槍血中土】

唐德宗時的「藩鎮之亂」，四鎮稱王，二藩稱帝，中原陷於戰火。

「攙槍」：攙槍星，古代對彗星的別稱。在天象中象徵著戰亂。這裏似喻指中原的戰亂紛紛。

【破賊還為賊】

李懷光率軍大破叛賊朱泚（音：此），救德宗，但隨後也做了反賊。

【朵朵李花飛 帝曰遷大吉】

「涇師之變」，朱泚稱帝，殺了京城未及逃脫的郡王、王子、王孫這些姓「李」的七十七人，德宗因及時逃跑倖免。「大吉」：慶幸、倖免。

辨析：

有人將「**朵朵李花飛**」解為唐朝李姓將軍很多，單句解釋似可，但與「**帝曰遷大吉**」難合。從下一象可以看出，「**李花**」明顯指李唐子孫。

2. 解頌、圖

【天子蒙塵馬首東】

西元783年十月，涇原兵在長安嘩變，德宗西逃奉天（今陝西乾縣）。

「**馬首東**」：避開戰場，逃亡。有人解為向東逃，字意、史實皆誤。

辨析：

「馬首東」出自成語「馬首欲東」，始見於《左傳·襄公十四年》，當時晉國伐秦國，秦兵在西，欒饜（音：眼）「馬首欲東」，是避開戰場、東歸之意。「馬首東」後來成為詩歌韻腳，沒有「馬首西」之說。

憑弔岳飛的古詩有：

十二金牌馬首東，鄢城憔悴哭相叢。

千年宋社孤墳在，百戰金兵寸鐵空。

這裏的「馬首東」也不是向東，是指從戰場撤回（時岳飛南下）。

【居然三傑踞關中】

「**關中**」：古代關中所指範圍不一。古秦國四塞：東為函谷關（河南靈寶），西為大散關（陝西寶雞），南為武關（陝西丹鳳），西北為蕭關（寧夏固原），四險關之間的地區稱為關中。廣義的關中指函谷關以西地區，如《史記·鴻門宴》：「沛公欲王關中，使子嬰為相。」

「踞關中」：盤踞關中。「踞」：蹲，盤踞。

「傑」：豪傑，豪強，強盜，既可指忠臣良將，又可指叛將。

「三傑」：筆者以為「三傑」應指盤踞關中的朱泚、李懷光、李晟，而不是金聖歎說的「李希烈、朱泚、李懷光」。

辨析：

其一，李希烈並沒有「踞關中」。李希烈是淮西節度使，治蔡州，即今河南汝南縣。西元783年十二月，李希烈攻陷汴州（今開封）。西元784年正月以汴州為大梁府，稱楚帝。他並沒有進犯到關中。

其二，叛蕃眾多，金聖歎只列此三人不妥。除了金聖歎說的三傑，還有朱泚的弟弟朱滔自稱冀王、田悅自稱魏王、王武俊自稱趙王、李納自稱齊王——這是西元782年十一月，四路節度使築壇同盟後自封的。

因此，「三傑踞關中」和圖中的三人，筆者以為是指：

朱泚，幽州盧龍節度使，轄區在河北盧龍縣一帶。西元782年，其弟朱滔反，朱泚被軟禁在京城。西元783年十月，開赴淮西打李希烈的涇原兵在長安嘩變，德宗倉皇逃往奉天，涇原兵擁立被軟禁的朱泚，朱泚在長安自立大秦皇帝，隨後圍攻奉天。

李懷光，邠寧（今陝西彬縣，邠：音斌）、朔方節度使，管轄靈州（今寧夏靈武）。德宗被朱泚困在奉天，李懷光救駕，把朱泚打回長安。因奸相盧杞挑撥，德宗不讓李懷

光入朝觀見，李一氣之下反叛，德宗又逃往梁州（今陝西漢中）。西元785年，李懷光兵敗自盡。

　　李晟，涇原、四鎮、北庭都知兵馬使，西元783年奉詔回師討伐朱泚，被封為「神策行營節度使」。李懷光反，李晟擔當起匡扶唐朝的重任。

【孤軍一駐安社稷】

　　指李晟以孤軍收復長安，腹背受敵，以少勝多，匡扶社稷；同時李晟直搗皇城的戰術保全了長安的民生，宗廟無損，也是「安社稷」。

【內外能收手臂功】

　　李晟匡扶唐朝，他對內嚴明治軍、執政有法，對外能攻善戰、秋毫無犯，堪稱唐朝的股肱之臣。

　　西元784年五月李晟收復京師。朱泚敗出長安，六月被部將所殺。七月，德宗重返長安，將李晟官升司徒。並為其畫像，放在凌煙閣太宗舊臣之側，彰顯他再造唐朝的功績。

　　可見，本象的主角是李晟。

二、文征解卦

　　卦為「晉」䷢，下為坤☷，指地；上為離☲，指火。

　　大象曰：「日出地面，普照大地，有光明上進之象」，正是李晟的「晟」字之意。晉卦有「良臣遇君之意」，運勢為「事業、名望、財運皆吉，所謂有加官晉爵之兆」，正是在本象歷史事件中李晟的運勢。

　　《推背圖》圖、讖、頌、卦四位一體，因此，圖中應有李晟的位置。

　　「涇師之變」徹底結束了唐德宗削藩的夢想，西元784年正月，德宗痛下「罪己詔」，表示天下大亂是自己「失其道」引起的。除了朱泚外，赦免了叛藩，叛藩上表謝罪。德宗回政長安後，對藩鎮的態度轉為姑息。唐朝國勢由此傾頹，雖經二、三次轉機，也都是曇花一現，不可避免地迎來了下一象的厄運。

第九象

壬申【火天大有】

黃巢之亂

讖曰

非白非黑

草頭人出

借得一枝

滿天飛血

頌曰

萬人頭上起英雄

血染河山日色紅

一樹李花都慘淡

可憐巢覆亦成空

金聖歎：「此象主黃巢作亂。唐祚至昭宗，朱溫弒之以自立，改國號梁溫，為黃巢舊黨，故曰覆巢亦成空。」

一、眾解精華

1. 解識

【非白非黑　草頭人出】

黃巢的「黃」字。古代五色：紅、黃、青、黑、白，不是白，不是黑，又有草字頭，只有黃。

【借得一枝】

黃巢借得王仙芝的勢力發展起來。「一枝」：指王仙芝。

西元875年五月，黃巢起義，投入王仙芝義軍，黃成了王的副手。西元876年因反對招安，黃巢帶二千人分兵，王仙芝有數十萬人。西元878年王仙芝在黃梅（今湖北黃梅西北）戰死，其部投歸黃巢，是為「借得一枝」。

【滿天飛血】

黃巢殺人太多。

黃巢起義，濫殺無度。民間有「黃巢殺人八百萬——劫數難逃」之説。西元879年五月，黃巢包圍廣州，他向朝廷求做天平節度使，未果，又求做廣州節度使。唐僖宗授黃巢率府率[註1]之職。黃巢大怒，攻下廣州，屠殺外商十二萬人，隨後砍盡桑樹，禁止養蠶，杜絕海外貿易。

黃巢所過之地，萬民遭殃，赤地千里。《舊唐書》記載：黃巢率領全軍圍陳州近一年，做數百巨碓，稱「搗磨寨」，將鄉民、俘虜，無論男女，不分老幼，悉數納入巨舂，頃刻磨成肉糜，作為軍中食物，流水作業，日夜不輟。

吃光了陳州四周的百姓，就「縱兵四掠，自河南、許、汝、唐、鄧、孟、鄭、汴、曹、徐、兗等數十州，咸被其毒。」

2. 解頌、圖

【萬人頭上起英雄】

「**萬人頭上**」：一語雙關，既指殺人太多，又以「萬人頭上」——萬字頭的草字頭，暗喻黃巢的黃字，與讖中的「草頭人出」相呼應。

「**英雄**」：起義，義軍。

本句指黃巢起義，殺人過多。

【血染河山日色紅】

黃巢殺人太多，血染山河。

【一樹李花都慘淡】

僖宗逃亡四川，長安的李姓皇族被黃巢殺盡。

【可憐巢覆亦成空】

一占語雙關，既點李唐王朝「**巢覆**」——西元881年長安被黃巢占領，又點出黃巢最終兵敗——「**巢覆**」，帝王美夢已「**成空**」。

圖中：

樹，按頌中「**李花**」判斷為李樹；樹上一巢，李唐天下出了黃巢；巢空，是頌中「**巢覆亦成空**」之意。巢下數具屍體，喻指黃巢殺人太多。

二、文征解卦

卦為「**大有**」☲☰，下為乾 ☰，指天；上為離 ☲，指火。

大象為「**太陽在天，遍照萬物，但五陽爭一陰，有盈**

即缺」。運勢為「得時得運，昌榮大吉，物極必反，盛極而衰」。

正是黃巢之運。黃巢得勝進京稱帝，自交大吉運。但他塗炭生靈，如烈日焦灼萬物，終於物極必反，兩年就敗出了長安。

三、被處處美化的農民起義

大陸的歷史課本，對農民起義處處美化，刻意點飾。如介紹黃巢攻克長安時，說：「義軍入城之日，向貧民散發財物」等撫民之辭，對黃巢在長安的暴虐隻字不提。

其實，黃巢進長安時，市民是夾道歡迎，可沒想到黃巢不但全面繼承了晚唐腐敗，還恐怖治國。他上來就搞「一刀切」：唐官三品以上全部罷黜，盡殺皇族公卿。黃巢不治國、不搞民生，士兵公然在長安街頭殺人越貨、爭搶民女。因見譏諷黃巢的詩，查不出作者，便殺尚書省門前全部守軍，又殺了長安會寫詩的三千多儒生。待官兵反攻，全城百姓都站到官軍一面。黃巢反撲得勝後血洗長安，《新唐書》記載：「巢怒民迎王師，縱擊殺八萬人，血流於路可涉也，謂之洗城。」

《推背圖》六十幅圖，三次用死人、白骨預言死人過多的戰爭，都是和歷史史實一致的。不解開偽飾的歷史，很難看到圖中深刻的內涵。

註1：率府率：率府的部隊的統領。率府：從秦朝開始設立的皇室禁軍，唐朝有十個率府，屬太子管轄，掌東宮兵仗、儀衛、門禁等。

第十象

癸酉【坎為水】

朱溫篡唐　後梁國運

讖曰
蕩蕩中原
莫禦八牛
汜水不滌
有血無頭

頌曰
一后二主盡升遐
四海茫茫總一家
不但我生還殺我
回頭還有李兒花

金聖歎：「此象主朱溫弒何皇后、昭宣、昭宗而自立，所謂一后二主也。未幾為三子友珪所弒，是頌中第三句意。李克用之子存勖代父復仇，百戰滅梁，改稱後唐，是頌中第四句意。」

一、眾解精華

自本象開始，古中國進入了五代十國的分裂混戰局面。

1. 解讖

【蕩蕩中原 莫禦八牛】

中原大地，沒人能制伏朱溫。「八牛」：「朱」。

【泗水不滌 有血無頭】

「血無頭」：「皿」字，與「泗水」合為「溫」字。

「有血無頭」：字謎意境融為一體，喻指朱溫殘暴，濫殺成性。

朱溫是黃巢舊將，西元882年降唐，被唐僖宗賜名朱全忠，協助李克用鎮壓了黃巢。黃巢戰亂以後，唐朝已名存實亡了。西元895年唐昭宗出逃，被劫持3年，西元900年又被宦官廢掉。西元901年，朱溫擁立昭宗復位後大權獨攬。而後他殺昭宗立哀帝（昭宣帝），再逼其禪讓，建立後梁。

2. 解頌

【一后二主盡升遐】

「升遐」：升天，死去。

「一后二主」：西元904年八月，朱溫殺唐昭宗；西元905十二月，朱溫殺哀帝生母何太后，西元907年朱溫「受

禪」建立後梁，第二年又鴆殺了哀帝。

【四海茫茫總一家】

後梁建立，李克用等藩鎮不予承認，軍閥割據，中國四分五裂。但是大家又都原本是大唐一家，中華一家。

【不但我生還殺我】

指朱溫被兒子所殺。

朱溫姦淫兒媳，幾個兒子趁機用妻子在父親床前爭寵，以求繼承皇位。朱溫的養子朱友文妻子美豔無雙，因此，朱溫病重時要向養子托後事，三子朱友珪得到妻子密報，連夜率兵殺入宮中，刺死朱溫。

朱友珪自立僅九個月，改年號「鳳曆」不出二個月，就在其弟朱友貞的政變中被殺。殺父弒君的朱友珪死後沒有廟號和諡號，被廢為庶人，未被後人承認為皇帝。

【回頭還有李兒花】

不久後梁被李克用之子李存勗（音：旭）所滅，歷史就翻到了《推背圖》的下一象——後唐。

二、陳曦解圖

《推背圖》的一些圖有「方位」的喻意，如本書第三十六象、四十二至四十六象、五十二象。中國古代的地圖沒有嚴格的方位規定，而且上南下北的居多，但從第十六象能看出，本書的圖是上北下南定位的。

圖中河水流向南方，隱喻河南——「黃河以南」，似喻風水流向河南。朱溫起家的基地、後梁的都城、絕大部分領土都在「黃河以南」。

　　圖既與讖、卦中的「水」對應，又隱喻了朱氏後梁的所在地。

三、文征解卦

　　卦為「坎」☵　，上下都是坎☵，指水。大象為：「**兩水重疊，坎水為險，進固險，退亦險**」，運勢為：「**危機重重，凶象**」。

　　本卦正合後梁國運。朱溫西元907年篡位建立後梁，疆域主要在河南、山東，及湖北、陝西的一部分。原來唐朝的大藩鎮節度使基本不買他的帳，特別是「興唐滅黃」的第一功臣河東節度使李克用。自西元884年朱溫謀殺李克用未果，兩人就結下了冤仇，戰爭不斷。後梁從立國開始就陷於邊境戰爭，十六年後，被《推背圖》下一象的主角——李克用之子李存勖所滅。

第十一象

甲戌【水澤節】䷻

後唐國運

讖曰
五人同卜
非祿非福
兼而言之
喜怒哀樂

頌曰
龍蛇相鬥三十年
一日同光直上天
上得天堂好游戲
東兵百萬入秦川

金聖歎：「此象主伶人郭從謙作亂，唐主為流矢所中。」

一、眾解精華

【五人同卜】

是「從」字。

【兼而言之】

是「謙」字。這兩句指後唐作亂的伶人郭從謙。

【非祿非福】

指郭從謙是個沒有正當官祿職位的得勢戲子。

【喜怒哀樂】

優伶唱戲的表演，指李存勗開國後熱衷於與優伶唱戲。

西元908年，二十四歲的李存勗承襲晉王之後，浴血百戰：西元913年奪幽州、西元922年擊退契丹、西元923年滅梁統一北方，建立後唐，但非李唐後嗣[註1]。

此後，李存勗日漸驕惰，熱衷於和伶人同台唱戲，寵信伶人，招納宦官，對伶人和宦官委以高官重任，對舊臣卻非常苛刻，朝政昏暗。

【龍蛇相鬥三十年】

「蛇」：指割據的各節度使。

「龍」：喻後唐莊宗李存勗，因是真龍天子，所以其登基前也是龍。

「三十年」：李存勗少年就隨父作戰，從其十一歲隨父到長安報功，到西元925年四十一歲時派兵滅了前蜀政

權，整三十年的「龍蛇相鬥」。

【一日同光直上天】

「同光」，莊宗李存勗的年號；「上天」，升天，死。

莊宗的苛政和濫殺功臣使得侍衛軍都躍躍欲反。西元926年四月初一，出身伶人的侍衛軍首領郭從謙趁著李嗣源兵變，也兵變入宮，莊宗在混亂中中流箭身亡，一個服侍他的伶人找來樂器堆在屍體上將其焚化。

【上得天堂好游戲】

諷刺——升天了再去遊戲、唱戲去吧。

【東兵百萬入秦川】

「東兵」，石敬瑭是河東節度使，管轄山西一帶，他引契丹兵大軍進犯西面的「秦川」，故曰「東兵」。

「秦川」：八百里秦川，陝西關中平原，後唐首都洛陽所在地。

李存勗昏庸誤國，登基四年亡身。西元926年明宗李嗣源「即位」雖有改革，朝廷依然昏聵。西元933年即位的李從厚昏庸依舊，次年李從厚削弱藩鎮，逼反了明宗養子李從珂（音：科）。西元934年李從珂兵變篡位後，朝政繼續昏亂。西元936年李從珂又因消弱藩鎮逼反了石敬瑭。西元937年一月十一日，石敬瑭勾結契丹攻入洛陽，後唐滅亡。

二、陳曦解圖

圖中有一男子臥地，喻中箭身亡的後唐莊宗李存勗。

身邊三棵樹，喻指他死後，後唐還有三個李姓皇帝。

《推背圖》中前幾象，有以樹喻姓氏「李」的設謎習慣，如「一樹李花都慘淡」。

圖中以樹比喻莊宗以後的後唐皇帝，似暗示他們和莊宗不是一家。

兵變即位的李嗣源是李克用的養子，算是莊宗的義兄。莊宗寵信宦官，功臣李嗣源因被猜忌險送命。西元926年李嗣源兵變殺向洛陽，伶人郭從謙也趁亂兵變，莊宗中流箭而亡，李嗣源就順勢即位了[註2]。

三、文征解卦

卦為「節」☵，下為兌 ☱，指澤；上為坎 ☵，指水。

本卦大象為「澤為池沼，坎水在上，喻蓄積及約束水份不使流失，但水位過高，則成氾濫」。後唐開國皇帝李存勖正是過分苛政，連皇家侍衛軍都饑寒交迫；他壓制、約束、濫殺功臣，全國軍民怨聲載道。所以叛亂一呼而起。

本卦運勢「諸事須節制，更要戒酒色」，莊宗熱衷唱戲，沉迷酒色無所節制。正犯了此運。

本卦的「蓄水成塘之象」，亦似隱喻後唐的終結者石敬瑭——下一象的主角。

註1：唐開國皇帝李存勖家族是西北的沙陀人，本姓朱耶氏。其家族從唐太宗時起就效忠李唐王朝。李存勖的祖父因戰功，賜姓李。

註2：郭從謙兵變也是為了報仇，莊宗冤殺功臣，他義父和他視為叔父的郭崇韜都被害。郭從謙叛亂後，當年沒被追究，次年被明宗誘殺。

第十二象

乙亥【水雷屯】

後晉兒皇 兩代即亡

讖曰

塊然一石

謂他人父

統二八州

已非唐土

頌曰

反兆先多口

出入皆無主

繫鈴自解鈴

父亡子亦死

　　金聖歎：「此象主石敬瑭求救於契丹。唐主遣張敬達討石敬瑭，敬瑭不得已，求救於契丹，事之以父禮，賄以幽薊十六州。晉帝之立國契丹功也，然卒以契丹亡，故有繫鈴解鈴之兆。」

　　本象的畫謎、頌中的字謎絕妙之至！諷刺之極！

一、陳曦試解

1. 解讖

【塊然一石】

　　「塊」：拆字為土鬼。「塊然」：土鬼一樣。「石」：兒皇帝石敬瑭。

　　土鬼一樣的石敬瑭！對這位歷史上著名的「兒皇帝」是辛辣的諷刺。

【謂他人父】

　　石敬瑭以割地、供奉、以父禮侍契丹為條件求救於契丹[註1]。

　　契丹出兵滅後唐，立石敬瑭為帝，建後晉。石敬瑭對比他小十歲的契丹王耶律德光稱父皇，自稱「兒皇帝」，割十六州，歲供三十萬布帛。

【統二八州　已非唐土】

　　「二八」：十六。後晉割燕雲十六州給契丹，已不再是後唐國土了。

　　「唐土」：既指唐朝國土，又似隱喻石敬瑭的瑭字。

2. 解頌

【反兆先多口】

「反兆」：是「父」字。兆字上部有「＞＜」，父字上部是「＜＞」；下部相近，上部相反，故「反兆」為父字。

「反兆先多」：「父」加上多，是「爹」字。

故本句意為：石敬瑭向契丹王——口口聲聲地叫爹[註2]！

這個字謎，是《推背圖》裏最辛辣的諷刺了。

【出入皆無主】

後晉聽從契丹的擺佈，大事難以自主。

【繫鈴自解鈴　父亡子亦死】

喻指後晉立於契丹，亦亡於契丹。

後晉西元937年一月十一日建於契丹。石敬瑭西元942年死後，養子（侄子）石重貴即位，對契丹稱孫不稱臣，招致契丹南下，西元947年一月十一日亡國。

二、文征解卦

卦為「屯」䷂，下為震 ☳，指雷；上為坎 ☵，指水，故稱水雷屯。

「屯」卦為「**春木更新之象，艱難險阻之意**」：喻後晉立國，朝代更新，又很艱難。

大象：「**屯者難也，萬事欲進不得進**」：與頌「**出入皆無主**」一致。

三、陳曦解圖

目前對《推背圖》的解析，都把圖中人解為石敬瑭，把石頭解釋為他的姓氏，筆者以為不妥！

筆者以為：圖中胡人，喻指契丹主耶律德光。第七象已經解釋過：《推背圖》中都是清官的服飾表示清朝以前的胡人，清朝以後反而用古代漢服，顛倒設謎，以迷惑當世人。

圖中石頭：諷刺石敬瑭——是石頭不是人。石頭形似哈巴狗，既跟在胡人屁股後邊，還要露臉，諷刺石敬瑭臣服奴媚於胡人。

上述哈巴狗狀石頭諷喻石敬瑭的解釋，與讖中「塊然一石，謂他人父」相呼應。

方位：圖中人面向西南方，正是契丹相對於後晉的方位，這也印證了他是契丹主。

兒皇帝石敬瑭遭到千古唾罵，可是此後還有一位「兒皇帝」，賣國勝過石敬瑭十二倍！待對《推背圖》注釋到相關的那象時，再一併道來。

註1：契丹：西元916年耶律阿保機建立契丹國，西元947年遼世宗即位，改都上京（今內蒙古巴林左旗林東鎮南），改國號遼，西元1125年為金國所滅。

遼國疆域的東北至今日本海黑龍江口，西北至蒙古國中部，南部至今天津的海河、河北霸縣、山西雁門關一線與北宋交界。

註2：如果進一步解為「嗲」，雖然更具諷刺，但「嗲」是近代字，來源於英語中的dear，親愛的，引申為撒嬌媚態。畢竟語言文字是一種思維符號，如果說對未來洞若觀火的李淳風，也能設謎到這一步，有些不可思議，故未採納。

第十三象

丙子 【水火既濟】

後漢亡 後周立

讖曰

漢水竭

雀高飛

飛來飛去何所止

高山不及城郭低

頌曰

百個雀兒水上飛

九十九個過山西

惟有一個踏破足

高棲獨自理毛衣

金聖歎：「此象主周主郭威奪漢自立。郭威少賤，世稱之曰郭雀兒。」

一、眾解精華

【漢水竭】：後漢亡。

後漢：西元947年一月，契丹滅後晉，之後河東節度使劉知遠在太原稱帝，建後漢。西元948年劉知遠死，劉承佑即位，西元951年被郭威兵變所滅。

【雀高飛　飛來飛去何所止　高山不及城郭低】

指郭威（乳名雀兒）飛到了皇位上，建立了後周。

圖中：以城郭隱喻「郭」，以鳥喻雀，以水（漢水）喻後漢。郭、雀兒在漢水之上，指郭威滅後漢，建立後周。

二、陳曦解頌

【百個雀兒水上飛　九十九個過山西】

歷史上有很多大將像郭威一樣過黃河北上抗擊過契丹，到了太行山以西。「山西」：太行山以西。

【惟有一個踏破足　高棲獨自理毛衣】

惟有郭威一個，打著去抗擊契丹的旗號出兵，到澶州（河南濮陽，澶音蟬）就兵變了，黃袍加身，返回京城稱帝去了。「踏破足」：不走了。

三、文征解卦

卦為「既濟」☲☵，下為離 ☲，指火；上為坎 ☵，指水。故本卦常稱為「水火既濟」。

「既濟」卦為「陰陽和諧之象，上下相通之意」。大象：「水性下注，火勢上炎，水火相濟，完成之意」。運勢：「名利雙收，成功之象，但初吉終亂，好景不長」。

　　本卦正是郭威在位的時運。郭威開國立業，是「既濟」的好運。郭威治國有方，朝政清明，懲治貪官，百姓安樂，正合「和諧暢達」。他崇尚節儉，開一朝節儉之風，令世人稱頌。但郭威登基三年即逝、其養子（內侄）柴榮即位後，又早逝，後周乃亡，正合「好景不常」。

四、史實精要：陳橋兵變的範本——「澶州兵變」

前奏：三鎮平叛，功高震主

　　郭威是後晉時順州刺史郭簡之子，自幼喪父，家境窮困。從軍後自學兵書，憑著英勇善戰和品行才幹成了後漢高祖劉知遠的股肱之臣。

　　後漢隱帝即位不久，發生了三鎮叛亂，朝廷久討無功，郭威出馬平定了兵變。但郭威不貪功，替眾將、大臣邀功，在全國樹立了威望。

1. 慘遭陷害，眾將激反

（因故事、戲說眾多，以下參考《資治通鑑》）

　　西元950年劉承佑信讒言，大殺功臣，還殺了郭威全家，並派人帶密旨去鄴都（今河北大名北）殺郭威。郭威深得部下愛戴，眾將激憤而反。

2. 回師除奸，帝亡立嗣

　　郭威令柴榮鎮守鄴都，自率軍回京城（開封）清奸邪，「除群小」。

隱帝剛愎自用，與慕容彥超帶兵迎敵。慕容大敗，士兵紛紛投降。隱帝沒有露面就逃跑了，躲進農家被亂兵所殺。郭威軍隊進京，太后臨朝，立高祖侄子劉贇（音：暈）為帝，並派人去接他登基。

3. 澶州兵變，黃袍加身

緊接著契丹趁亂入侵（西元950年十二月），內丘、饒陽淪陷，邊境告急。太后命郭威總領兵權，出兵拒敵。走了近四百里到了澶州。

劉贇派人慰勞軍隊，諸將不拜謝，擔心劉贇登基後清算他們，於是數千軍士嘩變，擁立郭威，郭威插門阻止，軍士越牆進入，有人扯下黃旗披在郭威身上，將士山呼萬歲，其中就有郭威的大將趙匡胤（音：印）。

郭威率兵回師，成為「監國」，不到一個月就稱帝了，建立周朝，史稱後周。劉贇在宋州被囚禁，貶為「湘陰公」，次年被殺。契丹侵略損兵折將，又聽說郭威登基，而且遇到了月食的天象，就退兵了。

第十四象

丁丑【澤火革】

五代運終　北宋立國

讖曰
李樹得根芽
石榴漫放花
枯木逢春只一瞬
讓他天下競榮華

頌曰
金木水火土已終
十三童子五王公
英明重見太平日
五十三參運不通

金聖歎：「此象主周世宗承郭威受命為五代之終，世宗姓柴名榮，英明武斷，勤於為治，惜功業未竟而殂。五代共五十三年，凡八姓十三主，頌意顯然。」

解開「五十三參運不通」這句最精妙的讖語，方顯《推背圖》這古今第一謎語之妙！

一、眾解精華

讖、圖

【李樹得根芽　石榴漫放花】

隱喻五代的三朝三姓。「**李**」：後唐皇帝姓李；「**石**」：後晉皇帝姓石；「**榴**」：同「劉」音，後漢皇帝姓「劉」。

【枯木逢春只一瞬】

本句一語雙關，字謎上隱喻五代後周的柴姓。「**枯木**」：為柴。「**逢春**」：發芽，榮發，隱喻後周世宗**柴榮**。圖中柴發芽，也喻指**柴榮**。

句意上又指：柴榮勵精圖治，文治武功，可惜後周的欣欣向榮只是一瞬間——柴榮登基五年半就病逝了，他七歲的兒子即位半年，後周就被宋朝和平取代。

【讓他天下競榮華】

指五代時期群雄割據，競相謀求極品的榮華——稱帝稱王。

西元907～960年是中國歷史上的五代十國時期。中原相繼出現了梁、唐、晉、漢、周五個朝代，史稱後梁、後唐、後晉、後漢、後周。在這五朝之外，還相繼出現了前

蜀、後蜀、吳、南唐、吳越、閩、楚、南漢、南平（荊南）、北漢，十個自稱國家的割據政權。

二、陳曦解頌

【金木水火土已終】

以五行喻五代五姓王朝的終結。

「金」：喻後漢劉姓王朝，開國君主劉知遠，劉字含金。

「木」：喻後唐李姓王朝，開國君主李存勖，李字含木。第十一象預言後唐國運，以樹木為喻。

「水」：喻後梁朱姓王朝，開國君主朱溫，溫字含水，第十象預言後梁國運多處展現了水。

「火」：喻後周柴姓王朝，開國君主雖是郭威，但社稷歸於柴姓。柴榮的榮中含火。

「土」：喻後晉石姓王朝，開國君主石敬瑭，在第十二像是以「土鬼」為喻的。

【十三童子五王公】

五代共十三位皇帝五位開國君主。

「王公」：與下一象的「天子」相對，指這五位國君不是天子，而是局部稱霸的「王公」。因為天下未定，國家甚至中原都沒有統一，他們只是在天下局部競榮華的「國君」。

「童子」：這裏指在位時間短的國君。

辨析（陳曦）：現代史書上說五代是十四帝，為何？

從金聖歎的批注可以看出：他是到柴榮截止，不算七

歲即位的柴宗訓，似因柴宗訓當皇帝不到半年就禪讓給「陳橋兵變」的趙匡胤了。

但這種演算法未見得妥適，畢竟趙匡胤承認柴宗訓是皇帝。柴宗訓死後北宋給了他諡號——「恭皇帝」，後人承認他是帝王。

筆者認為：五代就十三位皇帝，這都是他們的後人承認的，而下表中斜體字的後梁朱友圭（郢王）不應算是皇帝。前面第十象的注解說了：朱友圭弒父篡位，十個月就被殺了，再被廢為庶人，後人沒把他當皇帝。

五代各朝帝王列表

五代朝代	後梁	後唐	後晉	後漢	後周
年代跨度	907～923	923～937	937～946	947～950	951～960
各朝皇帝順序 （在位年）	太祖（6） 朱溫（晃）	莊宗（4） 李存勗	高祖（7） 石敬瑭	高祖（2） 劉知遠	太祖（4） 郭威
	郢王（10月） 朱友圭	明宗（8） 李嗣源	出帝（5） 石重貴	隱帝（3） 劉承佑	世宗（6） 柴榮
	末帝（11） 朱友貞	閔帝（2） 李從厚			恭皇帝（6月） 柴宗訓
		末帝（3） 李從珂			

當然，這些是逃不過預言家的慧眼，「十三童子五王公」，信然！

【英明重見太平日】

英明治世之主終於迎來了，人民可以安享太平了。

【五十三參運不通】

這是《推背圖》最精妙的謎語之一。

辨析

現在把這句都按金聖歎的解釋：「五代共五十三年」，並不恰當。

《推背圖》中都是以年代跨度記年的，如第二象的「二九先成實」預唐朝國運二百九十年（西元618～907年）。從上表可見五代跨度五十四年，所以本句不能解為五十三年！

陳橋兵變發生在西元960年正月初三晚上，陰曆為新年第三天，趙匡胤黃袍加身——五代後周運數不通了，次日趙匡胤就回兵受禪登基了。

所以本句應解為：**五代歷經五十三年零三天，運程就不通了**——陳橋兵變，宋朝開篇了。

「參」：一字雙關，即指參運、算卦，又暗指「叁」：大寫的「三」！喻三天。暗喻正月第三天的陳橋兵變。

五代十國紛紛擾擾，但《推背圖》本象預言的時間一天也不差！且文辭優美、氣勢恢弘，真乃中國古典文學中神工鬼斧的極品之作！

三、文征解卦

卦為「革」☲☱，下為離☲，指火；上為兌☱，指澤。

故稱澤火革。

「革」卦大象為：「**兌為金，被離火所燒，變革之象**」。正是五代動蕩變革的氣象。

「革」卦運勢：「**凡事均在變動之中，宜去舊立新，以應革新之象**」。正合五代最後變革為宋，國家由分裂變為統一，由亂而治。

四、史實精要——陳橋兵變

後周世宗柴榮文治武功，可惜在位五年半就病死了。七歲的柴宗訓即位。這就給了柴榮手下的大將趙匡胤可乘之機。

西元960年正月初一，趙匡胤假報契丹和北漢發兵侵入，朝廷讓趙匡胤出征，趙說兵將不夠，於是朝廷把全國軍權都交給了趙。正月初三，趙匡胤率大軍離開都城汴京（今開封），走了四十里駐在了陳橋驛（今河南封丘陳橋鎮）。當晚，兵變計畫就實施了。趙普和趙匡胤的弟弟趙匡義（後改名光義，即宋太宗）散佈煽動，軍士嘩變，將黃袍披在趙匡胤身上，山呼萬歲，趙匡胤「無奈」地受命了。汴京禁軍的主要守領都是趙匡胤的「結社兄弟」，開門接應。初四，趙匡胤受禪登基，建立宋朝。

第十五象

戊寅 【雷火豐】

宋太祖掃蕩群雄

讖曰
天有日月
地有山川
海內紛紛
父後子前

頌曰
戰事中原迄未休
幾人高枕臥金戈
寰中自有真天子
掃盡群妖見日頭

金聖歎：「此象主五代末造，割據者星羅棋佈，惟吳越錢氏〈錢鏐四世〉[註1]稍圖治安，南唐李氏〈李昇三世〉[註2]略知文物，餘悉淫亂昏虐。太祖崛起，拯民水火。太祖小名香孩兒，手執帚箸，掃除群雄也。」

一、陳曦試解

1. 解讖

【天有日月 地有山川】

似為字謎，喻趙匡胤當為天子，得天下。

表面的意思：天有日月，規律地運行，地有山川跌宕起伏。隱喻歷史迂迴曲折如山川，但發展也有規律，與天象相應。但是這麼表面解釋就不是《推背圖》了。

「日月」：趙匡胤的趙、胤二字含月，幼名香孩兒，香中含日。

《推背圖》用小名、用圖喻小名設謎是有先例的，如第十三象的圖讖，喻郭雀兒，喻後周太祖郭威。這裏以香孩兒設字謎，無獨有偶。

「山川」：匡字含有山川，山川倒入匡字中。

【海內紛紛 父後子前】

五代十國時中原紛亂，皇帝短命，父子先後登基的事頻頻發生。

2. 解頌

【戰事中原迄未休】

五代十國紛紛擾擾，戰亂不休。

【幾人高枕臥金戈】

借《晉書・劉琨傳》中「枕戈待旦，志梟逆虜」的典故，比喻戰事頻頻，天下不太平。

【寰中自有真天子　掃盡群妖見日頭】

寰宇之中，自然會有真命天子出世，掃除群雄戰亂，重見天日。宋太祖趙匡胤統一天下，建立宋朝，中國終於亂極而治。

「日頭」：又有「日字頭」之意，最後「掃盡」的李煜，是「日字頭」。

這兩句才是本象的主體，前面的詩文是本象主體的背景、環境。

3. 解圖

圖中一小孩兒手執掃帚橫掃群蜂，與頌中「掃盡群妖見日頭」相應。如金聖歎注解：宋太祖小名「香孩兒」，故圖中以小孩兒暗喻。

《宋史・太祖本紀》記載，趙匡胤降生時：「赤光繞室，異香經宿不散。」這大概是「香孩兒」名字的來由。

二、文徵解卦

卦為「豐」☳☲，下為離☲，指火；上為震☳，指雷。

本卦為「光明普照之象，棄暗投明之意」。正合宋太祖「掃盡群妖見日頭」，各國請降。

本卦大象為「雷電交加，聲勢盛大之象」，正合太祖掃平天下之象。

本卦：「運勢極強，勢如破竹，勝券在握，但應留一線」。太祖平天即是如此：平定各國，不殺各國舊主，還小

有封賞[註3]。

註1：「錢鏐四世」：應是五世，吳越國錢鏐（鏐音流，西元907年開國）、錢元瓘（西元932年即位）錢弘佐（西元941年即位）、錢弘倧（西元947年即位）、錢弘俶（俶音觸，西元948年即位）。

　　錢鏐西元896年剿滅了吳越一帶的割據勢力，占據江浙13州，先被唐朝封王，再被後梁朱溫封為吳越王，後唐李存勗時又賜他玉冊金印。錢鏐採用「用汗水代血水，以錢財換平安」的政策，一直臣服於中原政權，對內則組建小朝廷，自立年號。

　　錢鏐勤政恤民，發展生產，頗得民心。他修建了「捍海石塘」等水利設施，使錢塘江兩岸免受海潮之害，被稱頌為「海龍王」。子孫延續了他的政策，在五代的大動盪中保全了一方平安。

註2：「李昇三世」：指南唐李昇（昇音變，西元937年開國）、李璟（璟音井，西元943年即位）、李煜（西元961年即位）。李昇保境安民，不輕用兵，國力比較強盛。李璟西元945年滅閩，西元951年滅楚，西元958年被周世宗柴榮打敗稱臣。李煜詩詞極佳，但治國、打仗都是極蠢之材，他即位時南唐已經向宋朝稱臣了。但他不聽詔宣，被宋朝討伐敗降。

註3：後蜀主孟昶（音場）、南唐主李煜是死於宋太宗趙光義（不是太祖趙匡胤）之手。

第十六象

己卯 【地火明夷】

太祖初步統江山

讖曰
天一生水
姿稟聖武
順天應人
無今無古

頌曰
納土姓錢並姓李
其餘相次朝天子
天將一統付真人
不殺人民更全嗣

　　金聖歎：「此象主宋太祖受禪汴都，天下大定，錢李二氏相率歸化，此一治也。」

一、陳曦試解

1. 解讖

【天一生水】：絕妙的雙關謎語！

　　現在都解為宋太祖是「水命」。因為不知道生辰八字，難驗證。

　　「生水」：五行中，金生水，故本句喻指開國年份或君主本人隸屬「五行之金」。上一象已經講到這位真主出生了，所以本句不是指該人。從圖中可印證，本句是指開國的年份、朝代的「屬相」屬金。

　　宋朝立國於西元960年，庚申年，庚在五行中屬陽金，申在五行中也是陽金，所以，本句是預指宋朝立國的年代。

　　「天一生水」：取自《易經》「天一生水，地六成之」。本句應是歇後用法，隱喻「地六成之」，用其字面之意，指宋太祖統一了五國領土，加上自己一方，是六國統一，是為「地六成之」，與圖中相應。

◎ 五代十國，有四國亡於五代時，即趙匡胤建立北宋前。

　　前蜀：西元903年王建稱帝，西元925年，王衍降於後唐，前蜀亡。

　　吳：西元902年楊行密受封吳王，西元937年吳王楊溥（音普）禪讓，吳亡。

　　受禪者為徐知誥（音：告），徐後來恢復姓李，名李昇，建南唐。

閩：西元909年王審知受後梁朱溫封為閩王，西元945年被南唐滅。

　　楚：西元907年馬殷受後梁朱溫封為楚王，西元951年被南唐所滅。

◎ **趙匡胤登基後，西元960～976年在位期間，平定五國。**

　　吳越：西元907年錢鏐受後梁朱溫封為吳越王，一直臣服中原。西元960年吳越向宋稱臣。西元978年錢弘俶（音觸）舉家遷東京，吳越亡。

　　南平（荊南）：西元924年高季興受後梁朱溫封為南平王，西元963年高繼沖歸順宋朝，不久全族遷到東京（今河南開封）。

　　後蜀：西元934年孟知祥稱帝，西元965年孟昶（音場）降宋，押赴東京。

　　南漢：西元911年劉岩即位，西元917年稱帝，西元971年劉繼興敗降，押東京。

　　南唐：西元937年徐知誥廢吳帝自立，國號大齊，西元939年徐改名李昇（音變），改國號為唐，史稱南唐，西元958年降於後周。西元975年金陵被宋將曹彬攻克，南唐後主李煜被押往東京，南唐亡。

　　本解釋與圖中的五國臣服珠聯璧合，謎語「**天一生水**」堪稱絕妙！

【**姿稟聖武**】

　　宋太祖英武聖明，統一了分裂的國家。

【**順天應人　無今無古**】

　　趙匡胤統一天下，上和天意，下順民心，建國後懷柔

治國，不殺功臣，還立誓不殺大臣、不殺諫臣，前無古人，後無來者。

2. 解圖

圖中正座天子顯然喻指趙匡胤，面南背北而坐。前面5人朝拜臣服，分別代表吳越、南平（荊南）、後蜀、南漢、南唐五國之主。

雖然吳越是西元978年消失的（宋太祖死於西元976年），但是吳越國王錢弘俶卻是在西元974年助宋滅南唐之後，即被趙匡胤詔到東京面君的。為此，吳越國上下惶恐，因為錢氏幾代使國內安居樂業，百姓在西湖邊建「保俶塔」，祈求保佑錢弘俶平安。不久錢弘俶返回吳越。西元978年，錢家被太宗遷往東京。

五國納土，剩下的北漢一國，是宋太宗趙光義登基後，西元979年親征平定的。可見，圖中預言「天將一統付真人」，只畫五人臣服是分毫不差！

｛圖中帝王只有「半邊儀扇」，隱喻宋太祖沒有統一全國，只有「半壁江山」，可謂絕妙的畫謎！｝^{（註1）}

◎ **本圖提供了一個重要資訊：《推背圖》的圖是「上北下南」定位的**

中國古代的地圖，沒有明確的方位規定，上南下北的居多，上北下南的為少，個別還有上東下西的。從本圖君王面南背北之坐，可判定《推背圖》全書圖的方位——這很重要，因為有的圖是有方位含義的。

二、文征解卦

卦為「明夷」▓▓ ，下為離☲，指火；上為坤☷，指地。

「明夷」卦為「鳳凰垂翼之象」、「棄明投暗之意」，與上一象「豐」卦的「棄暗投明」正相反。上一象宋太祖掃平各國，各國兵將投降，是「棄暗投明」；而本象，圖中可見，各國王放棄了如日月般光明的君王之位，來投降做臣子，當然是「棄明投暗」、「鳳凰垂翼」了。

「明夷」卦的大象為「太陽掩沒在坤地之下，天下黑暗，而後見光明」，既合本象各國君棄位投降，也正合宋太祖統一天下後，大顯英明之意（統一前，征戰攻伐，光明未顯）。

三、眾解精華——解頌

【納土姓錢並姓李】

指吞併各國，從吳越錢氏直到南唐李氏。

「納土」：接納對方的國土。

「姓錢」：西元960年宋朝立國，吳越國主錢弘俶即主動臣服。

「姓李」：西元975年宋軍滅南漢，南唐後主李煜降。

【其餘相次朝天子】

其他小國也相繼歸順，被押、帶往京城面君。

【天將一統付真人 不殺人民更全嗣】

「真人」：道家指得道的道人，這裏指有修為的人。

指太祖是一位有修為的真人，統一天下後，仁愛治

國，不濫殺伐。

趙西元960年陳橋兵變，得天下兵不血刃。而後不殺降王，不殺功臣，西元961年「杯酒釋兵權」，消了藩鎮勢力；對百姓修養生息，天下安樂。

這個「真人」懷仁治國，為保江山社稷，祕密立下了不殺大臣、不殺諫臣的規矩，定下了重文輕武的國策，使得宋朝文風鼎盛，文人輩出，而武力疲軟，屢遭外侮。第一次經受的侵略就是下一象的澶淵之役。

四、十五、十六象「時間交錯」，各象本無固定間隔

第十五象講到了「**掃盡群妖見日頭**」：國家統一了；本象又回頭說「**納土姓錢並姓李……**」事件在時間上出現了交叉！

可見，目前流行的「《推背圖》每象要間隔多少年」之說，不成立！

歸序全解《推背圖》時，我們發現後邊個別象也有時間交叉，但主體事件的順序可以排序。此處「時間交叉」，似為後人破解後邊各象留下先例、見證。

註1：「半邊儀扇」的妙解來自網友反饋。本書對網友反饋的妙解，都在文中用 { } 標注出。

第十七象

庚辰 【地水師】

遼國入侵 澶淵之盟

讖曰
聲赫赫
干戈息
掃邊氛
奠邦邑

頌曰
天子親征卜渡河
歡聲百里起謳歌
運籌幸有完全女
奏得奇功在議和

金聖歎：「此象主宋真宗澶淵之役。景德元年，契丹大舉入寇，寇準勸帝親征，乃幸澶淵。既渡河，遠近望見卸蓋皆踴躍呼萬歲，聲聞數十里，契丹奪氣，遂議和。」

一、眾解精華

1. 解頌

【天子親征乍渡河　歡聲百里起謳歌】

為擊退契丹，宋真宗親征渡黃河，將士見後歡呼萬歲，聲震數十里。

◎ 澶淵之役（一）　遼兵南侵　御駕親征

背景：

西元936年石敬瑭割燕雲（幽薊）十六州予契丹。西元959年後周世宗柴榮北伐，收復十六州的瀛州（河北河間）、莫州（河北任丘北），及周邊地區（霸州、天津靜海等）。西元979、986年，宋太宗兩次大舉伐遼[註1]皆敗。

遼國在蕭太后的苦心經營下，力量日盛，西元1004年大兵進犯北宋。

遼軍進犯：

這是遼對宋唯一的一次大規模入侵，蕭太后率軍親征，大軍號稱二十萬，深入宋境七百里，直撲橫跨黃河的澶州[註2]（今河南濮陽）城下。

真宗被迫親征：

大宋朝廷上下驚恐，意欲遷都。後來真宗在新上任的丞相寇準的極力勸諫下，被迫親征到了澶州，被太尉高瓊極力「請」過了黃河。宋軍見到了澶州北城樓上的黃龍旗，歡

聲雷動，軍兵與百姓齊呼萬歲，聲聞數十里。士氣倍增。真宗見好就收，撤回了南城。

遼兵聞宋軍呼聲怯陣。寇準在北城督戰，宋軍張環用床子弩^(註3)射殺了遼軍先鋒蕭撻覽（擒獲名將楊業之人），遼軍士氣低落。

【運籌幸有完全女　奏得奇功在議和】

「**完全女**」：「**寇準**」的「**寇**」字，「**女**」與「**寇**」中的部分形似而不完全一致，這種象形設謎，也是《推背圖》字謎文化常用的手法。

指在宰相寇準的運籌下取得澶州守衛戰的勝利，在真宗力主議和時，寇準最大限度減少了損失，立下奇功。

◎ 澶淵之役（二）　休兵議和

蕭太后見遼軍處境不利，擔心腹背受敵，也想求和。

宋真宗在離京時，就暗中派曹利用前往遼軍議和。因戰事激烈，曹一直未能進入遼營。寇準、楊延昭力主北進，乘勢收復失地，但妥協派氣焰囂張，攻擊寇準擁兵自重。寇準被迫放棄主張。

真宗在澶州行宮又召見了曹利用，授以談判底線——每年給遼國銀絹一百萬兩/匹。守候在宮外的寇準攔住了曹利用，以殺頭威脅，把底線定為三十萬兩。曹在敵營置生死於度外，拒不割讓一寸國土，還收回了瀛、莫二州的主權，雙方以三十萬兩歲幣達修好結盟。

曹議和回來，伸出三個指頭暗示，真宗誤以為是三百萬，大驚，但也只好認了。後來真宗知道是三十萬，大喜過望，視為奇功。

2. 解讖

【聲赫赫　干戈息】

赫赫呼聲聲震數十里，契丹氣餒，不久停戰議和。

【掃邊氛　奠邦邑】

掃平了邊境戰火，奠定了邊疆的安寧。

3.解圖

皇者面南背北，喻指宋真宗；水指黃河；外族人喻指契丹，契丹拱手，主動請和（為何用清朝的官服喻胡人，詳見第七象注釋）。

二、文征解卦

卦為「師」☷☵，下為坎☵，指水；上為坤☷，指地。地下有深水，正是澶淵的「淵」字之意，澶州又稱澶淵之城。

本卦為「**地勢臨淵之象，以寡服眾之意**」，正合寇準力排眾議，強諫真宗出征之舉。卦的大象為「**養兵聚眾，出師攻伐之象**」，本卦對於爭端：「**宜進不宜退，內心雖憂，但得貴人之助**」。都與真宗親征相符。

◎ 澶淵之役（三）　澶淵之盟

盟約規定：宋、遼為兄弟之國，兩國皇帝以年齡定兄弟的稱呼。宋朝每年向遼提供「助軍旅之費」十萬兩銀，二十萬匹絹。雙方發展邊境貿易。遼就此承認了宋對幽薊十六州中瀛、莫二州的主權。

當時宋朝經濟繁榮，一年的鑄錢量最高達五百萬貫，是大明朝二百七十六年總鑄錢量的一半！要知道一場戰爭單

方直接費用就不止一百萬兩白銀，三十萬兩歲幣不到宋朝年財政收入的百分之零點五，而且開展邊貿後，宋朝每年貿易順差就在一百萬兩銀以上，所以，三十萬兩銀帛換和平，以及法定的瀛、莫二州主權，是很明智的。

澶淵議和後，遼、宋結盟，保持了一百二十年的邊境和平。

註1：遼國原名契丹，西元916年耶律阿保機建契丹。西元947年定國號為「遼」，983年復名「契丹」，西元1066年又復名為「遼」，西元1125年被金國所滅。

註2：澶州：北宋時黃河流經澶州，將澶州城分為南北二城。澶州距宋都東京（開封）近四百里，也是後周太祖郭威兵變、黃袍加身的地方。

註3：床子弩：三弓床弩，又稱「八牛弩」，用三張特製的大弓做成的床弩，約需百人絞軸張弦，用大錘猛擊扳機，可將巨箭射出三里多遠。

第十八象

辛巳【艮為山】☶

劉太后主政

讖曰

天下之母

金刀伏兔

三八之年

治安鞏固

頌曰

水旱頻仍不是災

力扶幼主坐靈臺

朝中又見釵光照

宇內承平氣象開

金聖歎：「此象主仁宗嗣立，劉太后垂簾聽政。旁有一犬，其惟狄青乎？」

筆者認為：圖中狗是喻指宋仁宗。

一、眾解精華

1. 解讖

【天下之母】

指宋仁宗養母劉太后，即垂簾聽政輔佐仁宗的章獻太后。

【金刀伏兔】

「兔」：兔為卯，與「**金刀**」合「**劉**」字。

【三八之年 治安鞏固】

三乘八為二十四，劉太后去世，仁宗二十四歲親政。

本句指劉太后去世，仁宗親政，國家治理安定，江山鞏固。

2. 解頌

【水旱頻仍不是災】

指劉太后興修水利，使水旱都不是大災了。

【力扶幼主坐靈臺】

劉太后全力輔佐十四歲的宋仁宗即位，沒有發生權臣欺主、陳橋兵變之類的事。

有版本作：「力扶幼主鎮埏垓」。埏垓，音嚴該，指邊辟的地方。

【朝中又見釵光照】

指劉太后西元1022～1033年垂簾聽政。

【宇內承平氣象開】

劉太后治國，承平無戰事，朝政清明，廣開言論。

二、陳曦解圖

圖中婦人顯然喻指劉太后。旁邊的犬，並非金聖歎所猜的「狄青」，劉太后去世時，狄青才二十六歲，尚未建立大功業。

圖中犬，當指仁宗，仁宗生於西元1010年，屬狗。古時稱兒為「犬子」。

仁宗直到劉太后去世才親政，十四～二十四歲期間雖為皇帝，但無權，依附於劉太后，圖中犬蜷伏於婦人足下，即隱喻此。

三、文征解卦

卦為「艮」☶，上下都是艮☶，指山。

卦為「重山關鎖之象」，大象：「宜止不宜進，阻塞之象」。似指章獻垂簾聽政期間，宋朝保守治國，對外邦沒有進取之意。

另：卦為「重山」，山上壓山，似指劉太后在仁宗之上，仁宗成年也無法親政，直到仁宗二十四歲太后去世，他才成為真正的統治者。

四、史實精要——章獻太后

1.《狸貓換太子》——莫把戲說當歷史

《狸貓換太子》的故事排演成了多種戲劇，在民間廣為傳唱，但該故事與歷史完全不符。

該故事出自清末成書的小說《三俠五義》，說的是宋真宗的妃子劉氏、李氏同時懷孕，為了爭當正宮，心狠毒辣的劉妃將李妃所生之子換成了一隻剝了皮的狸貓，污蔑李妃生下了妖孽。真宗大怒，將李妃打入冷宮，將劉妃立為皇后。後來劉妃之子夭折，而李妃所生男嬰在經過波折後被立為太子，並登上皇位，即仁宗。在包拯的幫助下，仁宗得知真相，並與流落民間與已雙目失明的李妃相認，而劉太后則畏罪自縊。

　　史實與此相差太遠：包拯是劉皇后去世四年才守孝完畢出任縣令的。真宗四十多歲時，五個兒子都夭折了，劉妃讓自己的侍女李氏侍寢而孕，真宗和劉妃大喜，真宗向群臣說劉妃有孕，並在仁宗出生前晉封劉妃為「修儀」，仁宗一直認劉妃為親母，可見李氏更像是「代孕」。

　　李氏因此只得到「崇陽縣君」的封號，不久，李氏因生下一女被晉封才人，方正式成為妃嬪。但女兒又早夭。西元1032年李氏重病，已經垂簾聽政的劉娥晉封李氏為「宸妃」（宸音陳），但李氏當日命終。劉太后採納了宰相呂夷簡之諫，以皇后禮安葬李氏。

　　劉太后故去，仁宗知道了自己的身世，有人借此說劉太后害死了李妃。仁宗派李妃的弟弟開棺驗屍，見被水銀浸藏李氏身著皇后服飾，顏面如生，遂明白了真相，向劉太后的牌位哭拜謝罪。

2. 從打工賣藝，到母儀天下

　　劉娥家境貧寒，自幼喪父。十三歲嫁給青年銀匠龔美，隨龔到京城謀生。她善播「鼗」[註1]，賣藝謀生，因美

色被引薦給十五歲的趙元侃（即後來的真宗趙恒）。趙情竇初開，對劉一見鍾情，欲把這個川妹子納為侍妾。趙的乳母秦國夫人大怒，把這個「灰姑娘」趕出王府。

趙恒把劉娥藏在了王宮指揮使張耆家，雖然公務繁忙又娶妻納妾，但仍不時去張耆家與劉娥相聚。十五年後趙恒即位，劉娥入宮成為美人。皇后早逝，真宗在大臣不斷的反對中，西元1012年立出身卑微的劉娥為后。

劉娥是賢德之人，通曉古今，成了真宗的賢內助。她以身作則，樹立簡樸的風範，治理皇宮井井有條，每日還要幫真宗參謀朝政。

在以「出身」決定命運的封建時代，劉娥遭到了以宰相李迪、寇準為首的士大夫的反對，他們尤其反感劉娥參政。真宗晚年病重，事多託予劉皇后。真宗死前，「遺詔尊后為皇太后，軍國重事，權取處分」。

3. 垂簾聽政——「宇內承平氣象開」

劉太后垂簾聽政，號令嚴明，賞罰有度，廣開言論。

初期，宰相丁謂專權，向上用「群臣公議」脅迫太后，向下用太后招牌壓制群臣，甚至假傳聖旨逼李迪、寇準自殺，幸被二人識破。不到半年，太后找機會貶謫了丁謂一黨，穩定了朝政。

身為女流的劉太后，納諫的胸懷是歷史上少有的，太祖開創的廣開言論的風尚，由她發揚光大，著名的「**魚頭參政**」的典故就出自於此。

「**魚頭**」是魯宗道的外號，因為「魯」字以「魚」為頭，而且他極為耿直，官拜「右正言」，直言進諫像魚骨頭

一樣嚇人。

劉太后執政，第一個提拔了他，任命為「**參政**」。一次出宮時，太后車輦走在小皇帝的前面。宗道正好碰見，急忙攔路跪諫：「夫死從子，婦人之道也，太后宜輦後乘輿！」

太后指著他：「好你個宗道，其骨在頭，乃魚頭參政」！說完，「急令輦後乘輿」。

還有一次，劉太后曾請魯吃飯，問他對武則天的看法，魯面帶氣色地說：「（武后）唐之罪人也，幾危社稷！」轉身就走了。劉太后從此徹底打消了稱帝之念，還更敬重這個「**魚頭參政**」。後來有人向她進獻《武后臨朝圖》，被她當眾摔在地上。

人非聖賢，劉太后也有過錯，比如貶謫了一些進諫的大臣，但是眾臣依然進諫不斷，這也正體現了「廣開言論」的氣象。劉太后十一年垂簾聽政，朝中出現李迪、王曾、張知白、杜衍、呂夷簡、魯宗道、范仲淹、狄青等名相賢臣。海晏河清，正是「**宇內承平氣象開**」。

元朝右丞相脫脫主編《宋史》三百一十一卷中提到：「自仁宗初立，太后臨朝十餘年，天下晏然。」

西元1033年，宋廷祭太廟，六十五歲的劉太后劉娥想要穿穿天子袞冕，朝臣譁然。最後拗不過，只得將皇帝袞衣上的飾物減了幾樣呈上。劉太后祭奠回來的路上就染病了，一個月後去世，被諡為「章獻明肅」。宋朝皇后、太后的諡號都是二個字，顯然，仁宗給了劉太后空前的榮譽。

註1：鼗：音陶，鼗鼓是一種撥浪鼓，有長柄，鼓兩邊綴有耳槌。

第十九象

壬午【山火賁】䷔

誤用安石　平戎大敗

讖曰

眾人囂囂

盡入其室

百萬雄師

頭上一石

頌曰

朝用奇謀夕喪師

人民西北盡流離

韶華雖好春光老

悔不深居坐殿墀

金聖歎：「此象主神宗誤用安石，引用群邪，致啟邊釁，用兵西北，喪帥百萬。熙寧初，王韶上平戎三策，安石驚為奇謀，力薦於神宗，致肇此禍。」

導讀：

《推背圖》對王安石用貶語，金聖歎評價王安石引用群邪。物以類聚，人以群分……而當今對王安石評價甚高，稱為改革家。

究竟哪種觀點符合歷史真相？下文將全面揭示，讀者可以自己判斷了。

一、眾解精華

1. 解讖

【眾人囂囂　盡入其室】

指北宋王安石變法一黨，多是臭名昭著的小人。

「囂」：音銀，蠢而頑固。「其室」：對應下文，指王安石一黨。

【百萬雄師　頭上一石】

在「王安石模式」下，征伐西夏損兵百萬。

「石」：王安石。王安石向宋神宗力薦王韶的「平戎策」，神宗後來平戎（滅西夏）時，號稱的「**百萬雄師**」幾乎盡沒。

2. 解頌

【朝用奇謀夕喪師】

「**奇謀**」：指王韶的「平戎策」三篇，被王安石稱為

奇謀。

「夕喪師」：指宋神宗攻伐西夏，軍兵損失共五十餘萬人。

西元1068年，書生王韶向朝廷進獻《平戎策》三篇，以漸次攻滅西夏。西元1071～1073年，王韶被啟用，在西北實施「平戎策」前期戰略，成果顯赫，而後王韶被貶。西元1081～1082年神宗按「平戎策」之謀伐西夏，大敗。

【人民西北盡流離】

北宋攻取西夏，西北人民因戰亂流離失所。

【韶華雖好春光老】（陳曦試解）

「韶」：指王韶。「韶華」：美好的時光，多指美麗的春光。

「春光老」：一語雙關。首先是字謎，春光老——春天將盡——臨近夏天——臨夏，喻指兵臨西夏；同時，「春光老」又與「韶華」相應，指王韶的「平戎策」，華而不實，不切合實際。

【悔不深居坐殿墀】

「墀」音池，漆過的地面，臺階之地，亦指臺階。

本句指後悔出兵西北，要是在國內鎮守宮廷就好了。

二、陳曦解圖

圖中亭子，暗喻「宋」字，亭蓋代表「宀」寶蓋兒頭，下面木柱代表「木」，「宀」與「木」合為「宋」。圖中藩籬，喻指邊境。

方位：「宋」在西北境外成了空亭，喻指宋軍進攻西

夏，全軍覆沒。

三、文征解卦

卦為「賁」䷕，音奔，下為離☲，指火；上為艮☶，指山。

「賁」卦為「爭妍鬥麗之象」，似暗喻宋神宗一心建功立業，不聽勸諫，一意孤行地變法圖強，以及倉促攻伐西夏以雪舊恥。

「賁」卦大象為「日落西山，喻光明力量漸消，陰暗的力量擴大」。正合神宗任用王安石變法，盡貶賢臣，小人興起亂國之勢；也合宋軍欲滅西夏之象：起初連戰連勝，不久全軍盡喪。

「賁」卦運勢為「表面風光內裏空虛，必須充實自己，凡事踏實，按部就班」。王安石變法，使得皇家暴富，理財成績「極其顯著」，是「表面風光」；宋軍伐西夏，三十多萬大軍聲勢赫赫——也是「表面風光」。王安石的新法，迅速斂財於民，腐敗官僚趁機盤剝，百姓傾家蕩產者甚重，正是國力「內裏空虛」。也是伐西夏之勢：朝廷削弱武將權力，久不練兵，軍事疲憊，各路元帥內部失和、扯後腿，都是「內裏空虛」。

四、史實精要——「韶華雖好春光老」

1. 西夏屢犯宋境，王韶獻策平戎

西夏是党項族人之地，唐朝末年，党項族首領拓跋思恭平黃巢有功，賜姓李，封為夏國公，成了當地的藩鎮。西

元960年北宋建立後削減藩鎮的兵權，李氏不滿。西元1038年，夏國公李元昊稱帝，國號大夏。

西夏疆域在今陝、甘、寧、新、青、蒙的部分地帶。初期西夏聯遼抗宋，屢犯宋境：

西元1040年，**延州之戰**（延州：今陝西延安），宋軍大敗，喪兵近萬人。

西元1041年，**好水川之戰**（今寧夏隆德西北），宋先後喪兵數萬。

西元1042年，**定川寨之戰**（今寧夏固原西北），宋軍又敗，喪兵萬餘人。

西元1044年，迫使宋承認西夏獨立，每年賜給西夏銀絹二十二萬兩/匹。

西元1067年，二十歲的神宗即位後，啟用王安石變法，欲改變北宋積貧積弱的局面。文人王韶上表《平戎策》三篇，是漸次剿滅西夏的戰略戰術，得到王安石的極力推薦。

2. 戰西北王韶連捷，拓疆土包圍西夏

在對西夏問題上，王安石力排眾議，派王韶出兵西北，授予全權處理前線軍務。

西元1071～1073年，王韶實踐了《平戎策》的前期戰略。收復五州（今甘肅境內），招撫吐蕃部落三十餘萬人，開拓邊疆二千餘里，恢復了安史之亂前由中原控制該地區的局面，形成了對西夏的戰略包圍。

這是北宋開國結束割據以後，八十年來最大一次勝利，宋神宗堅定了剿滅西夏的決心。王韶要求進兵西夏，神

宗卻拒絕了，並收了王韶的兵權，不久就徹底貶了王韶。奸臣讒言是一方面，神宗不願王韶擁兵自重或許是本因——澶州兵變、陳橋兵變的教訓，或令神宗心有餘悸。

3. 大舉平戎，西北慘敗

西元1081年，神宗趁西夏政變內亂，發動西北五路大軍會攻西夏靈州：

宦官王中正率河東六萬兵、六萬餘民伕出麟州（今陝西神木縣北）；

種諤率九萬餘兵出鄜延；

宦官李憲總領熙秦七軍共三萬九千出熙河；

神宗的外叔祖高遵裕率蕃、漢步、騎兵八萬七千，民伕九萬五千出環州；

劉昌祚率兵五萬出涇原路，另詔吐蕃兵三萬側擊涼州（今甘肅武威）。

五路軍不設主帥，實際由皇帝遙控，做總指揮。神宗想憑藉這五十多萬軍民一舉蕩平西夏。

當時西夏垂簾聽政的梁太后採用一老將軍之計：堅壁清野，縱敵深入，集精兵守要地，遣輕騎抄絕其糧道，待其糧草不濟，不攻自敗。

宋軍長驅疾進，不到一月就被西夏斷了糧道。十一月十九日，夏軍決黃河七級渠水淹灌涇原、環慶宋兵營壘，宋軍凍溺餓死者甚眾。朝廷下令撤兵後，途中又遭到西夏軍隊襲擊，大敗而歸，共約四十萬人喪生。

但宋神宗並不服輸。西元1082年，神宗派徐禧在橫山一帶築城——這也是《平戎策》中的戰略方案：「進築」之

法，作為蠶食西夏的橋頭堡。徐禧選定了永樂（今陝西米脂西北），沈括[註1]等認為永樂易攻難守，不宜築城。徐禧不聽，築城畢，神宗賜名「銀川寨」。

十餘日後，西夏發兵三十萬攻永樂，沈括等人的戰策都被否決，結果城被圍，水源被斷，「鑿井不得泉，渴死者大半」，沈括等「援兵及饋運皆為夏大兵所隔」。九月二十日，永樂城被攻破。此戰，宋軍將校、兵卒、役夫，及與宋並肩作戰的外族軍士喪生約二十萬人。

兩番大敗，北宋元氣大傷。

4.「韶華雖好春光老」

王韶的《平戎策》雖然理論上沒有問題，但是在當時的現實中，卻是不切實際的，行不通的。王韶初期實踐的成功，是他能得到朝廷的信任，能統一指揮前線，而且，是對手很弱的前提下取得的。

北宋當時已經腐敗了，機構臃腫，將士養尊處優沒有戰鬥力，重文輕武，文臣內鬥，沒有人和軍隊能執行《平戎策》的戰略。後來神宗五路發兵伐西夏時，五路大帥內部還不合，兩個宦官、一個外戚皆非將才，神宗總領兵權遙控指揮，怕將帥擁兵自重……

有華無實的《平戎策》，虛有其表的大宋王師，面對強敵焉有不敗？

5. 王韶惡報而亡？

西元1071～1073年，王韶征伐西北建功立業時，焚殺羌民，即使是老弱者也不能免，被殺者有萬人以上。甚至要提拔部下時，有時讓他們殺降羌老弱，他用人頭數給部下記

功晉級（見《宋史・王韶傳》等書）。

王韶晚年良心不安，又得了怪病：「韶晚節言動不常，頗若病狂狀」，胸部生了一個惡疽。郎中來看病時叫他睜眼，韶曰：「安敢開？斬頭截腳人，有許多在前。」後來惡疽潰爛，「洞見五臟而死」。

五、史家之歎——變法功過顯，是非兩重天

如果醫生給病人開的藥，不對症，不適合病情，能因為藥好，就說大夫是名醫嗎？——王安石的改革，實際上連「藥好」都算不上。

史家對王安石及其變法的評價截然相反：

歷史主流派

用變法毒害百姓、助長腐敗、強兵反而大敗的結果，把王安石定為北宋的「亡國元兇」，從宋到清幾乎所有的史家、文人都這樣評價。

現代主流派

替王安石正名的人，先是《推背圖》下一象的主角——著名的奸相蔡京，然後是王安石的同鄉，這是重「鄉賢」的傳統。再以後是近代的改革派，如梁啟超等，出於自己政治觀點的需要。當列寧說出了：「王安石是中國十一世紀時的改革家」，紅朝的口徑就一致了。文革時期，王安石成了歷史上「正確路線」的代表。改革開放後，王安石變法仍在「改革是解放生產力」的背景下得到高度肯定。現在的歷史教學中講：王安石正確的改革觸動了大地主階級的利益，所以失敗了，王成了「出師未捷身先死」的改革英雄。

這一刀切下去：實際也是改革者的司馬光、歐陽修、蘇洵、蘇東坡因為反對王安石的新法就被劃為保守派，成了封建大地主階級的代表。

現代的反思派

現代一些學者逆當朝的主流，提出了折中、但傾向於前者的觀點。

筆者以為：不能用愛國熱情和動機作為判斷的標準，就像不能因為「超英趕美」的愛國熱情和動機就肯定了大躍進一樣。因此，這裏從實際出發，公平地把事實擺出來，真相自明。

1. 北宋積貧積弱，亟待改革

北宋到第四帝仁宗時，已然積貧積弱。官僚臃腫不堪，官員幾乎是開國時的十倍，禁軍達一百四十萬，幾乎是建國初的七倍，大多官員尸位素餐，謀權謀私搞腐敗，軍士坐食軍餉，不生產、少訓練，幾乎每戰必敗。而政策上，官員、軍兵還享受著國家的俸祿和賞賜，財政的高收入，都被這些國家的「柱石」蛀蝕掉了。年年虧短，土地兼併嚴重。

西元1043～1045年的慶曆新政，范仲淹等人的改革直指冗員，結果可想而知，范仲淹等改革派和諫官歐陽修等人相繼被貶。次年，范仲淹寫出了《岳陽樓記》，歐陽修寫出了《醉翁亭記》，都是千古名篇。

2. 王安石，一切為了變法

王安石西元1042年考中進士，做地方官為百姓辦了很多實事，也是他變法的初步嘗試。西元1058年十月，王安石調任三司度支判官，成為京官，呈交《上仁宗皇帝言事

書》，即萬言書，提出變法綱略，未被採納。

王安石並不氣餒，他孜孜不倦地構想改革措施，只待天時降臨。宋英宗在位五年即亡，神宗西元1067年即位後面對的是內外交困，急於革新圖強。西元1069年王安石被任命為「參知政事」（相當於副宰相），開始變法，西元1070年王任「同中書門下平章事」（宰相），先後推出十多種新法。

3. 變法的實際效果

王安石的募役法（又稱免役法）使百姓可以出錢免予勞役，效果還不錯。但是其他的新法，有的只是理論上可行而已。

（1）富了皇家，苦了百姓

王安石的《青苗法》，就是國家向人民發放貸款，設想是抑制地主的高利貸，以造福人民。現在歷史課本介紹到此為止，只展現給你一個美好的「烏托邦」，讀者當然要稱讚新法了，實際呢？

年息20%　——這是王安石法定的國家施加給百姓的高利貸。

年息40%　——這是實際執行中，臃腫的地方機構和腐敗的官僚因地制宜的改革措施，因為他們把20%改為半年息。

還有更高的！因為支持改革的官員要先富起來。

官府高利貸是法定的，百姓不得不貸，繁雜借貸手續，又成了衙門官吏收「好處費」的渠道。更可怕的是，王安石給各地都下了貸款指標，地方官硬性攤派，地方照

例層層加碼，於是中農、富農、地主，也得去貸款，導致民怨沸騰。

另一方面：變法以後，神宗新建的三十二座內殿庫也堆滿絹緞，只好再造新庫。改革先理財的戰略「空前成功」，實現了王安石不加稅收就增加財政收入的藍圖。

（2）增加冗員，助長腐敗

王安石變法，沒有向北宋的當時的癥結——冗員開刀，還增加了官員去實行新法，使得臃腫的機構更加繁冗。

市易法使政府成立市易司——高利貸部門兼經商，均輸法使政府成立了搞異地貿易的「公司」，都是為了平抑物價，增加政府收入。神宗認為朝廷在市場上倒賣水果等做法很丟臉，王安石卻說那是臣下的事，朝廷掙錢就行了。但政府出面採購、倒賣、放貸，哪有不腐敗的道理？

新法的核心是「理財」，腐敗順著新法每一步理財工作滋生蔓延。

（3）清洗賢臣，閉塞言論

王安石能說動神宗相信他的「變法先理財」的「術」，以「法」治國，初期遭到了絕大多數大臣的反對，王把他們全部排擠、貶出京城：

司馬光（反對派之首，大史學家）

程顥（顥音號，任御史，程頤的哥哥，著名宋儒理學家、教育家）

蘇軾（字東坡，後被王安石黨羽以文字獄陷害，被貶謫黃州）

蘇轍（蘇子由，蘇東坡之弟，唐宋八大家之一），都被

排擠出朝。

慶曆新政的主導者：

富弼（名相）

韓琦（賢相）

歐陽修（唐宋八大家之一）

除韓琦在外地被打擊，其餘都被王安石貶出朝。

其他名臣：

文彥博（四朝元老，曾任相）

張方平（原宰相）

曾公亮（原宰相，軍事家，編著軍事百科全書《武經總要》）

蘇頌（科學家，外交家，曾任宰相）

劉恕（秘書丞，史家）

范純仁（范仲淹次子，重臣，後為哲宗時的宰相）

龍圖閣學士孫覺和宋敏求

吳奎（副相）和唐介、劉摯（王安石提拔起來的，後為哲宗宰相）

……皆被貶走。

王安石對昔日的靠山：呂公著（呂晦叔）、韓維也不留情，只要反對就貶黜。對推薦啟用他的司馬光更不在話下了。

王安石為了他理想化的變法可謂眾叛親離，連他兩個弟弟王安禮、王安國也成了他的反對者。

因朝廷的監察官——御史根據實際結果提出新法的害處，結果御史台遭到王安石的肅整，呂誨、范鎮等十個御史

先後被罷免。反對派徹底息聲，朝中充斥了讚美和諂媚，下去調查的人都不敢說實話了。

王安石改革科舉，選拔人才，實際是選拔支持他的人，打擊反對派。

因為新法多與錢掛鈎——理財為先，窮人沒錢苦役更甚，有人為了逃避苦役截指、斷腕，還有上千人到京城「上訪」，王安石對此不屑一顧，只認他想像中的藍圖，毫不務實。

面對變法毒民的惡果，他甚至說：「當世人不知我，後世人當謝我。」

王安石一意孤行，清洗反對派不擇手段，有時連神宗都看不過去。宋代莊綽的《雞肋編》卷記載：王安石打擊范純仁（范仲淹次子），甚至要連坐他全族的理由，竟是范家有禁書——《推背圖》！

還是神宗說：「此書人皆有之，不足坐也。」范純仁後來以此說：神宗對他有「保全家族之大恩」。

王安石如此獨斷專行，霸持朝綱，導致朝政極度惡化。

（4）小人得勢，朝政混亂

王安石清洗反對者不遺餘力，對支持他的人大力提拔。因務實說實話的賢臣被肅整，他只能提拔投機鑽營的小人了。

蔡卞（王安石女婿，巨奸蔡京的堂弟）

蔡確（繼王安石的變法宰相，以權術害人）

呂惠卿（聲名狼籍，投機鑽營，害王安石）

曾布（曾鞏之弟，謀權陷害別人，當上了宰相）

章惇（音：敦，著名的弄權害人的奸相）

鄧綰（音：晚）、何正臣、舒亶（音：膽）、李定（以文字獄誣陷蘇東坡）

巨奸蔡京

這些人都入了《宋史‧奸臣傳》。

還有王霧（王安石之子）、謝景溫（王安石姻親，刑部尚書，誣陷蘇東坡）、呂嘉問……都是口碑差的權術之人。

這幫人正是《推背圖》本象所說的「**眾人囂囂　盡入其室**」。真是物以類聚，人以群分！

4. 流民圖重創新法

王安石西元1069年末開始推行新法以來，富皇窮民之實遭到全國百姓的反對，直言勸諫而遭王安石貶斥者不計其數。西元1074年大旱，十個月不下雨，莊稼絕收，農民逃荒都困難，因為是被迫按「青苗法」借官府的高利貸，官府不許逃荒，社會面臨動盪。

門吏鄭俠，冒死「越級上訪」，向神宗進獻「流民圖」。畫的是農民因天旱破產，戴著腳鐐砍樹，做苦役償還借朝廷的高利貸。其奏疏說：

微臣在城門上，天天看見為變法所苦的平民百姓扶攜塞道，斬桑拆屋，橫死街頭……懇請皇上廢害民之法，「延萬姓垂死之命」，若廢除新法十日還不下雨，請「將臣斬首於宣德門外，以正欺君之罪」。

精誠忠言，蒼天可見！

　　雖然王安石依舊不以為然，但神宗被震憾了。在太皇太后和皇太后聲淚俱下的勸諫下，神宗下詔暫停青苗、免稅、方田、保甲八項新法。三日之後，天降大雨，旱情立解。王安石罷相。

　　西元1075年王安石復相，但好景不常。西元1076年，王安石一黨奸臣的內鬥、傾軋，使他被自己親手提拔的呂惠卿出賣了，被迫辭相。他提拔的一黨奸臣和神宗繼續走「王安石路線」，因循他變法的軌道「富國強兵」。

5. 變法兵馬「壯」，百萬雄師喪

　　雖然神宗西元1081年征伐西夏的時候，王安石已經辭官了，但朝廷依然被王安石的模式籠罩：

　　繼任的掌權者都是安石提拔的；

　　政治模式是王安石開創的；

　　軍隊是安石新法「強大」的；

　　戰馬是安石的「保馬法」養大的；

　　戰略戰術是安石力薦的《平戎策》奠定的；

　　神宗一意孤行不納諫的風範是王安石培養的；

　　……

　　所以，戰爭的失敗脫不開王安石的陰影。

　　難怪《推背圖》本象說：「**百萬雄師，頭上一石**」，陰影也！

　　以上可見，近代、現代對王安石變法的肯定、褒獎，不過是借古喻今，塑造歷史的樣板，歪曲了史實。

　　政客雖能操縱一時的時局，但歷史的走向最終是要順和民心的。

西元1085年神宗去世，十歲的哲宗即位後，太皇太后攝政，重新啟用司馬光。新法被全部廢止，連有益的免役法也廢掉了。

　　然而好景不到一年，司馬光去世了。宋朝邁進了《推背圖》下一象的大難。究其緣由，還是王安石奠定的黨爭的必然結果。

註1：沈括：當時任延州（今陝西延安）知州，因永樂城之敗，連累被貶。退居潤州（今江蘇鎮江）夢溪園，寫出了科技巨著《夢溪筆談》。

第二十象

癸未【天火同人】

蔡京亂政

讖曰

朝無光

日月盲

莫與京

終旁皇

頌曰

父子同心並同道

中天日月手中物

奇雲翻過北海頭

鳳闕龍廷生惻惻

金聖歎：「此象主司馬光卒，蔡京父子弄權，群小朋興，賢良受錮，有日月晦盲之象。」

一、陳曦試解

1. 解讖

【朝無光 日月盲】

司馬光去世後，統治者茫然，朝政又陷於混亂。

「光」：指司馬光；「日」：指宋哲宗；「月」：指高太后。

「日月盲」：既指統治者茫然無措，又指宋室天下昏暗無光。

西元1085年宋神宗去世，十歲的哲宗即位，其祖母高太后垂簾聽政，啟用司馬光^(註1)為相。十個月後，司馬光就去世了，朝政又被奸佞所亂。

以上兩句，是本象主體事件的背景。

【莫與京 終旁皇】

「京」，指本象的主角——巨奸蔡京。

「旁皇」：亦做彷徨，徘徊，不知往哪裡走。

這二句到了徽宗時期，指本來不應起用的蔡京，被宋徽宗重新起用，大權旁落於蔡，徽宗荒淫昏庸，治國沒有方向，迅速走向衰亡。

蔡京在徽宗時五度拜相，權傾朝野，是北宋亡國的罪魁禍首。

135

2. 解頌

【父子同心並同道】

指蔡京和他兒子蔡攸取寵於徽宗，禍亂朝綱。

蔡攸（音優），蔡京的長子，憑著蔡京的權勢和自己獨特的諂媚之道，連連攀升至宰相，不理朝政，身無寸功，而受封英國公、燕國公。蔡攸開始受蔡京蔭庇，父子狼狽為奸，後期因爭寵而父子反目。

「同心」：謀權術之心相同。

「同道」：謀權之道相同，都是用諂媚溜鬚、蠱惑迷亂之道。

【中天日月手中物】

「中天日月」：顯然不是讖中「盲」的「日月」了。「日」：似指徽宗了。「月」：似指徽宗時被再度廢掉封號的哲宗的元祐皇后。

蔡京權勢甚重，玩弄徽宗於股掌之間，再廢元祐皇后[註2]。

【奇雲翻過北海頭】

「奇雲」：指異軍突起的金國。

「北海」：貝加爾湖古稱北海，漢武帝時蘇武牧羊[註3]即在北海。

遼國疆土遼闊，宋金遼後期，遼國疆土：西起金山（今新疆蒙古交界的阿爾泰山），北至蒙古高原北緣和外興安嶺，東抵庫頁島（今薩哈林島），東南達朝鮮的咸興，南界在今內蒙古、山西、河北境內與北宋為界。「北海」是遼國的北疆。

本句是古文的借代用法，指金國徹底滅了遼國，盡占

遼國疆土之後，從北面揮兵南下，準備進攻北宋。

※ 在長白山、松花江一帶的女真族，宋遼時期受遼國統治。完顏阿骨打西元1113年成為女真族首領，西元1115年稱帝，建立大金國。完顏氏西元1114年誓師抗遼時，僅有幾千兵將，屢戰屢勝，西元1125年徹底滅了大遼。

【鳳闕龍廷生怛惻】

北宋知金兵南下，朝廷、後宮很害怕，大難臨頭。

「怛惻」，音：達冊，此指驚恐憂傷。

3. 解圖

圖中草露頭，指草字頭「 ⁺⁺ 」，暗喻蔡京的「蔡」字。兩株草，喻蔡京父子。

同時，草露出水面，一定是水的邊緣——暗含「漈」字。漈：音記，指水邊。現存的第一部楷書字典《玉篇》中注：漈，水涯也。

「漈」和草頭「 ⁺⁺ 」，合為「蔡、水」，暗喻蔡京父子是禍水，惑亂徽宗，禍亂朝廷。

二、文征解卦

卦為「同人」☲ ，下為離 ☲，指火；上為乾 ☰，指天。

「同人」卦為「二人同心之象，合作共事之意」，正合蔡京父子「同心並同道」。本卦運勢：「**上下皆和，又得長輩提拔**」，正合蔡攸初期因為父親蔡京而得到提拔。

「同人」本是「**如意吉祥**」之卦，但本象僅是「**二人同心共事之意**」，喻蔡京父子亂權。「**同人**」卦在《推背

圖》後面又出現了一次，也是這樣取共事之意，而無吉祥之象。

三、史實精要——蔡京父子，斷送宋室

蔡京是北宋最著名的書法家之一，詩詞、散文造詣也很深，但由於名聲太差，人們恥於收藏他的作品，故其書法流傳下來的很少。

1. 投機鑽營終有成

蔡京早年投機於掌權的「變法派」，任開封府知府。西元1086年司馬光復相後，他成了「保守派」的急先鋒，五日內在轄區盡廢募役法，受到司馬光的稱讚。西元1093年哲宗親政後重新起用「變法派」，蔡京又力助宰相章惇（音敦）重行新法。西元1100年徽宗即位後，蔡京被彈劾罷官。

蔡京閒居杭州，遇到宦官童貫來杭州為徽宗訪求書畫奇巧，蔡京巴結童貫，以書畫達於禁中，得以重新起用。

2. 結黨五拜相，父子亂朝綱

西元1102年，蔡京排擠了宰相韓忠彥、曾布，升任右仆射兼門下侍郎（右相），後又官至太師，先後五次任相達十七年。

蔡京任相後，立刻把「元祐黨人」（司馬光一派）貶謫誅殺殆盡，還把「祐派」姓名刻碑立於文德殿門，並自書大碑遍頒全國。「同己為正，異己為邪」，他把哲宗舊臣分為六類，五百四十多人被他「一刀切」為邪黨。

蔡積極安插親信，廣布黨羽。他提拔宦官童貫、梁師成、李彥，勾結權臣王黼（音腐）、朱勔（音勉），他

們與蔡京後來被稱為六賊。他的三個兒子一個孫子都成了大學士，兒子蔡攸後來成了宰相、國公，兒子蔡絛（音：消）成了駙馬。他提拔徽宗的親信楊戩^{（註4）}、高俅^{（註5）}，都是有名的奸臣。朝中從侍從至執政，從監司到帥臣，蔡京都安排了他的門人、親舊，使本來就臃腫不堪的北宋機構更加腐敗。

　　他向宋徽宗進「豐亨豫大」之言，竭全國之財，供其揮霍。大興花石綱、窮奢極侈，恢復當年王安石的方田法大刮民財，為補虧空大改鹽法、茶法，又搞出折納法、和金法，還鑄以一當十的大錢盡坑百姓。蔡京一黨奢侈貪糜，他吃一碗鶉羹竟要殺數百鵪鶉；王黼占田三十萬畝……

　　蔡攸在徽宗還是端王時就開始巴結，徽宗登基後，他常在宮中扮作小丑給徽宗取樂，還常帶著徽宗微服出宮嫖娼，一時寵信勝過其父。蔡攸做宰相不理政事，專事諂媚。徽宗尚道，他就找道士吹噓徽宗是神霄玉清王降世，四處建神霄祠。

3. 本象的延續——樂極生悲，腐敗亡身

　　宋徽宗是歷史上有名的昏君，被蔡京等人哄惑得昏聵驕奢，熱衷於吃喝玩樂，宮中佳麗「以萬計」。朝廷對百姓必然橫徵暴斂，導致了西元1119年宋江起義^{（註6）}（今山東），西元1120年方臘起義（今浙江）。北宋雖然三年內平息了叛亂，但無力抵禦腐敗的大軍。蔡氏父子專權，腐敗與時俱進。

　　西元1115年大金建國後，宋金使者在海上往來，簽定「海上盟約」共同滅遼，滅遼後宋把給遼的歲幣給金國，金

把燕雲地區歸宋。後來宋出兵即敗，金滅遼後，宋不得不以重金贖回燕雲，蔡攸因此成為英國公。

西元1125年二月，金滅大遼，當年深秋，金國的完顏宗望、完顏宗翰[註7]分兩路南下攻宋，宋軍連連投降。

西元1126年初，陰曆十二月二十三日，徽宗把皇位讓給二十七歲的趙桓（欽宗，桓：音環）。欽宗即位不久，按太學生陳東上書之請，先後除了六賊（期間因金兵南下，徽宗逃亡南方數月）。六賊除蔡京被貶嶺南外，五賊被先後處死，又殺了蔡攸、蔡絛。但主戰派和投降黨依舊內鬥不止。

八十歲的蔡京被貶，沿途百姓無人肯賣給他食物，無人肯讓他住宿，到了潭州（今長沙），餓死在城南一座破廟裏。

腐敗、黨爭保不住和平，割地、獻銀換不來安定，一場深重的亡國大難，中國歷史上的奇恥大辱，已經「定」在下一象裏了……

註1：司馬光被王安石貶出朝，在洛陽隱居十五年，繼續編著完成了我國第一部編年體通史《資治通鑑》。

註2：元祐皇后：孟氏，哲宗的元配皇后，哲宗時遭誣陷，被奸相章惇所廢。西元1100年二十五歲的哲宗去世，因無子，向太后立哲宗堂弟十八歲的趙佶為帝，即徽宗。向太后垂簾聽政不到一年病逝，其間給元祐皇后平反。徽宗時元祐皇后又被蔡京陰謀廢掉。西元1126年金兵攻陷汴京，擄走了徽宗、欽宗二帝和後宮妃嬪，孟皇后居於宮外倖免。

註3：蘇武牧羊：西元前100年，蘇武受漢武帝委任，手持「旄節」出使匈奴，被單于扣住。蘇武誓死不降，被流放到荒涼的北海（今俄羅斯貝加爾湖）放羊。西元前81年，在漢朝的交涉下，新單于赦免了蘇武，蘇武手持掉光了飾物的「旄節杆」回國。

註4：楊戩：北宋太監，受到徽宗寵信，任彰化軍節度使，後升檢校少保，強占民田，加重捐稅為民痛恨。幾經小說家撰述，被民間訛傳為二郎神。明朝成書的《封神演義》設計的二郎神，採用了楊戩的名字。

註5：高俅：《水滸傳》刻劃的第一奸臣。歷史上高俅原是蘇軾的書僮，以球技取悅趙佶，趙佶即位後，高俅漸被提拔，掌握禁軍。高俅雖然貪腐，使禁軍廢馳，但其奸佞和罪過無法和蔡京相比。

註6：歷史上的宋江起義：北宋後期為解決財政困難，將整個梁山泊八百里水域收為國有，百姓捕魚、割蒲都課以重稅，違者以賊論處。由此引發了宋江等三十六人於西元1119年聚義而起，不久離開梁山泊轉戰華北，西元1121年被海州知州張叔夜所圍，宋江率眾投降招安。

　　宋朝三百二十年間大小起義上百次，宋江起義是規模、影響較小的一次，只因為《水滸傳》的生動演義，使之家喻戶曉。

註7：完顏宗翰：本名粘沒喝，俗稱「粘罕」，其父完顏撒改是金太祖完顏阿骨打的堂兄。宗翰是金的開國功臣，滅遼的主將之一，也是滅北宋的西路軍主帥。西元1128年又開始攻伐南宋，後而成為金國的右丞相兼大元帥。在《岳飛傳》裏被戲說成金國大太子，被窩囊化了。

第二十一象

甲申【山澤損】䷨

靖康恥　北宋亡

讖曰

空厥宮中

雪深三尺

吁嗟元嵴

南轅北轍

頌曰

妖氛未靖不康寧

北掃烽煙望帝京

異姓立朝終國位

卜世三六又南行

金聖歎：「此象主金兵南下，徽宗禪位。靖康元年十一月，京師陷，明年四月，金以二帝及宗室妃嬪北去，立張邦昌為帝。卜世三六者，宋自太祖至徽欽，凡九世，然則南渡以後又一世矣。」

一、陳曦試解

1. 解讖

【空厥宮中　雪深三尺】

喻指隆冬大雪之後，金兵攻破東京（今開封），將宮中劫掠一空。

「厥」：音決，字意為「其」，若是拆字迷，「厥」有宮門大開之意，因「闕」（音卻）是指宮門，「闕」無門，敞開了就是「厥」字。《推背圖》金批本第二十九、四十八象都用了「厥」字，也可以這樣一字雙關地拆解。

史書記載（接上一象解釋）：

宋欽宗靖康元年（西元1126年）秋，金兵再次南下攻宋，勢如破竹。十一月二十日，兵臨東京城下。此時抗金的名相李綱早被欽宗貶黜了，欽宗以罷黜李綱討好金國換和平，自食其果。

「雪深三尺」：西元1127年初，陰曆閏十一月二十五日，再降**大雪**，酷寒。城南有紅光橫亙，其色如血，至曉不消。金兵猛攻，城破。

金兵不入城，過了五日，欽宗出城乞降。十二月初五，金兵索要河東、河北守臣的家屬為人質，並勒索金、銀、帛數以千萬計，欽宗照辦。不久又降大雪。正月，欽宗

再次被叫到城外扣押，二十五日又降大雪……

「**空厥宮中**」：為湊足金兵的勒索，欽宗罄盡府庫，又派人全城搜刮劫掠，絕不手軟，可謂「掘地三尺」，連金銀頭飾都換走了，仍不足數。金兵又索少女一千五百人，民女不足，欽宗則用宮人充抵，女子被逼死者甚重。隨後金兵劫走了徽宗、欽宗及其「妻孥三千餘人，宗室男女四千餘人，貴戚男婦五千餘人，諸色目三千餘人，教坊三千餘人」等，以及大批珠寶、器物、古籍、服裝、騾馬……

【**吁嗟元籲**】：

「**吁嗟**」，（音：需接），嘆息。

「**籲**」：該字已失傳。今常以「首」字代替。該古字寓意明顯：指皇帝欽宗和太上皇徽宗這二位「元首」。

【**南轅北轍**】

一語雙關，既指二帝被劫掠到北國，又嘆二帝事與願違：對金國一味屈辱求和，金國第一次伐宋後，欽宗甚至充軍發配了抗金名臣李綱以諂媚；城破之後，又屈膝供奉，均難逃厄運。西元1127年，二帝被廢為庶人，押往金國，北宋滅亡。

2. 解頌

【**妖氛未靖不康寧**】

以謎語指出宋金戰爭發生在「**靖康**」年間。

【**北掃烽煙望帝京**】

北國大金橫掃北宋，烽煙戰火燒到了宋帝所在的東京（今開封）。

【**異姓立朝終國位**】

指金滅北宋，立「**異姓**」張邦昌為帝，北宋國終。

【卜世三六又南行】

指北宋共九帝，而後宋室南遷，建立南宋。

「**卜**」：占卜算卦。「**世**」：此指北宋有幾「**世**」皇帝。「**三六**」：九。

3. 解圖

圖中被押走的二人，顯然指北宋二帝。圖中清朝官員服飾者，喻指金人。這種服飾的借喻，前面已出現三次了，詳見第七象的辨析。

二、文征解卦

卦為「**損**」䷨， 下為兌☱，指澤；上為艮☶，指山。

「**損**」卦為「**山高水深之象，以德報怨之意**」，「**鬥爭之象，諸事不順，損失破財**」，且「**不利女性**」。上述都與本象吻合。

「**山高水深**」：喻皇室被劫到金國，囚於五國城（今黑龍江依蘭縣北），一路山高水長。

「**以德報怨、損失破財**」：諷刺北宋對侵略者一味供奉求和。

「**不利女性**」：靖康之難，京城無數女子被摧殘，後宮妃嬪、宮女、王室貴戚女眷數千人被掠走，少數辱死於沿途。到金國的上京（今黑龍江阿城白城子），除欽宗的朱皇后自盡全節外，徽宗眾妃只有七人到了他身邊，欽宗終與三妃團聚，其她皇妃、公主、王妃、女眷，有三百多人被送入「洗衣院」——官妓館，絕大多數分給各營寨，甚至賣掉。

　　趙構的母親韋妃（徽宗之妃）、夫人邢妃、妾，甚至兩個幼女都入了「洗衣院」，韋妃、邢妃成了重點對象，趙構妻妾都被凌辱致死——以此羞辱趙構，蔑損中原——在忠君的古代，這種對國君的污辱，是對全體臣民的巨大羞辱！靖康亡國之難，是宋室人民不共戴天的大恥！

　　但是，趙構卻不以此為辱！難怪《推背圖》下一象把他喻為「大賴」。

第二十二象

乙酉【火澤睽】

南宋建 禍水漫

讖曰
天影當空
否極見泰
鳳鳳淼淼
木箕大賴

頌曰
神京王氣滿東南
禍水汪洋把策干
一木會支二八月
臨行馬色半平安

金聖歎：「此象乃康王南渡。建都臨安，秦檜專權，遂成偏安之局。當時之史實鑑之。木菁，康王名構。一木會支二八月者漢奸也，木會即合為檜，春之一半，秋之一半，可合成秦字，妙之王也。」

一、眾解精華

1. 解頌

【神京王氣滿東南】

東南方某地要成為京城，建立王朝了。

【禍水汪洋把策干】

賣國之策如禍水，泛決全國。「**策干**」：喻國策。

南宋的國策消極抵抗金國侵略，害忠良、割地、納貢，魚肉百姓。金兵每次入侵都大肆燒殺劫掠，生靈塗炭。

【一木會支二八月】：秦檜。

「**木會**」：是「**檜**」。「**二八月**」：陰曆二月是「春」季的一半，陰曆八月是「秋」季的一半，「春」、「秋」各半合為「秦」字。如此絕妙的謎語，難怪金聖歎讚之為古代謎語的巔峰極品！

【臨行馬色半平安】

點出「**臨安**」二字，南宋的京城，即今杭州。

「**行馬色**」：行「聲色犬馬」之道。

「**半平安**」：喻南宋在半壁江山苟且偷安，也只是**半平安**。

「**臨行馬色**」：似又有「臨行馬塞（塞路）」之意。趙構在相州欲出使金國乞和，宗澤和民眾以「神馬」塞路，假借天意阻止了趙構去金營求和，趙構得以南渡稱帝，後來

被改編為「泥馬渡康王」的神話。

二、文征解卦

卦為「**睽**」䷥，音葵，下為兌☱，指澤；上為離☲，指火。

與圖意相同。下部的「兌」澤對應圖中的水，上部的「離」火對應圖中水上的馬，十二地支屬相中，午馬屬火（陽火）。

本卦為「二女同居」之象，似乎諷喻趙構非血性男兒，一味投降。

「**睽**」卦大象：「**離火向上，兌澤向下，上下相違不得正**」。運勢：「**氣運欠佳，水火不容**」。正是南宋反降派和主降派的爭鬥，你死我活。

趙構即位之初，兩派就水火不容。有趙構撐腰，投降派一直占上風。李綱力主抗金，七十七天被罷相、流放南方。民眾請願抗金的領袖陳東、歐陽澈被殺。岳飛抗金連捷，勝勢之下準備「直搗黃龍」，被十二道金牌召回，當年岳飛父子和張憲被冤殺，正是「上下相違、水火不容」。

三、陳曦試解

1. 解圖

圖中的水，與頌中的禍水、讖中的淼淼對應；馬與頌、讖中的馬對應。但是，人們看圖時，聯想最多的還是「泥馬渡康王」的傳說。

筆者以為，本圖的馬是諷喻趙構，就如第十二象辛辣地諷刺「兒皇帝」，圖中把石頭（石敬瑭）畫成哈巴狗的形狀。

愚民的附會——泥馬渡康王

開國立業當皇帝需要祥瑞和靈異之兆，特別是在羽翼未成的時候。趙構除了説夢中受徽宗皇袍外，最佳的瑞兆就是「泥馬渡康王」了。

該傳説流傳之廣，以至於到了明清，還常用「泥馬」指代趙構。如《古今小説》中的「泥馬倦勤」（指趙構做了太上皇）。

「泥馬渡康王」的故事版本眾多，《説岳全傳》中的流傳最廣，説趙構在金國做人質，被金兀朮（音：烏竹，名：完顏宗弼，金太祖之子）認作義子。趙構逃出金營，兀朮追出將馬射翻，趙構倉皇換馬，馬馱他躍入江中，踏水凌空橫渡，之後馬不見了。趙構逃到廟裏，見一泥馬全身濕漉、化掉，方知泥馬顯靈。可這故事是趙構登基數年後才編出來的。

不過，趙構南渡建南宋，確實跟一匹馬有關。靖康元年（西元1126年）十一月中，金軍南下，汴京危急。宗遣康王趙構出使金軍，以割三鎮、尊金主為皇叔等條件，請求金人緩兵。趙構等人至磁州（今河北磁縣），被抗金名將宗澤阻止，趙構依然猶豫，宗澤就請他拜謁城北崔府君廟（當地稱「應王祠」）。眾百姓擔心康王從那裏北行，於是號呼勸諫，「民如山擁」。趙構在廟中卜得吉籤，當時廟吏二十來人抬著「應王」（崔府君）的轎輿，假託「應王」神喻，要抬趙構回去，還有一匹廟中「神馬」跟在轎後——「神馬」塞路不讓北去——「天意」不可違。陪趙構出使的副使王雲力主康王使金，被百姓當場打死。康王乘轎歸館舍。

閏十一月二十五日，東京被金軍攻破。二十七日，趙構接到了欽宗手詔，受命為河北兵馬大元帥。宗澤力主解東京之圍，被趙構貶職。

西元1127年四月初一，金軍滿載財寶，虜二帝、後宮、王室、貴戚、百姓近二萬人北去，留下了張邦昌的偽楚政權。四月初四趙構事實上已決定即位，五月初一即位於應天府（今河南商丘），建南宋。

二帝尚在，趙構自立名不正，言不順，各地抗金義軍各自為政。趙構為了鞏固地位，開始「找出」了各種證據，在均不能自圓的情況下，上述崔府君顯聖，泥馬渡康王的故事應運而生了。

2. 解讖

【天影當空】

與圖相應，還是喻「泥馬渡康王」的典故。

諷刺的筆法，在十二象預言後晉「兒皇帝」石敬瑭時也用過。趙構賣國自辱的行徑不亞於石敬瑭，《推背圖》這樣譏諷他並不奇怪。

影：古體馬字的一種寫法。但是，畢竟頌裏「**臨行馬色半平安**」，有常規的馬字！？這裏用異體字，必有深意！該字拆為「三易」，似諷刺「泥馬渡康王」多易版本，其中趙構就「三易版本」！

原始版本：如上文所述：崔府君廟中一馬跟在轎後，被附會為——神喻趙構不能北使金國。

此期間，趙構不但不提「神馬」，還看不起磁州應王廟裏供奉的「崔府君」。《建炎以來繫年要錄》卷六記載：

趙構不同意提拔宗澤，曾不以為然地說：「澤在磁，每下令，一聽於崔府君。」

一易版本：趙構即位後，難服眾志。即位的「祥瑞之兆」貧乏，危機四伏之下，「神馬擁輿」成了即位之兆，漸發展為崔府君顯聖、泥馬渡康王，這至少是趙構所默認的。

二易版本：西元1149年，趙構即位二十二年後，親自下令在臨安建觀供奉崔府君。此時崔府君已經成了趙構的「保護神」了。

但是，好景不常。不久金國來使，秦檜出接時看見了該廟，就讓趙構拆了，怕得罪金國——既然向金國乞和，趙構的帝位就是金國賜的，其「保護神」應是大金，崔府君「暫歇」！

三易版本：西元1154年，西子湖畔重修崔府君觀，趙構親書匾額並去「封神」。西元1186年，他又以太上皇身份，大封崔府君。崔府君歷史性地成了趙構的保護神，南宋的「護國真君」，泥馬渡康王也就越傳越神了。

一個異體影字，暗含如此辛辣的諷刺，其筆法與第十二象對割地賣國的兒皇帝的諷刺是一致的，和後面的「**木菁大賴**」是相合的。

【否極見泰】

「否」：六十四卦中的凶壞之卦。

「泰」：六十四卦中的吉祥之卦。

本句與成語否極泰來意義一致，指倒楣到了極點就開始見好運了。

趙宋王朝和趙構本人的命運都是「**否極見泰**」。

北宋滅亡，王室都被金國擄走，漏網的趙構，延續了趙宋王朝。

　　趙構西元1127年建南宋後，一直向金國搖尾乞憐，以為金國放他一馬。他逃到揚州後苟安淫樂，西元1129年二月，兀朮派兵奔襲揚州，趙構驚逃，因驚嚇過度，從此無能生育。三月的苗劉之亂，趙構被迫讓位於自己的幼子，兩月後亂平。九月，兀朮南侵，史稱搜山檢海，趙構一路逃竄，在海上逃了四個月不敢登岸。西元1130年兀朮北撤，被韓世忠、岳飛殺得大敗(註1)，從此再不敢渡江。趙構才開始「**否極見泰**」。

【**鳳鳳淼淼**】

辨析：

　　有一個版本作「**鳳鳳**」（音：飯），大多數版本作「**鳳鳳**」。《康熙字典》注：「引古讖記：鳳鳳」。因為有名的傳世古讖只有《推背圖》，故很可能本句為「**鳳鳳**」。

　　若是「**鳳鳳**」，似指岳飛，「**飛**」字如雙飛之鳥；岳飛字鵬舉，鵬是傳說中的「百鳥之首」——展翅九萬里；鳳是百鳥之王，似以此暗喻。

　　「**淼淼**」：水勢盛大，對應頌中的「**禍水汪洋**」。

　　「**鳳鳳淼淼**」：似指南宋以岳飛為代表的抗金派和以秦檜為代表的投降派的鬥爭，岳飛遭禍水，進一步喻指岳飛被投降派所害。

【**木冓大賴**】

　　南宋高宗趙構是個「**大賴**」子。

　　「**木冓**」：「**構**」字。「**冓**」：音夠，宮室深密處。

趙構「大賴」的三個表現：

第一，國恥、家恥不雪，投降稱臣，賣國割地。

上一象注解已經說過，北宋亡國，趙構父兄、皇室、宗室盡被北掠，金國竭盡所能羞辱趙構，趙構的家室成了「洗衣院」的重點。傳說其母韋妃曾一天接客一百零五人；趙構妻邢妃被俘時已孕，路上被強迫騎馬，「墮馬損胎」，又被姦淫，在「洗衣院」被凌辱十二年後死去；趙構妾田氏、姜氏都被凌辱致死；趙構五個幼女，最小的失蹤，三、四女死於途中，長女、次女自幼進了洗衣院。更可憤的是，金太宗命人「編造穢書，污蔑韋后、邢后」，寫出她們的妓院生活，廣播於中原及南方。

喪國之仇不共戴天，辱君之恨不共日月。在崇尚忠義的時代，仁人志士都像岳飛一樣盼著「直搗黃龍」、「還我河山」，誓死不忘洗雪大恥。

而趙構一味向金國搖尾乞憐，向金國自稱康王不敢稱帝。岳飛北伐時，趙構就只讓他打偽齊，不得進犯金國。金國西元1140年撕毀和約南侵，屢敗於岳家軍，倉皇逃回東京（北宋故都，今開封）。岳飛進軍朱仙鎮（開封西南），趙構派人「日行四百餘里」，先後十二道金牌調岳飛回師。西元1141年兀朮再犯中原，趙構再降十多道御箚詔岳飛赴前線，金軍聞岳飛而退。兀朮向趙構示意議和，趙構立刻召回了岳飛、韓世忠、張浚[註2]，罷了他們的兵權，全力向金國乞和。

第二，虛迎欽宗回國，殺罷忠良保帝位

趙構數次向金國乞和的談判中，屢屢提出索要欽宗、邢后（趙構母），以及徽宗的棺槨。可是，要回欽宗只不過

是不得不提的政治辭令而已，就像趙構說他「願同越勾踐」等等巧語一樣，刁買人心的。他兩度貶李綱，殺歐陽澈、太學生陳東，都是遏制抗金迎帝歸宋的行為。

西元1141年兀朮被岳飛殺得聞風喪膽，慨嘆「撼山易，撼岳家軍難」之時，向趙構提出除掉岳飛和岳家軍。趙構立刻授意秦檜，秦檜構陷、搜羅、編造罪證無果，以「莫須有」之名殺了岳飛父子和張憲。岳飛「盡忠報國」[註3]萬民敬仰，死訊傳出，宋人無不痛哭，投降派則如釋重負。

殺岳飛後，能敵兀朮者唯有名將吳玠、吳璘兄弟，他們曾兩度大敗兀朮。趙構又遵從兀朮的指示，讓吳氏兄弟退兵，兀朮得以橫行川陝。

第三，尊嚴丟盡，靠神話樹立天子威望。

西元1139年，秦檜就代表趙構跪拜在金使面前，向金稱臣、割地、進貢。西元1141年殺岳飛後，再次向金國稱臣割地、納貢乞和，史稱「紹興和議」，與金國正式以淮河為界，與北宋相比，割讓了近三分之一的國土。

「山外青山樓外樓，西湖歌舞幾時休。

暖風熏得遊人醉，直把杭州作汴州！」（宋，林升《題臨安邸》）

趙構開始就不思進取，苟安淫樂，民心喪盡。如此賣國辱家，昏庸兇殘，還編造神話來標榜身價，可謂「大賴」[註4]。

儘管秦檜大改史料[註5]，也粉飾不了他們的嘴臉，掩蓋不了岳飛的光輝。歷史的方向，最終卻是順合民心的。權傾天下又如何？奸黨最終鑄成鐵像跪拜在岳飛墓前。墓闕上的楹聯堪稱千古絕唱：

青山有幸埋忠骨
白鐵無辜鑄佞臣

註1：兀朮北撤，十萬金兵以小船裝財物走水路。至鎮江，被韓世忠八千水軍的大船撞潰——「梁紅玉擂鼓戰金山，金兀朮兵敗黃天蕩」。黃天蕩是死水，金兵突圍無功，就以刀槍向東開挖淤塞的老鸛河故道，挖出水道三十里逃入長江。到建康（南京）又被岳飛擊潰。兀朮再入黃天蕩，屢攻屢敗，後用漢奸之計火攻，得以突圍逃脫。

註2：張浚：和陷害岳飛的張俊不是一個人，如今常被人弄混。張浚是南宋愛國將領，文武兼備，曾四任右相，總領兵權。

註3： 史料記載：岳飛背上刺的字「盡忠報國」，而非「精忠報國」。岳飛沒有小說中的武舉出身，他從一個農家小兵以戰功一點點升至一品重臣，從一個無敵的勇士成為文韜武略的大帥，其歷程遠比小說中的艱辛。岳飛的忠孝仁義、廉正無私，已溶為中華文化的血脈。

註4：趙構有一點是不賴的——傳位給太祖趙匡胤的後人。

趙構驚嚇過度，喪失了生育機能，幼子早喪。一次他夢見了太祖趙匡胤引他去看了當年「斧聲燭影」之實——趙光義弒兄奪位的場面，趙構嚇壞了，於是立趙匡胤的七世孫為太子並傳位。北宋趙匡胤開國，趙光義奪位；南宋是趙構所建，皇位歸還了太祖的後人。如此循環！

註5：秦檜空前地大肆刪改官方歷史紀錄，銷毀公文，嚴禁民間修史。致使後人修「宋史」很困難。人們可以從當世的書信筆記中看到岳飛北伐的英勇，在宋史中卻找不到相應的內容。秦檜這樣刪改，對岳飛也只是淡化形象而已，未敢扭曲史實給岳飛栽贓。而今大陸御用文人改史，是遠勝於其祖師。義務教育標準試驗教科書《歷史教師教學用書》（七年級下冊）九十八頁赫然寫著：「岳飛能不能被稱為『民族英雄』？（提示：不能。因為『民族英雄』應是代表整個中華民族利益同外國侵略者進行鬥爭，而岳飛僅僅代表了我國境內的一個民族，宋金之戰是兄弟之戰……）」

完全蒙混了當時國家的概念，等於在說：宋朝全國人民的抵禦侵略都是錯的，只有昏君、投降賣國的貪官污吏最「愛國」！不能像岳飛一樣，抵逆朝廷的意志……

第二十三象

丙戌【天澤履】

蒙古崛起　南宋將傾

讖曰

似道非道

乾沈坤黯

祥光宇内

一江斷楫

頌曰

胡兒大張撻伐威

兩柱擎天力不支

如何兵火連天夜

猶自張燈作水嬉

金聖歎：「此象主賈似道當權，汪立信文天祥輩不能以獨力支持宋室。襄樊圍急，西子湖邊似道猶張燈夜宴，宋室之亡其宜也。」

一、眾解精華

本象的預言，已經到了蒙古崛起時。蒙古滅了夏，又聯合南宋滅了金，轉而揮兵南下攻取南宋。

1. 解讖

【似道非道】

「非道」：一語雙關，既指「假道」，假、賈同音，喻斷送南宋的奸臣「賈似道」；又指賈似道無道。

賈似道禍亂朝政甚於蔡京[註1]，他無德無才，靠姐姐為宋理宗的貴妃而騰達。誘主荒淫廢政，大權獨攬，賣官鬻爵，朝中逆之者貶。西元1264年理宗死，度宗沉迷酒色、軟弱昏庸，賈似道更加肆無忌憚。他十日一上朝，甚至退朝時度宗要起立目送他走遠。所有國家政務都在賈家處理，基本由門客替他批示。他派人天天獵尋美女，連宮女、妓女、尼姑都不放過。他天天在西湖上和群妓華燈歌舞，夜宴豪賭。

蒙古西元1235年第一次伐宋大敗，西元1257年第二次伐宋，蒙哥大汗御駕親征。西元1259年蒙哥在合州（今重慶合川）戰死，忽必烈久攻鄂州不克，欲回國爭汗位。前往鄂州救援的賈似道趕去向忽必烈乞和，謊稱「割地、稱臣、納貢」。忽必烈退兵，賈似道編造大捷報功，成了大英雄。

蒙古國爭奪汗位的四年內戰期間，賈似道在南宋一手遮天，正直的大臣，尤其是抗蒙將領相繼被他下獄，甚至害

死，四川守將劉整被逼反。

西元1268年，蒙古第三次攻宋，圍攻襄陽、樊城六年。賈似道隱瞞了五年，以各種手段不發救兵^(註2)，直到西元1273年兩城失陷，南宋門戶盡開。

西元1274年度宗死，賈似道公然不執行遺囑，自立四歲的趙㬎為帝，謝太后垂簾聽政，實權仍在賈似道手裏。

同年，伯顏率元軍二十萬（蒙古西元1271年改國號大元）順長江東下，宋軍或降或逃。賈似道率十三萬大軍迎敵，實際是去乞降，伯顏不允。一交戰，賈似道和親信就逃竄了。賈回京後被貶廣東，途中被整死。

【乾沈坤黯】

朝政昏暗，南宋要天塌地陷了。「**沈**」：古字，同「沉」。

【祥光宇內 一江斷楫】

「**祥**」：指文天祥。「**一江**」：「汪」字，指汪立信。

「**楫**」：短的船槳。「**斷楫**」：短槳斷了，無法前進。

二句指南宋末年靠文天祥、汪立信等忠義之士苦苦支撐，亦難起色，如江舟斷楫，形勢一瀉千里。

汪立信：

西元1273年任兵部尚書、江陵府知府，勸賈似道聯兵固守，被賈罷官。西元1275年，元兵直逼建康（今南京），汪立信又被啟用，率兵增援建康。元兵一到，南宋守臣望風降遁，全線崩潰，汪慟哭而亡。

文天祥：

西元1256年中狀元，後因得罪賈似道，被貶贛州知

州。西元1275年正月，元軍直逼臨安，朝廷發「哀痛詔」，號召各地進京勤王，基本無人響應，文天祥盡出家資招募義軍。義軍雖英勇，仍不能抵擋元軍。西元1276年正月，元軍兵至臨安，文天祥被臨時任命為右相，出城講和，被扣留。

謝太后領幼帝投降，宋家皇室再次被劫掠而去。文天祥不降，初以絕食抗議，後在鎮江逃脫。

陸秀夫等擁立九歲的端宗在福州即位，文天祥奉詔入福州，任樞密使。西元1277年，文天祥率軍挺進江西。在雩都（今江西南部）大勝元軍，攻取興國，收復贛州十縣、吉州四縣，人心大振，江西各地回應，全國抗元鬥爭復起。元軍主力來攻，文天祥敗撤福建。西元1278年，文天祥在五坡嶺（今廣東海豐北）兵敗被俘，服毒自殺未果。西元1279年被押解經過「零丁洋」（註3）後，寫下《過零丁洋》千古傳誦的名句：

「人生自古誰無死，留取丹心照汗青」。

文天祥被囚禁於大都（今北京），始終堅貞不屈，西元1283年就義。

2. 解頌

【胡兒大張撻伐威】

指蒙元四外擴張侵略，所向披靡。

「撻」：音踏，用鞭棍等打人。「撻伐」：武力大規模伐。

【兩柱擎天力不支】

南宋末期，靠忠義的文天祥與汪立信，難以支撐。

【如何兵火連天夜 猶自張燈作水嬉】

指襄陽、樊城被元兵圍攻六年，賈似道封鎖軍情不發兵救援，依然在西湖上泛舟夜宴，張燈結綵，和姬妾、群妓歌舞淫樂。

3.解圖

圖中文官，喻文天祥。腰配寶劍，喻文天祥是文官，帶兵打仗。隻身雙臂支撐屋宇，喻以文天祥代表的忠義之臣，苦苦支撐宋室天下。

二、 文征解卦

卦為「履」☰☱，下為兌☱，指澤；上為乾☰，指天。

「履」卦為「**如履虎尾之象，險中求勝之意**」，意為踩在老虎尾巴上，想險中求勝，正是本象所預言的歷史階段南宋的表現。

本卦大象為：「**柔弱遇剛強，欲行卻難行之象，難且危也**」，正合本象南宋將亡，朝廷投降之史實。

註1：蔡京：北宋亡國的巨奸，參見第二十象注解。
註2：襄陽僅在被蒙軍圍困的第五年得到了宋將李庭芝的一次救援。
註3：零丁洋：在今廣東中山縣南。

第二十四象

丁亥【風澤中孚】䷼

南宋滅亡

讖曰

山崖海邊

不帝亦仙

二九四八

於萬斯年

頌曰

十一卜人小月終

回天無力道俱窮

干戈四起疑無路

指點洪濤巨浪中

金聖歎：「此象主帝昺遷山，元令張弘範來攻，宋將張世傑兵潰，陸秀夫負帝赴海，宋室以亡。」

一、 本象背景

南宋末年選擇了聯合蒙古，剿滅金國的戰略，結果重復了當年北宋聯金滅遼，隨後被金所滅的命運。

前一象已經說到西元1276年臨安被元軍攻陷，謝太后攜幼主恭帝趙㬎（音：習）投降，皇室被掠去——重演了「靖康恥」的一幕。

好在恭帝的哥哥，九歲的趙昰（音：是），和恭帝的弟弟，五歲的趙昺（音：丙）被人提前帶出臨安。西元1276年五月，陸秀夫、張世傑等在福州立趙昰為帝，組建了南宋小朝廷。西元1278年趙昰落海，嚇病而死，諡為端宗。趙昺即位，退守厓山，以張世傑、陸秀夫為左右相，陸秀夫整頓內務，張世傑帶兵抗元，以二十萬軍民建立了基地……

二、眾解精華

1. 解讖

【山厓海邊】

「山厓」：倒讀破解，指當時的厓山，「厓」：同崖。

厓山，南宋的地名，在今廣東新會縣南近海一個大島南端，西與湯瓶山夾銀洲湖對峙如門，今稱崖門。

【不帝亦仙】

指厓山海戰南宋全軍覆沒，帝不為帝，仙逝歸天了。

厓山海戰：元將張弘範率軍二萬兵抵厓山，南宋率二十萬軍民決戰。張世傑錯誤的戰術導致全軍覆滅，陸秀夫背著八歲的趙昺跳海而死，張世傑突圍後遇颶風而死，宋朝滅亡。

宋丞相文天祥在此戰前，兵敗五坡嶺（今廣東海豐北）被擒，被押到厓山。他在船上目睹了這次海戰，曾作詩悼念。

【二九四八】

「二九」：指北宋九帝，南宋九主。

「四八」：四十乘八為三百二十，指宋朝國運歷經三百二十年（西元960～1279年）。

【於萬斯年】

「斯」，此，在這裏。萬年：萬古，死了。

2. 解頌

【十一卜人小月終】

「十一卜人小月」為「趙」字，喻趙宋王朝終結。

【回天無力道俱窮】

再如何努力也無力回天了，特別是厓山海戰南宋的戰術，自陷絕路。

【干戈四起疑無路】

宋軍民被圍，腹背受敵，出海口都被元軍封死。

「疑無路」：宋軍船陣大敗後，張世傑派人駕輕舟去救幼主。時近黃昏，風雨大作，陸秀夫怕奸細賣主邀功，也懷疑無路突圍，遂拒絕。

【指點洪濤巨浪中】

宰相陸秀夫背負著九歲的皇帝投海。

「指點」：陸秀夫為幼主指路：「當為國死，不可再受他人凌辱。」說罷，先催妻跳海，再以素白的綢帶將趙昺緊束在背，蹈海殉國。

楊太妃等大批軍民相繼投海，據《宋史》：厓山海戰七日後，十餘萬具屍體浮出海面。悲壯至極！

三、陳曦解圖

圖中，喻厓山海戰的結局。

海上一木，喻「宋」字。「宋」字的寶蓋兒頭「宀」，該部首有天穹如蓋的意思，和圖中的天相應。喻宋室亡沒於海上。

圖中的太陽，按地圖方位，是偏向西，故喻黃昏時分——正是陸秀夫負趙昺投海的時間。同時，幼主趙昺的「昺」字，古同炳，是光明之意。日落海中，喻趙昺投海。

四、文征解卦

卦為「中孚」☲，下為兌☱，指澤；上為巽☴，指風。

本卦的本意「風吹在澤水上」，正是本象預言的厓山海戰，海上風雲突變，風雨大作，最後張世傑突圍了，也死於海上颶風。

第二十五象

戊子【風山漸】䷴

元朝國運

讖曰
北帝南臣
一兀自立
幹離河水
燕巢捕鴃

頌曰
鼎足爭雄事本奇
一狼二鼠判須臾
北關鎖鑰雖牢固
子子孫孫五五宜

金聖歎：「此象主元太祖稱帝斡難河，太祖名鐵木真，元代凡十主。斧鐵也，柄木也，斧柄十段即隱十主之意。」

一、眾解精華

1. 解讖

【北帝南臣】

蒙古忽必烈在北方稱帝，建立元朝，南方漢人稱臣。

【一兀自立】

「一兀」為「元」，指忽必烈改蒙古為元，建立元朝。

【斡離河水 燕巢捕鷇】（陳曦試解）

鷇字已失傳，故從句意破解。本句似指離開了斡難河（今蒙古鄂嫩河）──會盟建國之後，就開始了四外的劫掠擴張，像捕燕巢一樣。

「斡離河」：斡：音握，指斡難河，西元1206年，斡難河源頭舉行庫里台選汗大會，鐵木真被推選為大汗，尊號成吉思汗，建立大蒙古國。

本句並非對「斡難河」的名稱預言有失誤，而是刻意做些微改動以掩飾天機。正如第五象用「金環」喻指（楊）玉環。唯恐天機盡泄，讓當世人看破，這是預言之道。

「燕巢捕」：似喻蒙元攻滅他國，像捕燕巢一樣容易，戰術也是像捕燕巢一樣合圍攻伐。捕、端燕巢至少要從兩邊下手，成吉思汗確立的「大迂回」戰術，就是先不直接正面作戰，而是通過遠距離快速包抄迂回，分進合擊來擊垮對手。

2. 解頌

【鼎足爭雄事本奇】

局勢出乎意料。弱小蒙古崛起，後來居上堪稱奇。

「鼎足爭雄」：蒙古、西夏、金國三國，如鼎的三足，鼎力「爭雄」。

【一狼二鼠判須臾】

「一狼」：指蒙古。「二鼠」指西夏、金。「須臾」：很快。

三國爭雄很快見了分曉，蒙古迅速滅了夏和金國。

【北關鎖鑰雖牢固 子子孫孫五五宜】

「鎖鑰」：軍事要塞。此為借代用法，指元的軍事力量。「五五」：十。

雖然北國蒙古軍事強大，但是忽必烈建元朝後，只能傳十帝。

二、文征解卦

卦為「漸」☴☶，下為艮☶，指山；上為巽☴，指風。

本卦為「草木漸茂之象，積小成多之意」，大象為「山上種有草木，逐漸生長，比喻循序漸進」，正合本象。

「草木漸茂之象」：喻指蒙古這個草原國家，漸入繁盛，欲「把天下都變成蒙古人的牧場」，四處擴張，版圖空前絕後。

蒙元的攻城滅國，也是有規劃的「循序漸進」。

三、陳曦解圖

本圖四層含義，前兩層意已基本由金聖歎解出。

其一：斧頭為「鐵」，柄為「木」，斧頭背很特別，兵器、工具中的斧頭背沒有圖中這麼平整的——形似鐵砧，「砧」、「真」同音，故這裏喻建立大蒙古國的「鐵木真」，他的孫子忽必烈建元後諡他為元太祖。

其二：柄為十節，喻忽必烈建元朝後，傳十帝。

其三：以「斧」預示，而不用別的兵器，是借成語「**伐性之斧**」，喻蒙元征伐屠殺，滅絕人性。「**伐性之斧**」出自《呂氏春秋・本性》，意指砍絕人性的斧頭。

這把斧的「鐵頭」，代表著蒙古從成吉思汗到忽必烈的五位大汗。忽必烈滅南宋時，蒙元已經至少滅亡、征服了六十六個國家。他們破城之後常常是除了要掠走的年輕女子外，殺得一人不留，盡掠錢糧，有的民族被滅絕。蒙元的擴張屠殺了約二億人，其中殺「中國」人七千萬。元朝實行「四等人」制度[註1]，還保留奴隸制度[註2]，堪稱「**伐性之斧**」。

其四：為何以十節斧柄，比喻忽必烈以後的皇帝？因為忽必烈以後的元朝皇帝，和「斧的鐵頭」不一樣，他們已經成了中華民族的一部分，也很少征伐外國。

忽必烈是從蒙古大汗到中國皇帝的轉折。他推行漢法，導致後來蒙古四大汗國（見下圖）與他形式統一、實質分裂。西元1271年忽必烈改國號「元」，取自《易經》「大哉乾元」。儘管元朝在一些形式上抵禦漢化，但實質上，在政治、文化、生活方式等諸多方面，不可抗拒地漢化了。

四、征服者被文化「征服」

　　《推背圖》本象把蒙元喻為「狼」。自鐵木真建國開始，大蒙古國就成了一部戰爭機器。這個奴隸制的草原國家物產有限，戰爭不斷。鐵木真清楚地看到：如果不侵掠別國，又會陷入無休止的部落爭戰，於是開始了四外擴張。鐵木真一生征滅了四十個國家，使大蒙古國的疆域擴張到約三千萬平方公里，橫跨歐亞大陸，從波羅的海到太平洋，從西伯利亞到印度洋的波斯灣。元朝時進一步擴大，雖然四大汗國各自為政，但形式上，依然尊大元皇帝為「共主」。

　　蒙元「狼」的戰爭是徹底的反人性。成吉思汗發起的「征服運動」，屠殺了各國共二億人，無數的城市變成了無人區，對東西方先進的文明都是空前絕後的災難，它所帶來的文明的傳播和民族的融合都是被動的副產品。前蘇聯稱成吉思汗使他們的科技倒退了一百年，巴格達人稱他們的祖先差點被滅種……南宋幾位名將頑強的抵抗，牽制蒙元，在一定程度上挽救了西方。也正是漢文化影響了忽必烈，使他的

濫殺和屠城有所收斂。即使這樣，元朝也是中國歷史上災難最深重的時期，七千萬「中國」人死在了蒙元的「鐵斧頭」之下，元朝統治期間的壓迫是歷史上最深重的，農民起義也就最頻繁，使元朝建國九十八年就滅亡了。

「征服運動」的祖宗成吉思汗，被當今紅朝冠以「一代天驕」的美名大加歌頌，對他反人性的暴虐諱莫如深——這是借古讚今的手段——紅朝在和平時期的各種運動，造成了八千萬人的非正常死亡。

當然，排斥蒙元，甚至認為蒙古帝國和中國無關之說，似也極端。畢竟蒙古曾是金的屬地，宋、夏、金、遼、大理、吐蕃都是中華民族在那個歷史時期演變的產物，蒙古也不例外——別忘了，割掉蒙古是一個歷史的錯誤，如果不是那個錯誤，恐怕很少有人會排斥蒙元了。

任何掩飾歷史真相的做法，都不是在研討歷史，而是在「講政治」。

正視歷史，正視這段炎黃子孫曾經淪為亡國奴的歷史，不難發現：中華民族的凝聚力，在於她悠久深邃的文化——我們祖先博大的胸懷和先進的文明同化了蒙古，使這個古老的民族第一次成為中華民族的一部分，使大元也溶入了中華歷史文化之中。

回過頭來，再看看《推背圖》這一象，在中國的歷史上給予鐵木真的大蒙古國一個「狼」的預示，給蒙元一個「伐性之斧」的比喻，給元太祖鐵木真一個斧頭的畫謎，給元朝繼任者十段圓木的象徵，都是恰如其分、毫釐不失的。

註1：四等人制度：將人分為4等，蒙古人第一等，色目人（西北的外族人）第二等，漢人（漢、遼、女真人）第三等，南人（南宋各族人）第四等。在各方面歧視漢人、南人，甚至長期禁止他們有兵器，二十家合用一把菜刀。蒙人殺死漢人，只被罰杖刑、充軍而已。

註2：元朝承襲了大蒙古國的奴隸制度，約有一千萬奴隸，占全國人口的六分之一，主要是劫掠來的。主人可以買賣奴隸，殺死無罪的奴婢，只罰八十七杖（私宰牛馬者杖一百），奴隸控告主人要被官府處死。

第二十六象

己丑【震為雷】

元朝亡於淫

讖曰

時無夜

年無米

花不花

賊四起

頌曰

鼎沸中原木木來

四方警報起邊垓

房中自有長生術

莫怪都城澈夜開

金聖歎：「此象主順帝惑西僧房中運氣之術，溺於娛樂，以致劉福通、徐壽輝、方國珍、明玉珍、張士誠，陳友諒等狼顧鴟（音：吃，鷂鷹）張，乘機而起。宦官朴不花壅不上聞。至徐達、常遇春直入京師，都城夜開，毫無警備。有元一代竟喪於淫僧之手，不亦哀哉。劉福通立韓林兒為帝，故曰木木來。」

本象金聖歎的注解過於「簡略」，讀者大多誤解了這段歷史。

一、陳曦試解

1. 解頌

【鼎沸中原木木來】

指元末「紅巾軍」起義，引發了全國性的起義，**中原**紛亂如**鼎沸**。

「**木木**」為林，指韓林兒，他是「紅巾軍」立的帝王——小明王。

韓林兒是韓山童的兒子。西元1351年，韓山童和劉福通發動起義，因洩密被圍，韓山童就義。劉福通突圍後組織起義，義軍以紅巾裹頭，稱為「紅巾軍」。西元1355年，劉福通立韓林兒為帝，稱小明王[註1]，國號「大宋」。「紅巾軍」迅速壯大，朱元璋都曾是「紅巾軍」的部下。

【四方警報起邊垓】

各地起義風起雲湧，警報頻頻傳向元大都（今北京）。「垓」，音該，疆土。

【房中自有長生術】

指元順帝^(註2)沉迷於房中術，荒淫廢政。

《元史》：元順帝封兩個喇嘛僧人為司徒、大元國師，以學習男女雙修之法。搜集民女，日日習演，與寵臣在後宮公然行淫。喇嘛僧、徒「出入宮中，無所禁止，醜聲穢行，著聞於外，雖市井之人，亦惡聞之」。

【莫怪都城澈夜開】

金聖歎的解釋過簡了，絕大多數讀者以為本句是說京城無防備，晚上還開著門，被義軍殺了進來——有誤！

《推背圖》原文也沒有這個意思。考證史實，應對應下述解釋：

既然元順帝如此荒淫亂政，在徐達^(註3)大軍直撲大都的前夕，也難怪順帝會半夜打開健德門逃往元上都^(註4)了。

史書記載：西元1368年徐達率明軍大舉北上。閏七月二十八日攻克通州（今北京通州區）。當晚，元順帝率后妃太子開健德門^(註5)奔上都。八月初二，明兵攻入大都，元亡。

2. 解讖

【時無夜】

順帝沉溺於房中術，日夜不停。

【年無米】

指饑荒。西元1358年紅巾軍戰於山東、河南、河北，大批難民避居京城，造成京城發生嚴重饑荒，死者枕藉。宦官朴不花被派去買地，葬屍二十萬具。

【花不花】

指宦官朴不花。

　　從上下文可判斷是指朴不花，而不是指另外幾個也叫不花的大臣。

　　朴不花，高麗（朝鮮、韓國）人，七歲時做了太監，和小夥伴高麗女奇洛入宮，奇洛後來成為皇后，提拔朴不花為榮祿大夫，加資正院使，掌管財政。後來順帝耽於聲色，托朝政於太子，朴不花又推薦自己的人為宰相。從此朴不花開始權傾朝野，百官十分之九都投靠他。

　　朴不花玩弄權術，瞞上欺下。西元1351年紅巾軍起義時，他壓制各地告急文書和將臣功狀。《元史・列傳第九十二・奸臣》記載：皇帝不理朝政，朴不花乘間機專權……四方警報及將臣功狀，都被他扣下不報。致使人心渙散，忠臣被陷害。

【賊四起】

　　義軍起於四面八方。

　　「賊」：此為讖語，借官方對義軍的叫法，在此無貶義。

3.解圖

　　圖中一僧，喻指那些教、惑元順帝習房中術，君臣行淫的喇嘛僧人。跟著的四個女子，指「供養」給該僧行淫的女子。

　　《元史》記載：「帝乃詔，以西天僧為司徒，西番僧為元國師。其徒皆取良家女，或四人，或三人，奉之，謂之供養。」

二、文征解卦

　　卦為「震」☳，上下都是震☳，指雷。

　　「震」卦為「雷驚百里之象」，大象為「**有驚無險，亦有變動、動盪之意**」，正合本象的大動盪。

「**雷驚百里**」：元順帝知徐達大兵壓境，嚇的逃往五百四十里外的上都。

「**有驚無險**」：順帝和亡國陷身的皇帝不同，他**有驚無險**。

他逃到上都，雖然丟了中原，由於蒙古帝國疆域遼闊，他形式上依然是蒙古帝國的大汗共主，繼續中原以外的元朝轄區的統治，史稱北元。

西元1369年明朝大將常遇春率軍直搗上都，元順帝又被迫逃往應昌（今內蒙古克什騰旗西北）。次年四月死於痢疾。

北元[註6]雖幾經頑抗，甚至曾發兵攻到了大都，終是末路之朝，無力回天了。歷史已經翻到《推背圖》的預言新的一頁——明朝立國。

註1：小明王韓林兒只是義軍的招牌而已，大權都在劉福通手裏。劉福通被殺，韓林兒被朱元璋救出，從此受朱元璋挾制。西元1366年，被朱元璋沉船於江中淹死。

註2：順帝：明宗長子，名為妥懽貼睦爾，在位三十五年。死後被北元諡為惠宗，被朱元璋諡為順帝——因為他順天修命，未抵抗明軍就逃了。

註3：徐達，字天德，明朝開國的軍事統率，右丞相。一生戰功卓著，被朱元璋稱為「萬里長城」，後被朱元璋親自害死。

註4：元上都：今內蒙古錫林郭勒盟的兆奈曼蘇默。忽必烈西元1260年在此登基作為蒙古帝國的京都。現在的北京（元大都）城是「略歪」的——中軸線偏離正南正北約2.2度，正好指向元上都的中心。

註5：健德門：徐達1368年攻入北京後，將健德門改名為德勝門。

註6：北元的結局：西元1372年，徐達北伐，大敗北元。西元1388年，明將藍玉北伐大勝，俘虜北元諸王、官員三千多人，軍士七萬餘人，大汗被部將縊殺。殘延了二十九年的北元滅亡了，蒙古帝國的合法「宗主」不復存在，各部又陷於對大汗寶座的爭戰之中。

第二十七象

庚寅 【雷地豫】䷏

明朝立國

讖曰

惟日與月

下民之極

應運而興

其色曰赤

頌曰

枝枝葉葉現金光

晃晃朗朗照四方

江東岸上光明起

談空說偈有真王

金聖歎：「此象主明太祖登極。太祖曾為皇覺寺僧，洪武一代海內熙洽，治臻大平。」

一、眾解精華

1. 解讖

【惟日與月】

　　明朝的「明」字。西元1368年，明朝登上了歷史舞台。

【下民之極】

　　明太祖朱元璋出身貧賤，少年時要飯，被迫做了和尚。

【應運而興　其色曰赤】

　　朱元璋應運而起，建立明朝。

　　「赤」：紅色，喻「朱」，「朱」也是紅色。

2. 解頌

【枝枝葉葉現金光　晃晃朗朗照四方】

　　喻明朝的「明」。

【江東岸上光明起】

　　朱元璋在江東的應天府（今南京）稱帝，建明朝。

【談空說偈有真王】

　　指佛門出了帝王。「偈」：音街，佛家的詩。

圖中：

　　天上日、月，喻「明」字。樹上掛曲尺，即「木、ㄥ」，合為「朱」。

二、文征解卦

　　卦為「豫」䷏，下為坤☷，指地；上為震☳，指雷。

本卦運勢「如意安泰，可得長輩扶助」。朱元璋投軍後，得到首領郭子興的器重，將養女馬氏許配給他。後來郭氏一家戰死，朱成了首領。

「豫」卦大象：「雷出於地上，陽氣奮發，萬物欣欣向榮」。正合明朝驅逐了蒙元，救民於水火。雖然朱元璋大殺功臣，但他安養生息，重農桑、修水利、抑豪族，成功地恢復了生產，也算是為民造福之主。

第二十八象

辛卯 【雷水解】

燕王奪位

讖曰

草頭火腳

宮闕灰飛

家中有鳥

郊外有尼

頌曰

羽滿高飛日

爭妍有李花

真龍游四海

方外是吾家

金聖歎：「此象主燕王起兵，李景隆迎燕兵入都，宮中大火，建文祝髮出亡。」

一、眾解精華

1. 解讖、圖

【草頭火腳】

燕王的「燕」字。下邊的「四點底」，在造字法中代表火。

明太祖朱元璋分封子孫為藩王，燕王朱棣駐守北平，實力最強。

朱元璋的太子早亡，立太子之子朱允炆（音：文）為皇太孫。西元1398年允炆即位，年號建文。建文帝削藩，削至燕王，燕王反。西元1399年七月，燕王發動「靖難之役」，以「靖難」除奸之名爭帝位。

【宮闕灰飛】

與圖相應，指燕王攻入南京，建文帝出逃時燒了宮殿。

【家中有鳥】

喻家燕，喻燕王朱棣，後來的明成祖。

【郊外有尼】

建文帝落髮扮為僧，逃出郊外。

「尼」，僧尼並稱，這裏和第五象以「金環」喻「玉環」一樣，以「尼」喻僧，作為不洩漏天機的讖語，以免提前被人看破。

金聖歎注解中的「祝髮」，古代是「剃髮為僧尼」的意思。

2. 解頌

【羽滿高飛日】

燕王羽翼豐滿，**高飛**要上帝位。

《推背圖》中「**高飛**」有稱帝的意思，如第十三象的「**雀高飛**」。

【爭妍有李花】

「**李花**」，指李景隆。「**妍**」，音：言，美麗。

指李景隆帶重兵抗擊燕王，與朱棣中原「**爭妍**」，兩次大敗。而後，在朱棣殺到京城時，又「**爭妍**」獻媚，不抵抗就獻城投降。

【真龍游四海 方外是吾家】

建文帝落髮出家，雲遊四海。

「**方外**」：世俗之外，舊指神仙居住的地方，亦指出家修行之所。

官方史書雖記載朱棣抱建文帝屍首痛哭，但多認為是掩人耳目，不然朱棣就不會在全國核查僧人的身份，也不會在鄭和下西洋時，安排錦衣衛到南洋搜尋建文帝了。而且，整個明朝都沒有給建文帝諡號、廟號，朱允炆的諡號「惠帝」，是滿清入關後逃亡的南明政權所定，這很說明問題。民間記載朱允炆出家逃難、游離南洋的書籍很多。｛朱元璋先當和尚後當皇上，其孫先當皇上後當和尚，如此循環！｝

二、文征解卦

卦為「**解**」䷧，下為坎☵，指水；上為震☳，指雷。

本卦為「**草木舒展之象，遇困可解之意**」，大象：「**春雷大作，大地解凍，喻冬去春來生機再現**」。與本象主角燕王奪位時的運勢相合。

「解」卦的運勢：「宜把握良機，快速處理，身邊困境，宜出外求解，因貴人在遠方，以西、南為吉方」——正合燕王的制勝之道，能幫助他的「貴人」都在南方京城裏。

長途穿襲奪京門，孤軍走險定乾坤

朱棣初期只有十萬兵力，因為明朝的開國功臣良將已被朱元璋殺盡了，所以燕軍基本是所向披靡，曾兩敗李景隆的五十萬、六十萬大軍。但南軍兵多勢重，攻不勝攻。燕王以一隅抗一國，到西元1401年陷入困境。

此時，「貴人」——南京宮廷裏不滿建文帝的太監來送信了，說南京城空虛，宜直取。於是，西元1402年正月，燕軍穿入山東，繞過重兵守衛的濟南，破小縣奪路南下，過了江蘇徐州，山東之軍才南下追擊。四月，燕軍在淝水大敗追擊的軍隊，隨後突破淮河防線，一直打到長江。朱棣之子引番騎趕到，準備強渡長江天險。

這種長途奔襲、以弱伐強國的戰術，宋遼時蕭太后幹過，也是《推背圖》第十七象的內容，當時由於寇準的堅守，遼軍議和退兵。

此次不同以往，這是朱家的內訌，南軍沒有抵禦外邦的同仇敵愾，反而不乏觀望者。一旦燕王風頭強勁，就有人來充當幫他的「貴人」了。

六月初三，朱棣孤軍在瓜洲強渡長江，鎮江守將降城。十三日朱棣兵臨金陵金川門，守門的李景隆獻了京城。燕王的冒險大功告成。

回頭再看「解」卦的運勢——與本象的史實珠聯璧合。

第二十九象

壬辰【雷風恒】

仁宣之治

讖曰

枝發厥榮

為國之棟

皥皥熙熙

康樂利眾

頌曰

一枝向北一枝東

又有南枝種亦同

宇內同歌賢母德

真有三代之遺風

金聖歎：「此象主宣宗時張太后用楊士奇、楊溥、楊榮三人，能使天下又安，希風三代，此一治也。時人稱士奇為西楊，溥為南楊，榮為東楊。」

一、陳曦解頌、圖

本象預言的是明朝的全盛時期——仁宗、宣宗在位時的仁宣之治，盛世一直延續到英宗初期。

辨析：三楊

金聖歎解為：**西、東、南**三楊，是以明朝時三楊「居地所處」劃分的。頌中的三枝：**向北、東、南**，與上述並不完全對應。

筆者以為：《推背圖》是預言歷史事件的，本象是以歷史事件來隱喻「三楊」，故不能完全按照明朝的民間稱謂，來對應解釋「三楊」。

1. 解頌

【一枝向北一枝東　又有南枝種亦同】

「**一枝向北**」：指隨朱棣五次「向北」征伐蒙古的楊榮（時稱東楊）。

「**一枝東**」：指號「東里」的楊士奇（時人稱他為西楊）。

「**南枝**」：指在當時稱為「南楊」的楊溥，他進入內閣[註1]最晚。

「**種亦同**」：也姓楊。

與圖中三樹對應，喻：楊榮、楊士奇、楊溥。他們都是明朝的五世老臣，歷經建文帝朱允炆、成祖朱棣、仁宗、宣宗、英宗。

楊榮（西元1371～1440），原名楊子榮，建文二年（西元1400年）進士，入翰林院。永樂（朱棣年號）初年為文淵閣大學士，入七人內閣，謀而能斷，尤擅長邊防，深得器重，朱棣為之改名為楊榮。西元1410～1424年，隨朱棣五次北伐蒙古。在仁宗、宣宗、英宗即位時，他三次穩定了政局，值內閣三十八年。

楊士奇（西元1365～1444），名寓，字士奇，號東里。西元1399年，因學行出眾，入翰林院，永樂初年入七人內閣，自仁宗時成為內閣之首。直至英宗初年，任內閣四十年。

楊溥（西元1372～1446），與楊榮同為建文二年進士，同入翰林院。永樂年間選為太子近臣，受讒言入獄十年。太子（仁宗）即位才出獄，組建弘文閣，掌閣事。宣宗即位後入內閣，與二楊共值，始有「三楊」之稱。

明仁宗、宣宗都是聖明賢德的君主，他們任用三楊實行了一系列有效的利民興國的措施，如「平反冤濫、重農減賦、賑荒懲貪」等，使這一時期吏治清明，社會穩定，經濟繁榮，是明朝的盛世。

【宇內同歌賢母德】

指被譽為「女中堯舜」的張太后。

張后是明仁宗的皇后，是仁宗、宣宗、英宗初年三朝國母。在她做太子妃時，就以賢德聞名，成了保全朱高熾太子地位的一個重要因素。

仁宗在位一年即逝，二十八歲的宣宗即位，尊母親為皇太后，軍國大事多稟報張太后裁決。宣宗在位十年去世，張太后立九歲的英宗即位。群臣請她以太皇太后身份垂簾聽政，她尊祖制不允，重用三楊輔佐幼主。

張太后勤儉治家，不允許娘家人干預朝政，還震懾宦官王振使之不敢專政。她勉勵宣宗體恤民情，也教導英宗繼續祖、父時的國策，使明朝的國力在她晚年達到了全盛。

【真有三代之遺風】

「三代」：指夏商周三代，民風純樸、天下大治的時期。

明朝建文帝時，崇尚「三代」古風，認為那是完美的理想社會。甚至恢復了「三代」時的一些官名。

本句除了讚頌「仁宣之治」，還隱喻了明朝尚古的理想。

2. 解圖

圖中只見「三楊」，未見決策者張太后的影子，暗喻張太后雖然裁決主導大事於幕後，但形式上未垂簾聽政，而是啟用三楊輔幼主。

這種畫謎——以圖中不顯示來隱喻幕後人物，後邊還會出現！

3. 解讖

【枝發厥榮 為國之棟】

指三楊治國有方，使朝野天下欣欣向榮，堪為國家棟樑。

「枝」：指三楊。「厥」：音決，字意為「其」。第二十一象出現過，作拆字謎：「厥」有宮門大開之意。因「闕」（音卻）是指宮門，「闕」無門，敞開了就是「厥」字。這裏似喻仁宣之治時，朝廷言路大開，從諫如流——當然，這是三楊勸諫仁宗、宣宗的功勞，故曰「枝發厥榮」。

【皞皞熙熙 康樂利眾】

「皞」：音浩，古同「昊」，廣大。「熙」：光明，

和悅，興盛。

　　本句指從「仁宣之治」到明宗初年，也就是張皇后做為一國之母的時期，明朝天下大治，百姓安樂。

二、文征解卦

　　卦為「恒」䷟，下為巽☴，指風；上為震☳，指雷。

　　「恒」卦為「**相對並行之象，努力不懈之意**」，正與圖、讖、頌中「三楊」共值內閣相合，同心理政，努力治國。

　　「恒」卦大象為「**震為動，宜向外發展；巽為入，向內，一內一外，各居本位，故能恒久**」。正合「三楊」治國，內外各有所長，配合默契，執政時間很長。

　　「恒」卦運勢：「**萬事亨通，能恒久努力，安守本份則吉，妄動則招災**」。正合三楊「**安守本份**」的治國方略。宣宗即位後，皇叔朱高煦叛亂，楊榮力主御駕親征，平定叛亂是本分之舉。而後寬赦其他親王，以及放棄在交趾（越南）的駐軍，都是本分的戰略。

註1：內閣：明朝的核心權力機構。明成祖朱棣創立了內閣雛形，本是輔佐皇帝、幫助決策的近臣班子，由文淵閣等大學士組成，因文淵閣等都在皇城內，故又稱內閣。後來演變為制約皇帝的最高權力機構。明朝後期的內閣，常規職責是：票擬（批閱）章奏、草擬聖旨、奏議朝政、封駁命令、保薦人才等，內閣奏章最終要皇帝批准。皇帝自己擬旨獨斷專行已經不行了。

第三十象

癸巳【地風升】

土木之變　奪門之變

識曰

半圭半林

合則生變

石亦有靈

生榮死賤

頌曰

缺一不成也占先

六龍親御到胡邊

天心復見人心順

相克相生馬不前

金聖歎：「此象主張太后崩權歸王振，致有乜先之患。其後上皇復辟，石亨自詡首功，率以恣橫伏誅，此一亂也。」

一、眾解精華

1. 解識

【半圭半林】：「半圭」，土；「半林」：木。

【合則生變】：上句二字合為「土木」，指專權的王振造成的「土木之變」，在土木堡，致使明英宗被蒙古瓦剌部俘虜。

王振專權

西元1442年，太皇太后張氏去世，明英宗當時只有十六歲，他寵信的宦官王振開始專權。王振排擠掉了「三楊」，把持朝綱，殘害異己。

土木之變

「瓦剌」，是明朝對西部蒙古部落的稱呼，明朝數次征討逃到東部蒙古的元朝殘餘勢力，西部的瓦剌部趁機發展起來，一度南下攻明，被明成祖擊敗。瓦剌在明英宗初年統一了蒙古。

瓦剌每年到北京進貢，索要封賞，如果不得逞，就製造邊境事端。

西元1449年，瓦剌首領「乜先」（亦譯作「也先」。乜，音：聶）派了二千人的貢使到了北京，為了多領賞物，冒稱三千人。王振引狼入室，批准全部貢使進京，繼而叫禮部按實際人數行賞，並壓低進貢的馬匹檔次和價格，瓦剌被

191

激怒，大規模南侵。

王振欲立功揚威，鼓動英宗親征。英宗和王振率五十萬大軍到了大同，得知前軍與乜先交戰全軍覆沒，王振倉促撤退。明軍撤退時王振特意繞行蔚州（今河北蔚縣），因為他想到自己的封地炫耀一下，半路他又怕踩壞莊稼，又改路退到了土木堡。這樣耽擱了十多天，被瓦刺軍追上包圍，明軍大敗，英宗被活捉，王振被亂兵所殺。

消息傳到北平，群臣跪在午門哭諫，要求懲治王振餘黨，王振的死黨錦衣衛指揮馬順出來阻擋，被群臣當場打死。在于謙等人的力主下，孫太后立英宗的異母弟朱祁鈺為帝（景帝、代宗，因年號景泰，又稱景泰帝）。而後王振被滅族，其家中抄出的金銀財寶堆滿了六十多間倉庫。

乜先抓到了英宗朱祁鎮，大肆勒索之後，仍不歸還英宗。乜先攻到北平，被于謙率軍三次擊敗。乜先想和明朝修好，次年將英宗放回。

【石亦有靈】

指石亨。西元1457年，以石亨為首，發動了「奪門之變」。

奪門之變（又稱「南宮復辟」）

1450年英宗被放回，景帝奉英宗為太上皇，軟禁在南宮（今北京南池子一帶）。1457年正月，景帝病重。石亨與太監曹吉祥等密謀，派千餘人夜裏撞開宮牆，救出南宮裏的英宗。英宗次日臨朝，復辟為帝。

【生榮死賤】

「生榮」：石亨以扶植英宗復辟之功，把持朝政，享

盡榮華。

「**死賤**」：石亨剪除異己，冤殺于謙等功臣，又數興大獄，攬權干政。西元1460年被英宗下獄，沒收家產，以謀叛被斬。

2. 解頌

【缺一不成也占先】

雙關妙語，既含「**也先**」二字，又隱喻「**乜先**」。瓦剌首領「**乜先**」，在明朝時又作「**也先**」，如今常稱「**也先**」。他的後人漢化，姓「**乜**」。

「**缺一不成也**」：既是字謎「**乜**」字，還似指：這場歷史大戲，缺一個也演**不成**，都不能被「**也先**」占了先。

【六龍親御到胡邊】

指「**土木之變**」。

「**六龍**」：第六龍，指明朝第6位皇帝，英宗朱祁鎮。

「**親御**」：御駕親征。「**胡**」：胡人，這裏指蒙古的瓦剌部人。

【天心復見人心順】

一語雙關，既隱含「**天順**」，是英宗復辟後的年號；還隱喻英宗復辟是上合天意，下順民心的。

明景帝初期啟用賢臣挽救了明朝的危機，後來就有些不得人心了。主要體現在對英宗和立太子上。他和宋高宗趙構一樣，不願索要上皇回國。還是于謙向他保證太上皇歸來不會影響他的帝位，他才派人接英宗回國。景帝一直將英宗軟禁。景帝當年臨危即位，立英宗長子為太子是先決條件。景泰三年，景帝賄賂朝臣，以封口舌，然後廢了太子，立了

自己的兒子，但新太子次年就夭折了。

英宗復辟改元天順，開始並不順。石亨獨霸朝政，直到石亨一黨被英宗剷除，朝政才見順。經歷了被虜異國、南宮軟禁的英宗，變得勤於朝政，任用賢能，並有善政（如廢除了朱元璋的妃嬪殉葬制度）。

【相克相生馬不前】

指在馬年（庚午年）即位的景帝帝運到頭了。

「相生」：英宗使得其弟（景帝）登基，是相生。英宗被俘時，曾傳話回來讓其弟登基以續國統。

「相克」：英宗復辟，迫景帝退位，是相克。

景帝被英宗廢為郕王，不出一個月就病逝。

3. 解圖

圖中的虎額上有「王」字，喻指王振，令朝臣畏如猛虎。

圖中石頭，喻發動「奪門之變」的石亨，與讖中「石亦有靈」對應。

二、文征解卦

卦為「升」☷☴，下為巽☴，指風；上為坤☷，指地。

「升」卦為「積小成大之象，拼搏得益之意」。大象為「進升之勢」。 正是「土木之變」後的明朝，四處運糧運兵器戍衛京城，在于謙指揮下奮力拼搏，終於戰勝瓦剌蒙古軍，大家都有「進升」。

「升」卦爻辭曰：「元亨，用見大人，勿恤，南征吉」。意思是：「大順，見大人有利，不要猶疑，向南方進

兵吉利」。

　　正是本象主角之一石亨的運勢。「**南征吉**」：石亨破牆，打入南宮。「**見大人有利**」：從南宮裏迎出英宗復辟。石亨得以升官，盡享榮華，是為「**元亨**」。

第三十一象

甲午【風火家人】

魏忠賢之亂

讖曰

當塗遺孽

穢亂宮闕

一男一女

斷送人國

頌曰

忠臣賢士盡沉淪

天啟其衷亂更紛

縱有胸懷能坦白

乾坤不屬舊明君

金聖歎：「此象主天啟七年間，妖氣漫天，元氣受傷。一男一女指魏閹與客氏而言。魏殺客氏。客氏熹宗乳母，稱奉聖夫人。」

一、眾解精華

1. 解圖

圖中婦人指熹宗乳母客氏，男鬼喻自稱「九千歲」的太監魏忠賢。圖中一束草——禾本——禾、女、鬼，合為「魏」字，預示奸閹姓。

2. 解識

【當塗遺孽】

借成語「豺狼當塗」，喻明朝「遺孽」閹黨把持朝綱。

「當塗」：把持朝政。《晉書·熊遠傳》有：「豺狼當塗，人神同忿」。

「遺孽」：遺留下來的禍害。太監閹黨之亂，明朝中期就開始了。上一象預言王振（西元1442～1449年作亂），明武宗正德年間有劉瑾（西元1506～1510年作亂），故這一象的魏忠賢（西元1620～1627年作亂）是「遺孽」。

【穢亂宮闕 一男一女】

魏忠賢和客氏是「對食」，即太監和宮人結成的「夫妻」，他倆在後宮禍亂，皇宮成了他們的天下。

魏忠賢原名李進忠，本是市井無賴，有妻子女兒，為賭債所逼，自閹入宮做太監。在宮中巴結奉迎，又勾引客氏，並從他的前輩太監魏朝手裏爭搶到了客氏，與之對食而

得勢。又極力諂媚太子朱由校，太子即位（熹宗），魏忠賢升為司禮秉筆太監，在明朝一手遮天。

客氏是熹宗乳母，被熹宗封為「奉聖夫人」。因熹宗對她十分依戀，使客氏權力甚至高於皇后。

魏、客狼狽為奸。因張皇后對熹宗指責魏忠賢，魏、客就誣陷張皇后是私生女，後來雖被勸止，仍害得張皇后流產。他們還逼死了懷孕的嬪妃，熹宗想解救妃子，都得跟客氏求情。魏閹在宮中首創「內操」，群太監演練武藝，鑼鼓大作，皇子誕生，目驚懼而亡……

【斷送人國】

魏忠賢的禍亂使明朝氣數將盡。

魏忠賢一手遮天、禍國殃民，在朝中大肆捕殺異己和「東林黨人」，用錦衣衛製造全國恐怖，文官治國的體系被徹底敗壞。朝臣紛紛依附，全國為魏忠賢建「生祠」成風，連王爺都得這麼巴結這位「九千歲」。遼東經略熊廷弼守遼東三年，邊境固若金湯，魏忠賢恨他不肯趨附，就誣劾治罪，結果丟了遼東，最後竟將熊廷弼斬首棄市。

3. 解頌

【忠臣賢士盡沉淪】

一語雙關，既點出了奸閹魏忠賢的名字「忠、賢」，又指出當時「忠臣賢士」被閹黨大肆打壓株連、錦衣衛鎮壓，不得不「沉淪」。

【天啟其衷亂更紛】

「天啟」，明熹宗在位期間的年號。

天啟年間（西元1620～1627年），魏忠賢自始至終在

禍亂。

【縱有胸懷能坦白　乾坤不屬舊明君】

即便「胸懷坦白」的忠臣最終彈劾了魏忠賢，明朝氣數也要盡了。

東林黨人和一些忠臣，雖然嘗盡了閹黨的酷刑，慘遭殺害，也沒屈服。1627年崇禎帝即位後，魏忠賢才被成功彈劾，流放途中畏罪自殺。

二、文征解卦

卦為「家人」☲☴，下為離☲，指火；上為巽☴，指風。

「家人」卦運勢：「**有喜慶之象，如婚嫁**」；其大象為「**風吹火，助火之威，喻家人同心協力，發展事業**」。在本象是絕妙的諷刺，諷喻奸閹魏忠賢與客氏穢亂後宮、狼狽為奸，協力同心，終於權勢傾天。

魏忠賢毀掉了明朝的根基，他死後不到一年，明朝就迎來了下一象的滅頂之災……

第三十二象

乙未【水風井】

明朝滅於闖王

讖曰

馬跳北闕

犬敖西方

八九數盡

日月無光

頌曰

楊花落盡李花殘

五色旗分自北來

太息金陵王氣盡

一枝春色占長安

金聖歎：「此象主李闖、張獻忠擾亂中原，崇禎投環梅山，福王偏安不久明祀遂亡。頌末句似指胡后，大有深意。」

一、眾解精華

1. 解圖

馬在門中，是「闖」字，喻闖王李自成，李自成的生肖屬馬。

李自成原在陝西王嘉胤部下當兵。西元1630年被裁員，遂在陝西米脂號召饑民起義，繼投闖王高迎祥，號八隊闖將。西元1636年高迎祥被俘死，李被推為闖王。西元1644年正月，在西安自立大順王。三月十九日攻克北京。四月逼反駐守山海關的吳三桂，吳引清兵入關，李自成大敗。四月二十九日，李自成回北京稱帝，次日離京西撤。而後節節潰敗，西元1645年於九宮山(今湖北)遭伏擊死，一説隱於夾山(今湖南石門)為僧。

2. 解讖

【馬跳北闕】

「北闕」，北京。「闕」，音：卻，指宮門。

與畫謎相應，馬跳入闕，是「闖」字。「跳北闕」：進北京，入皇宮。

【犬敖西方】（陳曦試解）

指自稱「天狗星下凡」的張獻忠，攻入成都建大西國，稱王。

「敖」：「傲」字「無人」（亻：單人旁）為

201

「敖」。似指張獻忠狂傲不羈，幾乎把四川殺成了無人之地。

張獻忠和李自成一樣，也是王嘉胤的部下。西元1630年王嘉胤因搶劫被通緝而造反，張獻忠率眾跟從。

張獻忠是變態的殺人狂，他的軍隊所到之處，瘋狂地姦淫、屠城，甚至連自己的幼子、妻妾、非嫡系部隊都被他屠戮。他屠蜀人約三百萬，四川人幾乎被殺絕，以至有清朝「湖廣填四川」的百年大移民。西元1647年清軍入川，張獻忠屠城焚城而後撤離，割人肉醃為軍糧。他潰敗沿途，仍大肆殺戮，被圍敗死前還忙於屠城。

【八九數盡 日月無光】

「八九」，十七。「日月」，「明」字，喻明朝。

「八九數盡」：指明朝歷經17個年號，經十七世（十六帝）氣數盡了。西元1644年三月十九日，闖王攻入北京，崇禎帝自縊於煤山（景山）。

因為明、清一般每個皇帝只有一個年號，故明、清的每個年號，代表一世皇帝，如洪武、崇禎、康熙。唯有第三十象提到的明英宗是兩個年號：他被擄到蒙古前，年號「正統」，中間隔了景帝的「景泰」八年，而後英宗復辟，年號「天順」。

二、陳曦解頌

【楊花落盡李花殘】

字面上指春末夏初，點出本象主體事件的時間。

同時又暗含兩個事件：

「**楊花落盡**」：指楊嗣昌（西元1641年）自盡，李自成從此沒有對手了。

「**李花殘**」：李自成不久也殘敗了，被滿清兵打得節節敗退。

楊嗣昌，明朝三世老臣，曾被閹黨排擠辭官，崇禎元年（西元1628年）被啟用。1637年，任兵部尚書，率兵大敗李自成，逼降張獻忠，升禮部尚書、東閣大學士，仍掌兵部事，權傾一時。西元1639年張獻忠再叛，楊嗣昌大敗張獻忠，進而入川圍剿。西元1641年初張獻忠出川奇襲襄陽，殺襄王；李自成克洛陽，將福王煮食。楊嗣昌「益憂懼，遂不食」而死。

【五色旗分自北來】

李自成的軍隊，打著五色旗，從北打進北京。

◎ 辨析一：「五色旗」

目前都把本句解釋為清兵入關，認為「**五色旗**」是指八旗——誤！

滿州八旗四色：正黃旗、正白旗、正紅旗、正藍旗、鑲黃旗、鑲白旗、鑲紅旗、鑲藍旗，只有黃、紅、藍、白，四色。入關以後，招募漢人組成綠營兵，執綠旗，那是以後的事，和本象無關。

李自成五色旗：李自成的隊伍是五色旗，他率二十萬大軍從北面殺來，包圍了京城。三月十八日，外城守軍投降；十九日內城不攻自破。

李自成的「入城大典」也是旗分五色：李自成親率執藍旗[註1]的御營中軍進德勝門；另四支是前後左右營，分別

打著黑、紅、白、黃四色旗，進朝陽、阜成、宣武、正陽四門。

可見，「**五色旗分自北來**」，是指李自成的攻入北京。

【太息金陵王氣盡 一枝春色占長安】

明太祖安息的金陵王氣已盡，李自成春天占據北京，明朝滅亡。

「**金陵**」：今南京，金陵的鍾山有安葬明太祖朱元璋的孝陵。

「**長安**」：指北京。雖然西元1644年正月李自成在西安稱大順王，也是春天（西元1644年陰曆十二月末立春），但從上下文看，「**長安**」是指北京。

李自成占據北京僅四十二天，春天（三月十九）進京，隨春色逝去，（五月初一）席捲錢財撤離。

◎ 辨析二：為什麼這裏的「長安」是指「北京」？

這是古文常用的「借代」修辭，用相似的來借代、比喻。如白居易的《長恨歌》裏，開頭用「漢皇重色思傾國」——漢皇：不是漢朝皇帝，而是指代唐玄宗。

「長安」是唐朝首都，用以借代、借喻後世的首都。到明朝，都城自然是指「北京」。

《推背圖》作者在唐代用這樣的借代手筆，使得後世人，不管首都變遷到哪裡，都能看的懂——【太息金陵王氣盡，一枝春色占長安】：是指「首都」被人打下來，該改朝換代了。

如果點明了是北京，那麼宋朝人——當時首都在別

處，就看不明白這是説：「首都」被攻破了。

可見《推背圖》作者用此借代用法，意境深遠啊。

◎ 辨析三：「春色」

按金聖歎的解釋，「春色」似指孝莊皇后，她勸降洪承疇，協助了清軍，雖是史實，但套在本象似牽強，對於整象，句意、主題就散亂了。

目前各家對《推背圖》的解析：把第一句解為李自成慘敗，第二句解為滿清八旗入關，第三句解為明朝亡於李自成，第四句解李自成占北京或者孝莊協助滿清打天下——全篇事件的順序就混亂不堪了！而且第二句解為八旗也不對。

從筆者的上述破解，大家能看到：本象緊緊圍繞李自成展開，主體鮮明，歷史事件連貫清晰，毫不凌亂——這正是《推背圖》設謎之道。

從下面的解卦中，再次體現了《推背圖》圖、讖、頌、卦完美配合，渾然一體的風格。這設謎的手筆遠非歷史上任何文壇大師可比[註2]！

三、文征解卦

卦為「井」 ䷯ ，下為巽 ☴，指風；上為坎 ☵，指水。

「井」卦的爻辭注解：「村邑變動，井不能移，井無得無失。往來取水，井水（取）乾，也不挖井，（還取水）結果毀壞了取水的瓶，凶。」

很明顯，《推背圖》這裏用「井」比喻北京的皇權，用「水」比喻北京的金銀財寶。

本來李自成進北京就不是去坐江山的，只是去打江

山；是去洗劫財寶，不是去治國的。他說：「十個燕京也比不上一個西安」。所以進北京後，他並不用心治政，也不盡心抵禦滿清，而是急不可待的「追贓助餉」，榨盡官員金銀，搶光富戶財物，迅速腐敗，而後撤退。

李自成洗劫財寶而無心立國，即是爻辭說的：取盡井水而不挖井。

他打下江山，先驕奢淫逸一番，而後即了帝位就跑，即是爻辭中：往來變遷而井不變。

他燒了昌平的明皇陵，逃跑前還燒了一些宮殿和九門城樓，即是爻辭中：毀取水之瓶，凶——果然如此，李自成從此一敗塗地。

皇權之「井」自有定主。既然李自成不是「井」的主人，那麼，中原之主必在《推背圖》的下一象登場。

註1：李自成喜歡藍色，他是「水命」，自稱「水德王」，稱帝以後也不穿黃袍，只在外出時加一柄黃傘，以表明皇帝身份。

註2：由此也能看出，《推背圖》的作者既有一流的文筆，又是超一流的易學術數大師，從本書的對李淳風的簡介中，似能體悟到，《推背圖》作者，非李淳風莫屬。

第三十三象

丙甲【澤風大過】

清朝立 傳十帝

讖曰

黃河水清

氣順則治

主客不分

地支無子

頌曰

天長白瀑來

胡人氣不衰

藩離多撤去

稚子半可哀

金聖歎：「此象乃滿清入關之徵。反客為主殆亦氣數使然，非人力所能挽回歟，遼金而後胡人兩主中原，璜璜漢族對之得毋有愧。」

一、眾解精華

本象預言滿清繼承中華國脈，總述清朝國運。

1. 解讖

【黃河水清　氣順則治】

「**黃河**」：喻中原，中華大地。「**水清**」：國脈變為清朝。

「**氣順則治**」：含「**順治**」年號。字謎與涵意融為一體：既喻滿清自順治帝開始入主中原，又喻自順治時，中原漸漸氣順，由亂漸治。

【主客不分】

滿清反客為主，滿清女真各部，原隸屬明朝，為客。

【地支無子】

「**地支**」，地支共十二個，這裏喻指十二。

皇太極西元1636年改號為「清」，清朝承傳他皇位的共十帝，加上實質創始人太祖努爾哈赤，為十二帝。

「**子**」：十二地支之首。「**無子**」：沒有第一個，喻第一帝努爾哈赤不是清朝皇帝。努爾哈赤統一女真部，西元1616年建立後金，是大清的前身。

2. 解圖：

圖中：{舟坐滿了，喻「滿洲」}；插八旗載十人從東北而來，喻指滿清八旗自東北入關，大清自順治帝開始統治中原，共有十位皇帝。

3. 解頌

【天長白瀑來】

　　滿清自東北長白山一帶起勢，像瀑布一樣沖向中原。

【胡人氣不衰】

　　滿清為胡人，氣勢不衰。

　　元朝就是胡人（蒙古）為君，清朝又是胡主，故曰「胡人氣不衰」。

【藩籬多撤去】

　　指康熙西元1673～1681年撤削三藩、平定藩亂。

　　清朝奪得中原後，分封了三個開國的漢將降臣為王：吳三桂為平西王轄雲貴，耿繼茂為靖南王鎮福建，尚可喜為平南王守廣東。康熙十二年撤三藩，吳三桂率先舉兵叛亂，耿精忠（耿繼茂之子）反於福建，尚之信（尚可喜之子）叛於廣東，三藩一度打下長江以南，終被康熙平定。

【稚子半可哀】

　　「稚子半」：倒讀破解——半稚子，滿清入關後的十帝中，有一半即位時是不到十歲的「稚子」：順治，康熙，同治，光緒，宣統。

　　倒讀破解在《推背圖》中較常見，如第二十四象和本書下一象。

二、文征解卦

　　卦為「大過」䷛，下為巽☴，指風；上為兌☱，指澤。

　　「大過」卦「利於出外，有所往，通順」：正合滿清出關，兵指華夏，順利地得了天下。

「大過」為：「枯木生花之象」：明末腐朽之極，為枯木，原為中原屬國的滿清入關，給華夏帶了新氣象，統一了中華民族，國土由明朝的三百五十五萬平方公里，擴大到一千二百四十萬平方公里。清朝前期出現國力鼎盛的「康乾盛世」，是為「枯木生花」。

本卦大象：「**中間四陽爻，為結實之梁，但初末為陰爻，力弱不支，則勢將摧折**」。運勢：「**有力不從心，負擔過重之象，多煩惱，防官非及水險**」。卦象演化也如清朝國運：初期國力弱，中期強，後期官僚腐敗，是為「官非」；被海外列強欺凌，是為「水險」；對外不斷割地賠款，是為「**負擔過重之象，多煩惱……勢將摧折**」。

「大過」卦，是「有大過失之意」——滿清初期瘋狂地屠殺「中國」人，約三千萬人死於滿清的屠刀之下！克揚州三日，就殺了八十萬！

滿清對蒙古、朝鮮政策寬容，對漢人殺無度，這是落後的民族對文化先進的民族的毀滅性征服，重現了蒙元滅宋的歷史。同樣，滿清也漸漸被博大精深的中華文化所同化，為中華民族注入了新的血液……

畢竟，這個代價太大了，這是明朝腐敗的代價，堪為「**大過**」！

上部「原序篇」，採用金批本順序的解讀至此結束；下部是「歸序篇」，根據史實歸正了《推背圖》被打亂的各象順序，深入淺出地解讀這部千古之謎。

第三十四象

金本五十一象【地澤臨】 ䷒

孝莊化坤德　康熙造盛世

讖曰

陰陽和

化以正

坤順而感

後見堯舜

頌曰

誰云女子尚剛強

坤德居然感四方

重見中天新氣象

卜年一六壽而康

金聖歎：「此象乃明君得賢後之助，化行國內，重見升平，又一治也。卜年一六，或在位七十年。」

一、辨析

有人將【卜年一六】解為「皇太極在位十六年」，有誤。皇太極在位十八年（西元1626～1643年）；還有人解為「改國號為清後，皇太極在位十六年」，亦誤。西元1636年皇太極改國號為「清」，此後他執政八年。

有人將圖中二人解為皇太極和孝莊，不妥。從位置看，圖中二人也不是夫妻。古代位置尊卑極其嚴格，以左為尊——展現在圖畫上，尊者位於圖的左方。男左女右也是這樣來的，現在中國的結婚照也沿用這個習俗，與西方習慣正相反。

二、陳曦試解

《推背圖》是預言歷代興衰更替的，唐後的盛世君主俱在其中。康熙大帝作為歷史上的名君之一，作為康乾盛世的締造者，如果在《推背圖》裏沒有他，就太奇怪了！那就是《推背圖》作者的巨漏！

正因為本象在「金批本」被顛倒了順序，移到第五十一象去了，所以基本都以為本象還未發生，至今都沒有把康熙大帝「解讀出來」。

1. 解頌、讖

本象破解的關鍵在「頌」的最後，所以倒著破解。

【卜年一六壽而康】：倒讀破解，指康熙在位六十一年。

康熙健康長壽，是歷史上統治時間最長的皇帝，故曰「康而壽」。

「卜」：卜算，算卦；「康」：健康，本句又指康熙；「一六」：如解為十六年或七年，與**壽而康**矛盾，倒讀解釋為六十一年，方為合理。

倒讀破解在《推背圖》裏常見。如第二十四象的「**山海邊**」，是喻當世的地名「厓山」；第三十三象的「**稚子半可哀**」，是為「半稚子可哀」。

【重見中天新氣象】

康熙大帝文治武功，疆域拓廣到一千三百萬平方公里，從戰火凋零中重新恢復了盛世，經濟、文化、國力都達到了世界之首，呈現如日中天、煥然一新的氣象。

【坤順而感　後見堯舜】

坤，女性；**順**：理順，順合，同時隱喻「順治」帝；在女性（孝莊太后）的坤德感化天下之後，出現了堯舜般的君主。

【陰陽和，化以正】、【誰云女子尚剛強】

指孝莊以柔克剛、以弱勝強，以陰柔化解了危機，皇室歸正。

【坤順而感】、【坤德居然感四方】

坤，八卦中指「地」，喻女性。自唐至今，如此坤德感動當世，並為後世敬仰的皇（太）后，唯有「孝莊」一人。

2. 解圖

中國古代，皆以左為尊展現於人，與西方相反。

圖中國君為康熙，女性為其祖母孝莊文太后，故孝莊居左示尊。康熙八歲喪父，十歲喪母，由孝莊撫養。孝莊是康熙初期帝業的支柱。

　　古代男人都留鬚，故鬚眉者，不表示年齡，而是統一指代成年男人。所以，圖並不表示男人的年齡要大於左邊的女性。

三、文征解卦

　　卦為「臨」▤▤，下為兌☱，指澤；上為坤☷，指地，喻女性。

　　卦象為「**池澤之水灌溉地面萬物，相輔相成，生生不息**」，與「**坤順而感**」相應。本卦運勢：「**循序漸進，諸事亨通，不宜急進**」，正與康熙登基後逐漸主政、漸次平定天下，漸次將中國帶入盛世相合。

四、史實精要：盛世巔峰

1. 孝莊文太后——輔助三代君王，鋪就康熙盛世

　　孝莊文太后（西元1613～1687年），蒙古族，博爾濟吉特氏，名布木布泰，小名大玉兒，十三歲嫁給皇太極。

　　「孝莊文皇后」謀略過人，曾喬裝少婦勸降洪承疇之事。皇太極病逝後，長子豪格與皇太極之弟多爾袞爭位，終以多爾袞立孝莊之子六歲的福臨（順治）為帝化解了危機。孝莊為保住順治的皇位，按滿族「兄死則妻其嫂」的習俗，毅然下嫁給多爾袞。「太后下嫁」見於野史而未見於正史，實為不容於漢族風俗。從順治稱多爾袞為「皇父攝政王」，

以及孝莊未能與皇太極合葬，而是葬於東陵「風水牆」外，即可見一斑。

順治二十四歲「死於天花」，孝莊扶植八歲的玄燁（康熙）登基。康熙十四歲親政後，孝莊全力支持康熙剷除鰲拜。三藩叛亂時，孝莊激勵康熙平亂，並撥出宮中金帛犒勞將士。

孝莊提倡節約，多次把宮中節省下來的財物賑濟災民，節儉的家風影響到康熙、雍正兩朝。

孝莊的功績是歷代任何一位皇后都無法比擬的。她勞其一生，輔佐了皇太極、順治、康熙三位君主，幾次在危難之時挽救了大清。就她為保全社稷而沿襲了滿族舊俗，也無過可言。孝莊七十五歲辭世時，國家已經擺平了三藩、台灣和沙俄，盛世在望了。

2. 聖祖康熙——千古一帝

清聖祖康熙（西元1654～1722年），西元1661年登基，在位六十一年。他是歷史上統治時間最長的皇帝，也是中國最偉大的君主之一。他把一個內憂外患的國家，帶入了天朝盛世。他一生功業主要有：

（1）削平三藩，鞏固統一。

康熙十二年（西元1673年），雲南的平西王吳三桂、廣東的平南王尚可喜、福建的靖南王耿精忠先後反清，一度打下了長江以南。康熙帝在孝莊皇太后的全力支持下，奮戰八年，平定了叛亂。

（2）統一台灣，開府設縣。

台灣在西元1624年（明朝天啟四年）被荷蘭占領。西

元1661年（順治十八年）鄭成功收復了台灣。康熙多次招撫台灣，鄭氏後人堅持分裂，提出「如琉球，朝鮮例」，欲將台灣變成中華的屬國。康熙西元1683年8月攻克台灣，開府設縣，平撫官民。

（3）擊退沙俄，劃定疆土。

西元1685～1686年雅克薩之戰，康熙收復了黑龍江流域，西元1689年簽訂《中俄尼布楚條約》，規定了額爾左納河，格爾比齊河，外興安嶺以南的土地完全歸於清朝。包括烏蘇里江以東，庫頁島以南的廣大地區。

（4）親征朔漠，招撫蒙古。

蒙古當時分為三部分：內蒙（漠南蒙古），準噶爾蒙古（漠西蒙古），外蒙（漠北蒙古）。準噶爾的噶爾丹進犯中原，康熙親征，滅噶爾丹。同時招撫外蒙，將整個蒙古併入華夏，解決了兩千年來的歷史難題。

（5）平定準噶爾對西藏的侵略。

（6）重農治河，興修水利。

康熙六次下江南巡察黃河和水利，修黃河、淮河、永定河。興農治水，成就前無古人。

（7）興文重教，編纂典籍。

親自主持編纂了《康熙字典》、《佩文韻府》、《清文鑑》、《康熙全覽圖》、《古今圖書集成》等六十多種，約二萬卷。是中華民族文化中的重要精神財富。

（8）興修園林，融合民族文化。

承德避暑山莊等園林濃縮了蒙古、西藏等民族宮殿廟宇，作為與其他民族交流、頒政的所在，具有深遠的意義。

（9）仁愛體恤民情、嚴懲腐敗高官。

（10）勤慎朝政，吸納西學。

　　康熙大帝使中華帝國最後一次站上了世界的巔峰，步入康乾盛世。

清朝盛世時的中華版圖
約1400萬平方公里

　　康乾盛世時期，逐步奠定了近代中國的版圖。上圖是康乾盛世之後、清朝衰敗前的疆域圖。

第三十五象

金本三十四象【巽為風】

太平天國之亂

讖曰

頭有髮

衣怕白

太平時

王殺王

頌曰

太平又見血花飛

五色章成裏外衣

洪水滔天苗不秀

中原曾見夢全非

金聖歎：「證已往之事易，推未來之事難，然既證已往，似不得不推及將來。吾但願自此以後，吾所謂平治者皆幸而中，吾所謂不平治者幸而不中，而吾可告無罪矣。此象疑遭水災或兵戎與天災共見，此一亂也。」

本象為「金批本」第三十四象，完全是金聖歎以後的事了，所以他只能猜測。這以後金聖歎除了第四十二象（「金批本」第三十九象）猜著點邊兒，其他都猜錯了，這也能印證《推背圖》是真實的古代預言——因為預言的事發生前，人們很難猜出謎底。

本象事件以後的人一眼就能看出：這預言的是太平天國。

由於本象對應的歷史被歪曲了，只有揭開偽飾，才能深刻地理解《推背圖》本象預言設謎之妙。

一、眾解精華

1. 解讖、頌
【頭有髮】

清軍入關後，強令漢人男子按滿清習俗：剃光頭頂前部，頭中後部紮辮子，稱「剃髮」。當時是「留髮不留頭，留頭不留髮」。而太平天國管轄的民眾，不按滿清規定結辮，民眾留長髮，特別太平天國的官兵，被稱為「長毛」——這稱號當時並無貶義。

【衣怕白】（陳曦試解）

一般解為太平天國的北王韋昌輝「執白旗」，在天京內訌中屠殺了東王楊秀清及其全家部下二萬多人，及翼王石達開全家——有誤！

筆者考證發現太平天國的旗極其嚴格，北王韋昌輝用「黃心黑邊」旗。北，對應五形中的「水」，對應黑色。本句似應這樣解：

其一，太平天國忌白色，其各級官員忌穿白，特別是那些「老長毛」。故「**頭有髮衣怕白**」都是指太平天國。

其二，韋昌輝奉洪秀全的命令，在部署「天京屠殺」時，命令手下人以「左臂纏白布」為記，以免殺亂了——也是「**衣怕白**」。

【太平時 王殺王】

天京事變中：「天王」洪秀全密詔「北王」韋昌輝，讓他殺「東王」楊秀清。「北王」與「燕王」秦日綱^(註1)滅絕了「東王府」，「翼王」石達開回京譴責亂殺，北王再血洗翼王府，翼王提前用繩子縋（音：墜）出城牆逃跑，倖免了。翼王又揮兵討伐，逼天王殺北王。北王等見勢不妙，馬上攻打天王府，兵敗。北王和燕王被天王所殺。

【太平又見血花飛】

《推背圖》慣用好聽的名字來展現禍亂，這樣既能迷住當世人，又能使後人容易解謎。如第三十一象用「**忠臣賢士盡沉淪**」，點出奸閹「魏忠賢」。這裏「**太平又見血花飛**」，字面矛盾的意思，足以迷住「太平天國」以前的讀者。

【五色章成裏外衣】

「**五色**」：太平軍的旗分五色，青白紅黑黃，對應東西南北中。

「**五色章**」：又指華麗的章程。

「**裏外衣**」：外包裝。

　　太平天國以宗教「拜上帝會」發動起來的，洪秀全自稱上帝的兒子，耶穌的弟弟。太平天國還有許多綱領，著名的有五個：「原道救世訓」、「原道醒世訓」、「原道覺世訓」、「天朝田畝制度」、「資政新篇」。洪秀全一黨包裹著這「五色華章」的外衣，喊著「有飯同吃」的口號，其實就是一個農民黨，用一個幻想中的「理想社會」烏托邦，誘惑、催動農民去玩命打天下，自己抓緊享樂納妾，還不斷出台「新政策」（如「天父天兄聖旨」）。故曰：「五色章成裹外衣」。

【洪水滔天苗不秀　中原曾見夢全非】

　　點出洪秀全的名字，太平天國像洪水一樣，幾乎波及半個中國。

　　「曾」：指曾國藩。

　　「中原」：曾國藩的湘軍建於中原。

　　後一句指太平軍見了曾國藩的湘軍，就「**夢全非**」了。

2. 解圖

　　圖中似見洪水氾濫，與「頌」相應，喻洪秀全的姓氏，又喻「太平天國運動」像洪水一樣。該運動波及十八個省，六百多城。

　　圖中長茅草，喻指被稱為「長毛」的太平天國部隊。

　　岸邊屍骨碎離，喻指運動死了很多人，史學家估計至少有二千萬。太平天國軍隊肆意亂殺，沿途裹挾百姓，不從軍即斬首、燒死，甚至到了有異議、口角就殺頭的程度。

二、文征解卦

卦為「巽」☴，音訓，上下都是巽 ☴，代表風。

「巽」卦為「颶風覆船之象，有上行下效之意，於糾紛，則難解」。

應到本象讖述的「王殺王」時，腐敗上行下效，其天國已經被內亂和腐敗的颶風打翻了。修補未幾，被曾國藩徹底翻船。

三、史實精要

洪秀全以拜上帝會發動農民，西元1851年1月11日，在廣西桂平縣金田起義。一路北伐，西元1853年攻克南京，改南京為天京，建太平天國，洪自稱「天王」。西元1856年，天京內訌，「王殺王」，二萬多人被殺，太平天國由此衰落。西元1864年3月，天京再次被圍。6月1日，洪秀全服毒自殺（註2）。7月19日，曾國藩的湘軍挖地道炸城，太平天國「升天」。

四、點偽史、看循環

歷史是循環的。《推背圖》第一象就說了「悟得循環真諦在」，我們且看看本象的「循環」。

《毛選》第四卷：「洪秀全、康有為、嚴復和孫中山，代表了在中國共產黨出世以前向西方尋找真理的一派人物。」

紅朝教科書把太平天國謳歌成轟轟烈烈的反帝反封建

的革命——拯救中國的偉大探索，但是都失敗了……歷史迎來了中共，只有黨，才能「救中國」！後半句此處不說，《推背圖》後面寫紅朝的各象，自有定論，這裏只辨析：

（1）被歌頌的太平天國，其真實面目是什麼？

（2）為什麼《推背圖》用白骨、洪水滔天、苗不秀來喻指這場「運動」？要知道：《推背圖》的字謎常常是和意義渾然一體的。

下面用現代語言簡介太平天國的始末。

1. 緣起：小學難畢業，臆中上天闕

洪秀全（西元1814～1864年），廣東花縣人，四次考秀才落榜，成了他心中永遠的痛，以至有後來「砸孔廟、燒儒書」的「文化小革命」。太平天國諸多綱領、聖旨、經書，都可見洪天王的著作，如「捧茶不正難企高，拿涎不正難輕饒」之類的《天父詩》^(註3)——貨真價實的小學水準。

洪秀全二十二歲第二次考秀才落榜，從街上得到一套免費小冊子《勸世良言》——一個印刷工寫的基督教學習心得。洪二十三歲再度落榜，大病一場，四十多天高燒不止。高燒中夢見被轎子抬到天堂，一個身著龍袍、留著金色鬍鬚的長者，將洪秀全的肚腹剖開，把汙穢的內臟洗滌後重新縫好——這就是太平天國「經書」《太平天日》中提到的「天父洗禮」。

第四次趕考再次失敗，這位二十九歲的小學生（童生）發誓「不做清官」了。回去看了看《勸世良言》，開始創建「拜上帝會」。馬上吸引了表弟（一說是老同學）成為

「入教積極分子」，就是那位著名的老童生——二十八歲的馮雲山。

2. 創教：廣東人不聽，廣西人好蒙

洪秀全肆意說夢，自稱是上帝的「小兒子」，耶穌的親弟弟，開始傳教。可惜廣東開放，人們見多識廣，不信那套。洪、馮只好到了閉塞的廣西農村建立根據地。他們選中了廣西桂平紫荊山、金田村一帶，因為那是客家人聚居地，他們都是客家人，同族人比較好蒙。

3. 受挫：回家造「天理」，表弟建基地

洪、馮二位畢竟沒有秀才「文憑」，「招生」工作難度很大。洪童生心灰意冷，不願四處漂泊，回家教書去了。而表弟馮雲山嫌這麼回去太丟人，白天在私塾打工，晚上到山區窮人堆裏傳教。

洪秀全回家後，一邊教書，一邊日夜不停的創造革命理論，寫出和醞釀了「老三篇」：「原道救世歌」、「原道醒世訓」、「原道覺世訓」（後來創作完成的），為後來的革命提供了重要的理論依據。

4. 香港喪氣，廣西驚喜

既然叫拜上帝教，洪秀全覺得光是自己夢裏上天被「開膛洗腸」，不夠實在，在人間也得洗禮一下，有一個正式的基督徒身份才行！於是，西元1847年他到了香港，向美國牧師羅孝全求教。這時，他才看到了真正的聖經，發現自己根據印刷工的「學習心得」創作的東西，離《聖經》差得太遠。他向羅牧師講述了那個「異夢」，以求得牧師的支持，結果羅孝全拒絕給他洗禮，洪只好敗興而回。

在香港學來了新東西，洪打算把自己的理論在發展中完善，以更好地吸引廣西人。於是他到廣西找馮雲山——他驚訝地發現：表弟竟然從「無產階級」中發展了三千名先進分子，其中有燒炭工楊秀清等骨幹，意外的驚喜！拜上帝教已經傳開，「理論」就不宜大改了，只好堅持走獨立自主的路。

5.「基督」普遍真理和當時革命的具體實踐相結合

太平天國是不被基督教、天主教承認的，但是洪秀全等人摸索出了中國特色的道路。

（1）提出了響亮的口號：「有田同耕，有飯同吃，有衣同穿，有錢同使，無處不均勻，無人不飽暖」——雛形的「共產主義」理想世界

這簡直是人間天堂！是所有農民和工匠夢寐以求的，何況當時廣西在鬧饑荒，這口號對廣大貧下中農和流氓無產者的誘惑力可想而知。

（2）造神運動，教義與時俱進

洪秀全由「上帝」的小兒子，變成了二兒子，東、西、南、北、翼，五王都成了「上帝」的兒子，洪天王的妹妹成了「上帝」的獨生女，所以西王還兼任「上帝」的女婿。

洪秀全不知道耶誕節，但是造出了「爺降節」、「哥降節」、「東王升天節」，還中西結合，吸取了民間燒符、附體上仙之類的「精華」。

（3）偉大的社會主義改造——革命就是剝奪，消滅私有制

其「理論根據」是：天下財物皆是天父所有，大家都是兄弟姐妹，一切財富由天王收走。從全部沒收地方政府的錢糧，又發展到對百姓「逐戶搜刮」。百姓不得不全家參

軍，去吃大鍋飯。

錢、物都是天王賜給的——吃水不忘挖井人，天王恩情比海深。

（4）廣泛發動群眾，擴大革命武裝

太平軍沿途裹脅壯丁，以「理想主義」教化，不入伍的要被殺頭。參軍後，全部財產充公，房屋不賣即燒，讓你斷絕俗念，一心向天國。後來成為忠王的李秀成就是被裹脅進來的。過去交通不發達，人一般不出遠門。參軍一出征，農民想開小差都不認識歸路了。

太平軍遊竄輾轉，開始打下城來也不占，劫掠而去。攻占武漢後，群眾工作在革命實踐中發展為「鳴鑼搞『三講』」。太平軍四處鳴鑼聚羅群眾，由「兩司馬」（小頭領）作動員報告：一講天王和諸王要解放人民，二講「美好的理想世界」，三講不聽教化不從軍的是「階級敵人」，要殺頭。於是群眾就主動向組織靠攏了。

（5）階級鬥爭的偉大嘗試——對「敵對分子」實行專政

在洪秀全公開造反前，對參加拜上帝會有懷疑和不滿的人，就借「天父」、「天兄」名義責打甚至殺頭。革命開始，就拋出天條十款，禁律數十條，違犯輕者打板，一般都斬首。而且各級幹部對下屬都有生殺大權，隨心所欲；甚至老兵都有給人扣帽子的資格——稱人為「妖」，即可殺掉。情節嚴重者要五馬分屍，甚至「點天燈」（註4）。這些都要在廣場或開闊地組織群眾觀摩，公開宣判，殺雞儆猴。

太平軍對滿族人實行徹底的種族滅絕，攻破南京城內的滿城後，將滿族男女老幼四萬人盡殺。僧尼道士、縉紳、

商人、知識份子，也被視為「妖」，除「妖」是太平天國的使命。「凡擄之人，每視其人之手，如掌心紅潤，十指無重繭者，恆指為妖，或一見即殺，或問答後殺之，或不勝刑掠，自承為妖殺……」，不能不令人想到近代的「兩手有老繭才是革命者」。

太平天國探索實踐了「革命不怕流血犧牲」，至少二千萬人喪命。

（6）偉大的共產主義嘗試——消滅家庭。

整個天京被軍管，實行男女分營，夫妻分居。太平天國第九號人物鎮國侯與妻團聚，險些被斬，因東王「力保過關」而免；丞相陳宗揚與妻同宿，雙雙被斬。而諸王卻妻妾成群，因為他們不是凡人。

這無疑是柬埔寨共產黨——紅色高棉跑步進入共產主義的先驅嘗試。西元1975年，紅色高棉打下首都金邊的當天，領袖波爾波特就開始狂殺示眾，然後按照共產主義理論消滅城鄉差別、消滅家庭：強行把城市人趕到農村，分成男女勞動隊，進入共產主義。如果老波知道一點兒太平天國的故事，可能他就不會自稱是毛的學生，而是認「長毛」做祖師了。

在敢怒不敢言的空氣中，在雞奸氾濫軍心不穩的壓力下，太平天國終於探索著實行了初步的軍事體制改革，取消了男女隔離制度，恢復了家庭。歷史性地認識到了：**初級階段是不可逾越的**。

（7）**解放婦女，男女平等——婦女成為戰士、苦工、性奴**。

太平天國，女不纏足，這就是婦女解放的全部內容。女人於是為天王衝鋒陷陣。有的做苦工，修建奢華宏大的王

府，婦女都要去做民工。天王府也不設太監，粗活、重活、警衛，全是美女擔當。

洪秀全在廣西起義之初，就收了十五個王娘（王妃）；沒打出廣西，其王娘隊擴充為三十六人；打到天京，強搶全城少女，集中進府選美。府中嬪妃增加到八十八個，最後擴充到一千一百六十九個！這些老婆連名字都沒有，像囚犯一樣用編號稱呼。加上上級嬪妃手下的「女司」，共二千三百多美人供他享用。

楊秀清至少有五十四個王娘，這是血洗東王府清點屍首時發現的。

（8）歷史上第一個「人民公社」

太平天國廢止商業。外國使者到南京時，「既未看到商店，也無任何物品陳列求售，更不可能得到出租的船隻、肩輿或馬匹」。南京成了人民公社。這哪裏是「向西方探求真理」？直到恢復了家庭之後，才推出了配套的改革措施，允許了小商品經濟。

（9）嘗試了無產階級文化小革命

洪秀全三十歲還沒能小學畢業的隱痛發作，造反之初就砸孔子牌位。他將中國文化一律稱為「妖」，除了將知識份子「妖」而斬之以外，毀孔廟、廢私塾、燒寺院、禁古書。下詔曰：「凡一切孔孟諸子百家妖書邪說者盡行焚除，皆不准買賣藏讀」。讀者、藏者、買賣者皆斬。

西元1854年，楊秀清不得不以天父降臨附體的名義，制止了這場浩劫。

（10）統一思想，剷除其他信仰，開闢「文化戰線」

洪天王不甘心文化小革命被叫停，遂成立「刪書衙」，親自掛帥，將古書中的妖言刪除。但十年中只刪定出版幾部古書。新書卻有四十多種，基本是「語錄」或者對「洪天王思想」的闡釋和謳歌。

拘禁言論依舊，其他信仰、宗教一律剷除，只能信「拜上帝教」。

洪秀全動用所有基層幹部——管二十五人的「兩司馬」，擔任塾師，向全天國人宣講「洪天王思想」，傳揚「拜上帝教」。

（11）血腥殺元老，平反換民心，

天京內訌「王殺王」之後，不久天王就給楊秀清平反，把楊被殺日定為「東王升天節」，為革命元老昭雪。

（12）官僚享特權，腐敗護專制

洪秀全任人唯親，原來的核心領導階層都是清一色的客家人。後來讓兩個哥哥執政，挾制翼王，把石達開逼走後，封王二千七百多人！不問才德、功勞，只要是親戚、同鄉，當然要行點賄，就封王。高幹階層享有充分的特權，可以肆意劫掠揮霍，迅速「先富起來」，臣民都被共產。

（13）長征的偉大探索

石達開帶十萬精兵分裂而去，在清兵的圍追堵截中逃往四川，在大渡河的鐵索橋前被阻，前有阻截，後有追兵，只好投降。

但是，細細研究石達開的逃亡路線，竟然和紅軍長征，幾乎是同一條路！可是紅軍忽悠過了鐵索橋[註5]，石達開壯烈了……

這十三點偉大的探索，不禁讓人想起了紅朝的「十三點」(註6)

	宗教的基本形式	紅朝黨的形式
1	教堂，講壇	各級黨委，講堂從大會到黨控制的整個媒體
2	教義	馬列、毛思，鄧論，「三個代表」，黨章
3	入教儀式	宣誓，永遠忠於黨
4	信仰專一	只信共產黨
5	教士	黨委書記等各級黨務人員
6	神的崇拜	詆毀一切神，再自立為不稱神的神
7	死稱為「見上帝、升天、下地獄」	死稱為「去見馬克思」
8	經書	領袖們的理論著作
9	佈道	大會小會，領導講話
10	念經、盤道	政治學習，黨員的組織生活會
11	聖歌、讚美詩	歌頌黨的歌曲
12	捐獻	收斂黨費，硬撥預算（人民血汗）
13	懲戒	黨紀，「雙規」、開除黨籍、害死、株連

現在讀者應該明白：為什麼要對太平天國刻意地美化和謳歌了吧？

6. 畏罪自殺的結局

這位「偶像領袖」後期是這樣領導的：洪秀全進了天京後，十一年中除了一次被逼去東王府給楊秀清封萬歲外，他從沒出天王府一步！從不上朝，從不指揮打仗，旺盛的精力用於和幾千美女嬪妃玩樂，十二年發了二十五道詔書，後五年未發一詔。天京危機關頭，李秀成勸他「讓城別走」，他根本不懂、不聽，城沒破就偷著自殺了。

太平天國實際是奴隸制，紅朝要把它謳歌成反封建。

太平天國不反帝，紅朝要把它裝潢成反帝。

商人僱傭洋槍隊打太平軍，太平軍對洋槍隊提出「各宜自愛，兩不相擾」的口號，用人海戰術重創洋槍隊之後，主動轉移。

農民墊江山，專制享腐敗。這種用「人間天堂」的遠大理想包裝的邪教政權，一時的成功，是以造成社會的大動亂、大破壞、大倒退為代價的，是以二千多萬人的生命為代價的，是以中國喪失近代化的最後機遇為代價的。尤其可怕的是，這一切還被作為一部英雄史詩，一次拯救中國的偉大探索，一場「農民共產主義」的偉大嘗試來愚弄後人。

洪秀全的故居是西元1961年黨在遺址上重建的。多個展廳繪製大型壁畫，襯托出在洪秀全的領導下，太平天國「感天地、泣鬼神」的業績，連他的畏敵自殺都美化成病死。

《推背圖》用洪水和白骨來喻指太平天國，信然！

歷史不是任人打扮的小姑娘——**戲說歷史者，必被歷史戲說**！

註1：秦日綱：太平天國的元老之一，地位僅次於翼王。

註2：天京被圍時，李秀成守城，城破後李秀成被俘請降，其供狀中言：「天王（洪秀全）斯時焦急，日日煩躁，即以四月二十七日服毒而亡。」供狀後半部分有：「天王之自殺，更令全局混亂」。

註3：《天父詩》，西元1857年太平天國刊印，收錄洪秀全詩五百首。

註4：點天燈：太平天國的發明，將活人全身纏上浸過麻油的綿紙或麻皮，用松脂白蠟堆在腳上，然後從下面點火，任其在狂號中燒死。

註5：詳情可參照張戎、哈利戴著的《毛澤東：鮮為人知的故事》。長征「飛奪瀘定橋」的故事廣為人知，說鐵索橋上的木板被燒光，前有機槍掃射，二十二勇士踏著鐵索飛奪瀘定橋——這和抗美援朝戰場上的黃繼光，胸中五彈（人氣胸後，已無法呼吸），昏迷後還能醒來堵槍眼的技法一樣——編造！當年紅軍出版的《紅星報》，記載了這二十二個探路人走過了鐵索橋，毫髮無傷，每人還得到一副碗筷作為獎勵。中共黨史史料也沒有記載過瀘定橋有傷亡。鄧小平也曾坦誠地承認「飛奪瀘定橋」是虛構的，出於宣傳，「以表現我們軍隊的戰鬥精神」。因為蘇聯把蔣經國扣為人質，蔣介石不得不給紅軍留一條生路，並未在瀘定橋設兵阻截。紅軍到了陝北，蔣經國才得以回國。

註6：摘自獨立中文媒體「大紀元」的系列社論《九評共產黨》。

第三十六象

金本三十五象【澤雷隨】

英法侵華～同治中興

讖曰

西方有人

足踏神京

帝出不還

三台扶傾

頌曰

黑雲黯黯自西來

帝子臨河築金台

南有兵戎北有火

中興曾見有奇才

金聖歎：「此象疑有出狩事，亦亂兆也。」

一、眾解精華

1. 解讖

【西方有人　足踏神京】

　　指英法聯軍劫掠焚毀了圓明園（西元1860年10月7日）。

【帝出不還】

　　指咸豐帝離京逃至熱河，未能回京，次年病逝於熱河。

【三台扶傾】

　　此間清王朝依靠曾國藩、左宗棠、李鴻章三人，削平戰亂、穩定社稷、開展洋務運動，扶起了大廈將傾的清朝。

　　「台」：清朝的官亦稱為「台」，如「制台」、「撫台」、「藩台」、「道台」等。總督也稱為「制台」，管轄一～四省。曾、左、李都是總督，即「制台」，故稱「三台」。

　　｛「三台」，似又合字為「治」，隱喻「同治中興」｝。

2. 解頌

【黑雲黯黯自西來　帝子臨河築金台】

　　「黑雲」：指英法聯軍，以及沙俄。「河」：熱河，滿清的夏都。

　　「帝子」：咸豐帝和他的兒子載淳（當時四歲，五歲即位）。

　　「臨河築金台」：駕臨熱河，在那裏施政。

　　本句指西方的英、法聯軍攻至北京，俄國趁火打劫，

咸豐離京逃到熱河行宮。

　　沙俄趁著太平天國的戰亂和英法的侵略，侵吞、侵占東北、西北領土一百四十多萬平方公里，成為第二次鴉片戰爭期間最大的獲利者。這片黑雲壓了中華一百多年，它把侵占中華的「海參崴」（崴：音wai三聲）都改名「符拉迪沃斯托克」，意思是「統治東方」。

【南有兵戎北有火】

　　南方有太平天國的戰亂，北京有英法聯軍火燒圓明園。

【中興曾見有奇才】

　　「曾見」：見同現，曾國藩出現。「中興」：同治中興。出了曠世奇才曾國藩，平定了太平天國，開展洋務運動，使清朝進入「同治中興」。

二、陳曦解圖

　　《推背圖》字謎的意境常常是融為一體的。圖中人都背弓，一人弓，是「夷」字，喻指夷人，指外國。同時，背弓，又喻軍隊，

　　兩個在前邊的，喻指英法，後邊跟來的喻指沙俄。

　　圖中方向：英法自東南方向攻入北京。西元1860年「足踏神京」的西洋兵是從大沽口登陸的，占領天津，從天津殺往北京，正是從東南方向殺來，圖中暗示的分毫不差！

　　沙俄趁火打劫，侵吞、侵占中國東北、西北領土一百四十多萬平方公里。以調停有功，強迫清政府於同年11月14日簽訂中俄《北京條約》[註1]。

三、文征解卦

卦為「隨」☲，下為震 ☳，指雷；上為兌 ☱，指澤，故稱澤雷隨。

「隨」卦為「乘馬逐鹿之象，隨遇而安之意」。英法侵華，清朝把咸豐帝把自己帶妻兒和戲班子逃往熱河稱為「巡狩」，美化為狩獵。

四、史實精要——皇園被焚，同治中興

1. 第二次鴉片戰爭

西元1856年10月～西元1860年11月，英法聯軍侵華，史稱「第二次鴉片戰爭」。強迫清政府賠款、擴大通商、割讓九龍司。

2. 圓明園殘敗史——火劫、木劫、石劫、土劫

火燒圓明園，是西元1860年10月英法聯軍入侵時所為。不少《推背圖》愛好者誤解為八國聯軍所為。

燒圓明園的目的，也不是為了掩蓋罪行。因為在侵略者看來——劫掠是榮耀，真實目的在於燒掉清政府的信心，讓滿清統治者徹底臣服。圓明園號稱「萬園之園」，是中外建築藝術的精華，更是滿清統治的象徵。從雍正以來的五個皇帝，經常在圓明園居住、頒政。燒了這個政治中樞，清廷大駭，完全接受了英、法的一切條件。

西元1900年八國聯軍入京後，並沒有去折騰圓明園，但圓明園又一次遭到破壞——有學者明確指出是當時駐守西郊的八旗子弟、太監幹的，他們後來去拆盜圓明園殘存的殿

堂。接著軍閥、官僚、政客又去盜用石料，北京的達園就是
這樣建起來的。

再往後農民進住圓明園，種稻填湖、養豬蓋房，徹底
毀了圓明園的山形水系。到西元1980年，圓明園裏已有七個
生產隊，二千多農民了。

3. 同治中興

清朝經歷兩次鴉片戰爭，又經太平天國十四年重創，
已經搖搖欲墜。在曾國藩、左宗棠、李鴻章等人扶持下平定
了戰亂，並開始減賦興農、興科舉、辦洋務，走向了短暫的
中興。因在同治年間，故稱同治中興。

曾國藩（西元1811～1872年），道光、咸豐、同治三朝老
臣，咸豐年間平定了十四年的太平天國之亂。辦安慶內軍械
所，完全用漢人，造出我國第一台蒸汽機和第一艘小火輪。

左宗棠（西元1812～1885年），助剿太平軍，後率軍
入疆，收復了除伊犁以外新疆全境。辦蘭州製造局，蘭州織
呢局，福州船政局。

李鴻章（西元1823～1901年），曾國藩的得意門生，
創辦淮軍，助剿太平軍，剿滅捻軍。洋務運動的主導者，中
國近代化的奠基人。辦軍火工廠、籌建北洋海軍，同時辦輪
船招商局、開平煤礦、天津電報局、津榆鐵路、上海織布局
等。其中輪船招商局的運營，使外輪三年損失白銀一千三百
多萬兩，美國旗昌行破產，後被招商局收購。

五、他令「兒皇帝」望塵莫及

以前紅朝對曾國藩是全面否定的，因為他剿滅了黨要

謳歌的太平天國，大殺太平軍。如果讀者明白太平天國的真相，或者看了前一象的點評，或許對紅朝宣講的「歷史」能冷靜處之了。如今的學術界，刮起了一股給曾國藩平反的風潮，這位令毛澤東、蔣介石雙雙折服的「曾剃頭」，變成了「修身、齊家、治國、平天下」的儒將楷模，儒學大師。

　　約一百四十四萬平方公里中華國土，在本象對應的歷史階段，被沙俄趁機侵吞或侵占。這些不平等條約，民國政府不承認，而紅朝政府，建國之初就以地圖形式先行承認了，還更勝一籌，按蘇聯老大哥的意思割掉了一百五十萬平方公里蒙古。

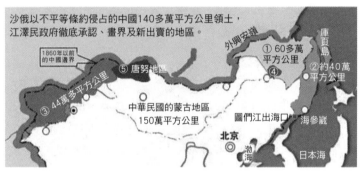

1.1858年〈中俄璦琿條約〉割占的中國領土。不平等條約，往屆都不予承認。
2.1860年〈中俄北京條約〉割占的中國領土。
3.1860年〈中俄北京條約〉和1864年〈中俄勘分西北界約記〉割占的中國領土。
4.江東六十四屯，〈中俄璦琿條約〉都承認的中國領土，被江澤民劃歸俄國。同時，把圖們江出海口劃歸俄國，封鎖了中國向日本海的出海權。
5.唐努烏梁海地區，約十七萬平方公里，相當於4.7個台灣島的面積。1953年聯合國大會表決裁定為中國領土，被江澤民永久劃歸俄國。

毛政府出賣蒙古的背景、經過、延伸：

　　蒙古疆域一百五十萬平方公里，相當於四十三個台灣島。其戰略地位極其重要，所以蘇聯千方百計地讓蒙古獨立。

1. 背景一：西元1919年8月，蘇俄發表的《告蒙古人民書》，稱：「蒙古是個自由的國家……任何外國人都無權干涉蒙古內政。」西元1921年底，蘇軍占領外蒙古全境，並組建君主立憲政府。西元1941年4月，蘇俄與日本簽訂《蘇日中立條約》，聲明：「蘇聯保證尊重滿洲國的領土完整和不可侵犯。日本保證尊重蒙古人民共和國領土完整和不可侵犯。」

2. 背景二：西元1945年8月14日，民國和蘇聯的《中蘇友好同盟條約》規定：蘇軍撤出東北，歸還旅順大連，歸還中東鐵路。外蒙的獨立由外蒙古全民投票決定，蘇聯不能協助中共、蒙古、新疆鬧獨立。但雙方未確定公民投票的時間和方法。

　　這是國民黨要求蘇聯撤軍的緩兵之計，美國也無條件承認蒙古是中國的一部分。

3. 背景三：蘇聯撤兵東北，卻依然占據蒙古，強制外蒙全民投票，一些地區蘇軍武力逼迫人們投獨立票，蘇軍也參加投票，才使多數票同意獨立。民國、美國的聯合國代表拒絕承認該結果。

4. 背景四：從西元1946開始，蒙古十二次派代表團到中國談判，要求承認蒙古獨立，被民國行政院蒙藏工作委員會拒絕，也拒絕了他們交換地圖的要求。西元1947年行憲，民國明確規定蒙古是中國的一部分。

5. 西元1949年10月1日，中共的版圖上就去掉了外蒙古，隨後多次發行郵票慶賀蒙古獨立。

6. 西元1949年10月16日，毛澤東緊跟蘇聯，和蒙古建交。

7. 西元1950年10月，周恩來去蒙古主持主權移交儀式。

8. 西元1962年因美國棄權，毛澤東拉攏小國投票取勝，蒙古進入聯合國。

如今台灣的中華民國版圖上，還把蒙古作為一個省，當然，也包括江東六十四屯和海參崴等中華領土。

紅朝建國初聲明：不承認中華人民共和國以前的一切不平等條約，實際上不但都承認了，還變本加厲，一賣再賣。

《推背圖》第十二象預言，以極其辛辣的手筆諷刺了中國歷史上的兒皇帝——「後晉高祖」石敬瑭。可是近代的「紅朝太祖」，與「後晉高祖」得天下十分相似，但賣國勝過石敬瑭十二倍。

後晉兒皇帝與「紅朝太祖」得天下對比

	後晉高祖	紅朝「太祖」
目的	得天下	得天下
爭取的求援國	契丹（後改為遼）	蘇聯（西元1991年解體為俄羅斯等獨聯體國家）
求援國性質	與中原同根，語言相通、文化相容，契丹也尊孔尚儒，國家形式、制度一致。	種族、文化、語言、禮數、制度、宗教都不同，完全是異國。
割地	割掉燕雲十六州	割掉蒙古（由蘇聯駐軍，實際成為蘇聯的屬國）等地
面積	十二萬平方公里	至少一百五十萬平方公里
被割地的戰略地位	中原的北大門	蘇聯的戰略要地，蒙古出兵可以把蘇聯攔腰斬斷

（接下表）

	後晉高祖	紅朝「太祖」
附加條件	向契丹稱父皇	尊蘇聯為共產陣營領袖、老大哥
	——	承認俄國以不平等條約侵占的中國領土和攫取的中國利益
	——	承認蘇占的唐努地區[註2]、海參崴、六十四屯[註3]等地是蘇聯領土，上述三地總面積十七.四萬平方公里，超過貴州省。
	——	中蘇的《哈爾濱協定》曾同意蘇聯：適時地把遼寧、安東一些地區劃給朝鮮。
	——	如果世界大戰爆發，中共全面援蘇。
	歲供三十萬布帛	蘇在中國自由開礦，在東北、新疆駐軍。
	吉凶慶吊時贈奇珍異寶	東北物產包括棉花、大豆及其它戰略物資，除去本地所需外，全部供應蘇聯。
換得的外援	契丹直接出兵	蘇聯支持中共內戰：把美國無償援助它的裝備的三分之一，約四十億美元賣給中共
		蘇軍繳獲的日本關東軍的軍火給中共
		支持中共占領東北、鬧獨立
		為中共訓練軍隊，提供軍事顧問
得天下後	「出入皆無主」	中共建政前，曾完全聽命於蘇聯；建政後，政策一面倒，全盤蘇化

六、昔日「國賊」成佳話，今日國賊秀中華

　　江澤民政府不但最終「完善」了毛思想，還變本加厲地割地獻禮。

　　正視歷史，才能被歷史正視。

江政府出賣國土的背景、經過、延伸：

1.青年時作為蘇聯遠東局克格勃特務的江澤民，把柄在俄國

手裏，上臺第一條大事就是跑到莫斯科，西元1991年5月16日主動簽訂了《中蘇國界東段協定》，完全承認了清政府的賣國條約。

2. 西元1994年江主席訪問俄國，兩國外長簽定了《中俄國界西段協定》。

3. 西元1999年12月，俄國總統葉利欽訪問北京，江澤民和他簽定了《中俄全面勘分邊界條約》，正式承認西元1991、1994年的協定，徹底地把俄強占我國的領土無償劃歸俄羅斯，同時，把圖們江出海口劃歸俄國，封鎖了中國向日本海的出海權。以約一百四十四萬平方公里領土，換回三百七十五平方公里的黑瞎子島的一半^(註4)。

4. 西元2001年5月，江澤民將二萬七千平方公里中華領土，正式劃歸塔吉克斯坦（見下一象注解圖）。

5. 西元2001年7月江澤民訪俄，與俄羅斯總統普京簽署了《中俄睦鄰友好合作條約》，以條約的形式肯定了江主政以來劃定的中俄邊界。

6. 西元2005年6月2日，外長李肇星在「符拉迪沃斯托克」（民國的海參崴）與俄國簽約、換證書，徹底解決了中俄歷史上的邊界問題。中國大陸媒體狂引俄國的讚美：「這次和平解決是一個偉大成就，它將兩國間曾經發生過的和有可能發生的所有領土爭端與不和徹底變為歷史。」

註1：在此前，西元1858年俄國以《中俄璦琿條約》割占中國外興安嶺以南、黑龍江以北六十多萬平方公里領土。西元1864年，又以《中俄勘分西北界約記》，割占中國巴勒喀什池東南四十四萬多平方公里領土。

註2：唐努地區：約十七萬平方公里，是清政府都未出賣的地區。中共為打內戰秘密出賣給前蘇聯，但西元1953年聯合國大會表決，將該地區裁定為中國領土，當時在聯合國中代表中國的是台灣的民國政權。

註3：六十四屯：面積三千六平方公里；海參崴：面積七百平方公里。清朝不平等條約《璦琿條約》都承認是中國領土。這兩地，民國多次談判要求收回，史達林與民國簽署的諒解備忘錄中，史達林提出等中國收回香港，中國（民國）就可以同時收回六十四屯和海參崴。

註4：這些賣國協定換來了俄對江政府的直接支持：西元2000年聯合國人權會上，中國以四票優勢逃過制裁，俄是唯一支持中國的西方國家。

第三十七象

金本五十五象【水天需】

甲午戰爭 棄朝割台

讖曰

懼則生戒

無遠勿屆

水邊有女

對日自拜

頌曰

覷覰神器終無用

翼翼小心有臣眾

轉危為安見節義

未必河山是我送

金聖歎：「此象有一石姓或劉姓一統中原，有一姓汝者謀篡奪之，幸有大臣盡忠王室，戒謹惕勵，一切外侮不滅自滅，雖亂而亦治也。」

圖中主人公是誰？為什麼要背對我們？

本書首次詳盡地破解該圖，請這位曾長期被定性為賣國賊的「千古罪人」轉過身來，請大家看一看這位中華巨難中的擎天柱，這位事蹟在《推背圖》寫有三象，一次次用生命捍衛中華河山的文臣。

一、眾解精華（讖）

雖然這一象被顛倒到後邊去了，還是有個別人解出了一部分。

【懼則生戒】

意指李鴻章、丁汝昌等審時度勢，畏懼日軍而採取保守戰略。

【無遠勿屆】

「遠」：北洋艦隊的艦隻大多都稱某「遠」艦，諸如定遠、致遠、鎮遠等。本句意指北洋艦隊全軍覆滅。

【水邊有女 對日自拜】

「水邊有女」是「汝」字，「日自拜」是「昌」字。

此句點出甲午戰爭中北洋艦隊主帥：提督丁汝昌。

西元1894年9月17日的黃海海戰，「定遠」號戰艦飛橋炸裂，丁汝昌從空中墜落重傷，仍堅持指揮，北洋艦隊以慘重的代價打跑了日軍艦隊。威海衛戰鬥中，北洋艦隊全軍覆滅，丁汝昌等自殺殉國。

二、史實精要：甲午戰爭

甲午戰爭的起因是日本爭奪朝鮮。朝鮮原是清廷的屬國，清朝在朝鮮駐軍。西元1894年5月日本出兵朝鮮。7月，日軍偷襲牙山口外豐島的北洋水師，進攻朝鮮牙山附近的中國駐軍。8月1日清政府對日宣戰。

西元1894年9月17日，北洋艦隊在今遼寧東溝附近海域同日艦遭遇，爆發了黃海海戰。北洋艦隊「致遠」號等四艘被擊沉。「定遠」號飛橋炸裂，丁汝昌墜落重傷，仍堅持指揮，擊潰了日軍。日旗艦「松島」等五艦受重創。

北洋艦隊退守威海衛，「保船制敵」。日軍11月攻陷大連、旅順。西元1895年1月，日軍水陸夾擊，北洋艦隊全軍覆滅，丁汝昌等將領自殺殉國。

西元1895年4月，李鴻章代表清政府和日本簽訂《馬關條約》，賠銀二億兩，割讓台灣、澎湖列島、遼東半島，放棄朝鮮。

西元1910年，朝鮮被日本吞併，成為日本的一個省。

清政府以洋務運動自救，終以甲午戰爭而宣告失敗——這不是洋務運動本身的失敗，而是腐敗體制利用洋務運動達到自救目的的失敗。根本的腐敗，再改革也無力回天。

三、文征解卦

「需」䷄，下為乾☰，指天，上為坎☵，指水，故稱為水天需。

本卦為「密雲不雨之象，待機而動之意」。大象為：

「不能急進，急進反見兇險」。

這正應甲午戰爭的卦象。李鴻章和考察過日本的丁汝昌都提出「戰無勝算」，朝廷不聽，倉促對日本宣戰，結果慘敗。割地，還賠銀二億兩。

四、 陳曦解頌、圖

【覬覦神器終無用】

「神器」：指西洋的海軍裝備、堅船利炮。

「覬覦」：音覬魚，想得到別人的東西。

指李鴻章搞洋務運動，非常想裝備西洋式的強大海軍，但終無用。

【翼翼小心有臣眾】

指李鴻章等小心翼翼地避戰、謹慎地制定戰術，但遭到眾臣的反對。

日本侵占朝鮮後，李鴻章已經暗自與日本外務大臣小村壽太郎斡旋，小村答應拿到賄銀一百萬兩後，日軍從朝鮮退兵。二十三歲已然親政的光緒帝知情後勃然大怒，朝中愛國大臣怒罵李鴻章賣國，誓不辱天朝國威，揚言必戰、必勝！

【轉危為安見節義】

甲午戰爭戰敗後，北洋大臣李鴻章代表清廷到日本談判，日本提出割讓遼東、台灣等地，並賠銀三億兩的天價，李鴻章斷然拒絕後，遭到暗殺，子彈打進顴骨，幸不致命，是為「轉危為安」。此後李鴻章置生死於度外，仍不屈服於日本，是為「見節義」。

【未必河山是我送】

山河國土不是丟在我李鴻章手裏，而是丟在腐敗懦弱的朝廷手裏。

談判僵持到最後，日本揚言再發兵。光緒帝在國內回電報，下令接受日本的條件。李鴻章遵旨簽訂〈馬關條約〉。光緒和曾主戰的「愛國大臣」把罪責都推到了李的頭上，李成了頭號賣國賊，被撤去職權。

解圖

圖中不是清朝服飾，而是清朝前的漢族官服。參見上部第七象的解圖，我們知道：《推背圖》在清朝以前，用清朝的服飾來喻指胡人，到清朝及以後，反而用漢服了，這種顛倒服飾設謎局，是讖語設謎之道。

圖中一人扶持傾倒之樹，在《推背圖》中，喻指支撐社稷。如第四象的「**已傾大樹仗扶持**」。

上一象講到了「**三台扶傾**」，到本象時：三台中曾國藩、左宗棠已作古，只剩下李鴻章一人扶清朝了，因此，圖中喻指：李鴻章扶清（傾）。

圖中的「**果實**」：諧音國失，喻國家失地。

四個果實，喻甲午戰爭失去的四片領土、轄地：被逼放棄的朝鮮（藩屬）、割讓的遼東半島、台灣、澎湖列島。

本圖中文臣獨自支撐將傾的大樹，而樹自己把果實垂下了，如此比喻，是對頌裏「未必河山是我送」的深入描繪。

但是，這棵將傾的大樹根已腐朽，扶不起來了。李鴻章作為替罪羊被貶，朝堂無柱，馬上釀成了下一象的大亂，招來了滔天大禍……

本圖和第二十三象的圖類似，但第二十三象喻文天祥

支撐宋室江山，展現了正面形象，而本象的圖，卻難見李鴻章的真面。

文天祥是被後人公正評價的，歷史上是正面形象；而李鴻章，從清朝開始多背罵名，特別是紅朝，曾把這位助剿太平軍、剿滅捻軍、簽訂了兩個著名不平等條約的李鴻章定性為最大的賣國賊，直到近代，才有人揭開歷史真相，展現真實的李鴻章。

《推背圖》分別用正面和背面的畫謎，來描繪文天祥、李鴻章這兩位「擎天柱」，意味深長[註1]。

五、「未必河山是我送」（上）

李鴻章，在清朝就被認定為最大的賣國賊，紅朝中共也繼續把他臉譜化，定性為千古罪人。直到最近比較尊重歷史的電視連續劇《走向共和》才開始有了李鴻章的正面形象。

那麼李鴻章手下簽訂的不平等條約，總共出賣了多少中華國土？

——約三萬平方公里！？李鴻章簽訂的〈馬關條約〉割讓的四地（遼東不久被清朝贖回、另三地被中華民國收回）。

李鴻章簽訂的〈辛丑合約〉雖然賠銀（後期賠款也被退回），但寸土未失。豈止是寸土未失，而是在列強要肢解、滅亡中華時，保下了中國。

那麼清朝為什麼把李鴻章炒作成最大的賣國賊呢？

因為李鴻章是漢人。分別割地六十萬平方公里、四十萬平方公里〈中俄璦琿條約〉、〈中俄北京條約〉，都是滿

清親王簽訂的，滿清統治者要轉嫁禍國殃民的危機，就要尋找替罪羊。

下面，我們就請本象圖中的擎天柱轉過身來，正視一下歷史的真容。

1. 琉球群島，為子孫留下討還的權利

琉球自古是中國的屬國。西元1871年後，日本大舉入侵琉球。西元1879年，日本將琉球一分為二，廢藩設縣，北為沖繩縣，南為先島群島，設為大清領土，並逼清廷承認。

李鴻章上奏摺說：「日人多所要求，允之則大受其損，拒之則多樹一敵，惟有以延宕一法，最為相宜。」清政府因此擱置了此案，致之一直無法律效力。這也意味著中國當時不僅擁有南琉球的主權，而且北琉球在法律上也不屬於日本。留下了子孫後世討還琉球群島的權利(註2)。

2. 一粒子彈換回億兩白銀(註3)

甲午戰敗，西元1895年正月十九日，清廷派七十三歲的李鴻章為全權代表到達日本馬關談判，此時日軍尚未停戰。日本全權代表伊藤博文要以大沽、天津、山海關三地為質，才能停火議和，並強勢威逼，提出大片割地、賠銀三億兩等條件，被李鴻章拒絕。

正月二十八日，李鴻章從會議所回住處，被日本刺客開槍打中顴骨。李鴻章大難不死，他要下屬把血衣保存下來，說：「此血可以報國矣」。

國際輿論譁然，李鴻章利用這個日本違反國際法的契機，一面密請國際調停，一面向日本還價。日本被迫答應無條件停火二十五日。

　　古稀之年的李鴻章傷勢稍癒，繼續談判，賠款價格減少到二億兩銀，割地也減掉了奉天的寬甸地區。

　　此後儘管李鴻章依舊本著自己「爭得一分有一分之益」的信條拼命周旋，但日本不再降價，並以再戰威脅。最後光緒帝回電授命簽約。

　　這段史實正應驗了《推背圖》所預言的：「**轉危為安見節義，未必河山是我送**」。

　　李鴻章回國後，光緒帝憤怒地將李鴻章撤職，以掩蓋他下旨簽約賣國的真相，眾臣藉機發難，愛國民眾的憤怒被點燃，對李鴻章人人喊殺！有人猜測說他一定拿了日本人的錢，更有人公開聲明要不惜一切殺掉他以雪「心頭奇恥大辱」。

　　滿清統治者成功地轉移了民眾的注意力，巧妙地維護了專制。

3. 保下了「南坎地區」的主權

　　南坎地區位於中緬交界處，垂涎已久的英國要求清政府割讓南坎，被李鴻章拒絕。但在清光緒二十三年（西元1897年），清政府在英國的壓力下，被迫將南坎永久租借給英國，彷彿是第二個香港。

　　李鴻章此舉，也是保留了中國對南坎的主權。不幸的是，南坎在西元1960年被周恩來為討好緬甸主動奉送了。

　　在《推背圖》裏，李鴻章是出場最多的人物之一：事蹟、形象彰顯於三象。前一象「同治中興的功臣」，本象的社稷棟樑，後面一象中華巨難的中流砥柱。到那一象時，我們繼續展現有關他的歷史真相。

　　（「未必河山是我送」（下）見P. 274）

六、歷史的循環——再衛朝鮮

　　歷史的循環中，又演繹了一場中華兒女血染朝鮮戰場的悲歌。

　　西元1950年，剛剛立國的中共開展了歷時三年的抗美援朝運動。這個號稱保家衛國的立國之戰，對國內號稱取得了偉大勝利，被史詩般地歌頌了半個多世紀。而近來，不斷有文獻揭開它虛偽欺騙的面紗，一椿椿令人心碎的黑幕逐漸展現在人們面前。

抗美援朝簡綱

　　西元1945年9月2日，二戰戰敗的日軍，按照盟國協議，以北緯三十八度線為界，在朝鮮的南、北方分別向美、蘇投降。

　　西元1948年，韓國、朝鮮分別建國，聯合國予以承認。

　　西元1948～1950年，美國從韓國一撤軍，朝共領袖金日成就求助於蘇共和中共。前蘇聯賣給他先進武器，中國無償支援他三個精銳師，編為朝鮮軍隊。

　　西元1950年6月25日，朝鮮揚言韓國侵略，大規模攻入南韓。韓軍猝不及防，退守釜山島，僅剩下一平方公里的陣地。

　　西元1950年7月5日，聯合國決議出兵，美軍為首的十八國聯軍向共軍開戰，共軍一潰千里。

　　1950年10月19日晚，中共派出了所謂的「抗美援朝志願軍」（假稱志願軍：軍隊自願參戰，不是政府行為），志願軍徹底消除解放軍的一切標記，秘密跨過鴨綠江，冒充朝

鮮軍隊參戰，抗美援朝。

西元1950年10月25日，中共軍隊突然圍殲小股美軍先頭部隊，不宣而戰。中方第二次戰役勝利後，聯軍方才確認中國大陸出兵，於是主動退回三八線。中國志願軍躍過三八線，去解放（侵入）南朝鮮，被聯軍擊潰。

西元1953年3月5日，史達林逝世，蘇共敦促朝共、中共停戰。

西元1953年7月27日，板門店停戰簽字，中共提議都被否決，幾乎全部接受美方的條件，朝鮮地盤已經縮小，把新國界仍叫三八線。

接下來雙方交換戰俘，二萬名中方戰俘裏，有一萬四千名不願意回國，被美國送到了台灣，很受優待；而回大陸的六千戰俘，面對的是無止無休的組織審查，黨員被開除黨籍，為戰俘鳴不平的甚至被判刑。

西元1982年，中共中央開始為志願軍被俘人員平反，有的戰俘以為又要挨整了，自殺了結。

抗美援朝，八敗結交

一敗，總戰役失敗。志願軍在朝鮮有五次戰役，前兩次勝在不宣而戰，和日本偷襲珍珠港是一個策略。後面都是敗，竟對國內說：第三仗平手，第四、五仗沒有輸。

二敗，總戰略失敗。毛、金「解放」南韓的夢想徹底破滅。

三敗，軍事上慘敗，傷亡慘重。共軍火力比聯軍差二十倍，靠人海戰術維持。一次，四個軍六萬多人擠在狹地基

本全被炸死，成為絕密。志願軍死亡人數是嚴禁報導、嚴禁外國記者採訪。內部轉述的資料估計，中方死亡七十～一百萬人，慘不忍睹。

四敗，中共被迫談判、談判徹底失敗。蘇共不再支撐，金日成強烈叫停，毛已無力用人命逞雄。中方提出的條件全被美國否決了，美國提出的條件，中共不得不接受，美國只做了計畫中的微小讓步，給中共一點小面子。

五敗，朝鮮地盤打小了。現在的三八線不是原來的三八線，是聯軍的實際占領線。只不過大家還叫它三八線。

六敗，國際政治上慘敗。聯合國通過決議譴責中共政府，戰後，四十五個國家對大陸經濟封鎖。周邊國家都開始欺負中共，排華事件此起彼伏。中共四外討好：遠國給錢，近鄰割地（見下圖文）。

七敗，共產陣營完敗。北朝鮮所有工業被炸光，中共三年自己為戰爭支出二十五億美元，超過了國家總支出的三分之一，欠下蘇聯的物資、資金折合**三十四億八千五百萬舊盧布**，折合當時**十三億六千七百萬美元**。

八敗，毛自己私下承認失敗。毛多次埋怨：史達林對朝鮮戰爭的決定是「百分之百的錯了」！

八敗結交，交了個金家王朝。

美國五星上將布萊德曾說：「**假如因為朝鮮戰爭，我們就打入中國的話**，那麼，我們將是在一個錯誤的時間，在一個錯誤的地點，與錯誤的敵人，進行一場錯誤的戰爭。」

中共把這段話的前提部分（黑體字）刪掉了，說：「美國自己承認：『朝鮮戰爭是在一個錯誤的時間，在一個

錯誤的地點，與錯誤的敵人打了一場錯誤的戰爭』。」

朝鮮是怎麼看待中國的抗美援朝呢？

作為中國大陸六十年代縮影的朝鮮王朝，洗腦式地教育臣民：中美曾經在朝鮮對抗，傷害了朝鮮！偉大領袖金日成打敗了美帝國主義，逼迫戰敗的美國在板門店簽字。現在的朝鮮人，也基本不知道中國志願軍。

而中共，如今對朝鮮依然堅持無償援助，每年折合一百二十億元人民幣。以組成紅色陣營，對抗自由世界。

抗美援朝後，中共用割地、外援等方式換回國際形象。

抗美援朝慘敗，中共國際形象掃地，只是共產陣營裏讚不絕口而已，四十五個國家開始對大陸經濟封鎖。

中共於是用割地、外援等方式，換回一個熱愛和平的國際形象。

西元1953年11月金日成訪華，中國宣佈戰時援朝的物資、現金全部無償贈送，再贈八億元，還割讓中朝邊境我方的白頭山給朝鮮，作為金日成的革命聖地。這並未能阻止金日成一度反華。

西元1956年12月，周恩來訪巴占喀什米爾，主動提出把有爭議的坎巨提地區割給巴基斯坦，巴方從來沒有這麼奢望過！

西元1957年、1960年，周恩來把江心坡、南坎地區連同中國藩屬的孟養土司控制的大片土地一併慷慨送給了緬甸，這兩片土地相加比台灣還大一倍！承認了辱國的麥克馬

洪線緬甸段，既討好緬甸，又諂媚了英國。

西元1962年中印邊界之戰，中國大勝。結果白送九萬平方公里西藏最肥沃的土地給印度！其面積幾乎相當於三個台灣島。如今那是印度的「阿魯納恰爾邦」，輕鬆地養育著印度七百多萬人口，是西藏人口的兩倍。

給俄羅斯的割地前面已經提過，割出蒙古之後，還給蒙古割地以示友好。對尼泊爾、阿富汗……中共是主動自割為快。

中共建國後割讓領土一覽表（根據已曝光的資料整理）

中國地名	今占領方	領土/領海 （平方公里）	現狀	最終簽約 承認（出賣）者
蒙古地區	蒙古	156.5萬	簽約割讓	毛澤東政府
諾門罕谷地、 察哈爾北境	蒙古	16萬	簽約割讓	毛澤東政府
阿爾泰山脊東、 新疆北塔山	蒙古		簽約割讓	毛澤東政府
薪島	朝鮮		簽約割讓	毛澤東政府
長白天池的3/5 白頭山以南	朝鮮		簽約割讓	毛澤東政府
江心坡地區	緬甸	7萬	簽約割讓	毛澤東政府
南坎地區	緬甸	220	簽約割讓	毛澤東政府
喜馬拉雅山 南麓割讓， 珠峰共用	尼泊爾		簽約割讓	毛澤東政府
坎巨提地區	巴基斯坦		簽約割讓	毛澤東政府
瓦罕帕米爾 地區	阿富汗		簽約割讓	毛澤東政府
新疆西北， 巴爾喀什湖 以東、以南	俄羅斯	44萬	簽約割讓	江澤民政府
庫頁島	俄羅斯	76,400	簽約割讓	江澤民政府
滿洲里邊界 以北	俄羅斯	1萬	簽約割讓	江澤民政府
唐努烏梁海	俄羅斯	18萬	簽約割讓	江澤民政府

中國地名	今占領方	領土/領海 (平方公里)	現狀	最終簽約 承認(出賣)者
江東64屯以北 、以西、以東	俄羅斯	60萬	簽約割讓	江澤民政府
江東64屯	俄羅斯	3,000	簽約割讓	江澤民政府
圖們江口	俄羅斯	20	簽約割讓	江澤民政府
黑瞎子島、 阿巴該圖洲 渚的一半	俄羅斯	201	簽約割讓	江澤民政府
帕米爾地區	塔吉克斯坦	27,000	簽約割讓	江澤民政府
Karichilida	哈薩克斯坦		簽約割讓	江澤民政府
察汗鄂博	哈薩克斯坦		簽約割讓	江澤民政府
汗騰格里山 地區	吉爾吉斯斯坦	2,100	簽約割讓	江澤民政府
藏南(山南)	印度	9萬	被占	
阿裏南	印度	2,000	被占	
白龍尾島	越南		被占	
南沙28島	越南	65萬/領海	被占	
南沙9島	菲律賓	41萬/領海	被占	
南沙9島	馬來西亞	27萬/領海	被占	
南沙2島	印尼	5萬/領海	被占	
南沙1島	汶萊	3,000/領海	被占	
釣魚島	日本	74萬/領海	被占	

上表注：

　　1. 紅朝實質承認了近代全部不平等條約，港、澳都是按清朝條約收回的。

　　2. 中國南海資源被上表各小國加緊掠奪，中國南海的石油已經成為越南、汶萊的支柱型產業、最大的出口產業。據已知儲量和目前（西元2008年）開採量計算，南沙海域的石油尚能開採十七年，天然氣尚可開採四十年。

　　割地、賠款，歷來是紅朝用來嘲笑清政府腐敗無能、屈膝賣國的術語，從上一象、本象我們直觀地看到，紅朝的割地賣國超過清朝一倍多。至於賠款，紅朝變成了「外援」的形式，至今，紅朝的外援總額已達四千八百億美元。

　　紅朝早期為了得到亞非拉窮國的支持，就斥資二十億元親自建設坦贊鐵路，而後堅持外援蒙古、越南、朝鮮、印尼、老撾、葉門、幾內亞、柬埔寨、印度，使得紅朝建國初就成了世界上外援比例最高的國家，外援占到財政收入的百分之五～七。

　　內部資料透露：紅朝援助越南二百億美元；大陸在大饑荒時期：援助阿爾巴尼亞五十五億美元，阿爾巴尼亞用我們援助的糧食餵雞……

　　西元1962年以前，外援的三分之一如果用在國內，西元1959～1961年的大饑荒，四千萬人就不會被餓死。

　　毛當時堅持他的「國際戰略」，輕描淡寫地說：（餓死的人）埋了做肥料算了。

　　紅朝就是這樣用出賣國土、不顧人民死活的外援，媚得了那些國家的支持，頂掉了聯合國裏的中華民國的常任理

事國席位。

　　回眸本象的「未必山河是我送」，簡直是祖宗對後生的血淚嘲諷。

註1：縱觀《推背圖》，全書前後呼應、佈局嚴整，行文連貫、環環相扣，在細微之處，巧妙地展現著那些會被後人隱匿的歷史真相，能達到如此出神入化的境界，無愧為易學的巔峰，國學之極品！

註2：可惜的是，子孫後世長期也沒有討還琉球群島，日本的占據也就成了既定事實。二戰後美國也就把它交給了日本。

註3：據《中日兵事始末》，作者羅惇曧（音：蹲容），號癭公，清末國子監生，歷任民國總統府秘書、參議、顧問，著有《鞠部叢談》、《庚子國變記》、《德宗承統私紀》、《中日兵事本末》、《割台記》、《拳變餘聞》、《太平天國戰紀》、《中俄伊犁交涉始末》。

第三十八象

金本三十六象【風天小畜】☴☰

義和團之亂

讖曰

纖纖女子

赤手禦敵

不分禍福

燈光蔽日

頌曰

雙拳旋轉乾坤

海內無端不靖

母子不分先後

西望長安入覲

金聖歎：「此象疑一女子能定中原，建都長安。」

一、眾解精華

1. 解讖

【纖纖女子　赤手禦敵】

　　「赤手」：用拳，指義和團。義和團原名義和拳。

　　「纖纖女子」：義和團的紅燈照，由年輕女子組成。

　　「禦敵」：指義和團和洋人開戰。「禦」，一字雙關，拆字為「御示」，聖上指示，喻指義和團得到朝廷的旨意，才去圍剿洋人的。

【不分禍福　燈光蔽日】

　　「燈光」：紅燈照。同時指慈禧太后無知，不分吉凶禍福，以為義和團和紅燈照能「燈光蔽日」。

2. 解頌

【雙拳旋轉乾坤】

　　「雙拳」：義和團原名義和拳。本句指義和團在國內鬧得很厲害。

【海內無端不靖】

　　無風不起浪，指義和團之亂，隨後引來八國聯軍，不是無緣無故的。

　　此時戊戌變法失敗，光緒帝已被軟禁。西元1900年慈禧命令清軍配合義和團滅洋人。義和團見洋人或相關人員就殺，至少狂殺五十萬人，以華人為主。慈禧同時向十一國宣戰，攻打所有外國使館和教堂。這才引來八國聯軍侵華。

【母子不分先後　西望長安入覲】

指慈禧太后挾光緒帝逃往西安，史稱庚子事變。

「母子」：光緒與慈禧以母子相稱。光緒名載湉，是慈禧的親外甥，又是慈禧丈夫咸豐帝的親侄子。慈禧之子同治帝十九歲死，立四歲的載湉為帝，慈禧以母親的輩份再次垂簾聽政。

「不分先後」：同時。

「長安」：西安舊稱長安。

「入覲」：進見皇上或皇后。覲，音近。

3. 解圖：

圖中一女子右手提燈籠，左手持摺扇，正是紅燈照的標準裝扮。

一漢裝女子騎馬策鞭，指慈禧太后，她是清朝實際的掌權者，當時她換漢裝逃出京城。

圖中一小官沿路跪接，喻指當初的沿途接駕的盛況。慈禧太后挾光緒倉皇出逃，就領了幾十人。但是趕往西安的途中，護駕勤王的官員、部隊就有四、五萬之眾。

圖中官員的漢人服飾，再次印證了《推背圖》畫謎的「顛倒服飾設謎局」，即清朝以前胡人的官服用清朝服飾，清朝後的官服用漢服。

圖中方位：出逃向西，喻指逃往西安。

二、 文征解卦

卦為「小畜」☴，下為乾☰，指天；上為巽☴，指風。

本卦為「密雲無雨之象，蓄養實力之意」，運勢「宜

忍耐蓄養實力，靜待時機」，「若訴訟則敗」。

卦象之意和上一象類似。李鴻章做了替罪羊被一撤到底，後來被啟用為兩廣總督，朝中再無人能勸諫慈禧，朝中反對「興拳滅洋」者都被殺，慈禧一意孤行，同時向十一國宣戰，攻打列國使館……正違背了「**小畜**」卦「**忍耐、蓄養、靜待**」之道，當然要招敗了。

三、辨析

有不少人把本象頌的後二句解釋成慈禧和光緒在兩天內相繼死去，筆者以為不妥，因為：

1.「**入覲**」也沒有去世的意思。

2. 二人死也不是「**不分先後**」。

他們去世是在西元1908年11月，在本象所述事件八年後，還在《推背圖》下一象之後，跟本象的圖文（前二句）不是一回事，而《推背圖》每象都有一個明晰的主題，不是雜亂的流水帳。

也有人把此象解釋出東太后慈安的，其實慈安西元1881年已死。

四、震驚世界的恐怖，需要正視的歷史

遍殺洋人，婦孺不免。

殺盡信基督教的中國人；攻燒教堂、領事館；殺光沾「洋味兒」的一切中國人：穿西裝的、戴眼鏡的，甚至家裏翻出火柴(註1)的百姓也要全家被屠！連穿制服的學生，也被指為二毛子（大毛子指洋人）砍死。

　　洋樓、施藥房、醫院、火車、鐵路、電線，電燈、鐘錶等洋物全被砸被燒……這就是紅朝教科書中謳歌的義和團「愛國運動」。

　　義和團原名義和拳，習拳練武，設神壇，男人習練金鐘罩，宣稱有神符護身，槍炮不入。

　　義和團在天津有一種專收婦女的拳會，叫「紅燈照」。入會女子穿紅衣紅褲，右手提紅燈，左手持紅摺扇，年長的頭梳高髻，年輕的綰成雙丫髻。首領外稱黃蓮聖母，內稱大師姐。會員跟大師姐靜室習拳，聲稱習成後可以騰空飛起，紅燈一擲，一片火海。當時還有個別由中年婦女組成的黑燈照、花燈照等。

　　義和團早期的宗旨是反清復明，遭到鎮壓後，西元1898年，打出了「扶清滅洋」的口號。開始在直隸涿州（河北涿州）、保定一帶，大量殺害鐵路上的西方技術人員。外國使館向清政府抗議，慈禧卻親自召見義和團領袖曹福田，稱義團為「義民」。曹向西太后保證，他的法術可以把天下洋人殺光。慈禧大喜過望，命其剿滅洋人。

　　於是，開始了上述恐怖活動，席捲北京、直隸（河北）、河南、山西數省。另有些省的大臣暗抗清廷興拳滅洋的政策，未捲入拳亂。

　　西元1900年6月10日，十萬義和團員一路燒殺進入北京，縱火燒教堂和一切與西洋有關的東西，包括電線等通信設施。在前門燒老德記西藥房，引起京城大火，毀商舖千餘間。同時開始攻擊洋教徒。

　　西方國家十分震驚，駐京公使紛紛要求清政府保護外

僑。6月11日，日本使館書記被清兵所殺；6月20日，德國公使代表各國前去總理衙門要求保護，途中被清兵擊斃。6月21日，慈禧太后以光緒的名義，向世界所有跟中國有外交關係的國家：英國、美國、法國、德國、義大利、日本、俄羅斯、西班牙、比利時、荷蘭、奧地利十一國同時宣戰。當時凡是有異議的大臣，都被處死，隨意稱某人信天主教或傾向洋人就可殺戮。隨即，義和團及朝廷軍隊圍攻各國在北京的使館。但在使館一些教堂的機槍前，清兵和刀槍不入的義和團，變成了烏合之眾。

各國倉促組成三萬多人的聯軍救援。聯軍7月14日攻陷天津，8月14日，攻入通訊已經中斷的北京。

慈禧太后裹挾光緒帝，化裝成漢人難民，趁著八國聯軍去解救使館之機，倉皇逃奔西安，同多次催促時任兩廣總督的李鴻章進京，向八國乞降。

八國聯軍發現使館並未失守，於是燒殺姦掠，瘋狂報復，並商議將中國肢解瓜分，徹底滅亡中華！

這場中國歷史上空前的危機，已經在《推背圖》下一象恭候多時了。

註1：眼鏡在當時叫洋眼鏡，是西洋傳來的。火柴在當時叫洋火，也是舶來品。

第三十九象

金本四十九象【坤為地】

八國聯軍肢解中國

讖曰

山谷少人口

欲剿失其巢

帝王稱弟兄

紛紛是英豪

頌曰

一個或人口內啼

分南分北分東西

六爻占盡文明見

棋布星羅日月齊

金聖歎：「久分必合，久合必分，理數然也，然有文明之象，當不如割據者之紛擾也。」

一、辨析

　　此象一直未能解出，原因有二：

　　1. 本象被調到後邊去了。

　　2. 紅朝掩蓋了這段有礙其黨「救世形象」的史實。

二、陳曦試解

　　八國聯軍入侵，是中華歷史上巨大災難，而且是一場空前的危機。這麼一件大事，在《推背圖》中沒有專述，那就不叫《推背圖》了。

　　況且，上一象的「**海內無端不靖**」、「**赤手禦敵，不分禍福**」已經為本象打下伏筆了！

1. 解讖

　　【山谷少人口】

　　谷去掉人口，是「八」，既指八國聯軍，還是字謎！

　　【欲剿失其巢】

　　剿失巢，是刂，即「立刀」旁，代表「刀」。

　　「八」、「刀」與圖中八把刀相應，又組成一個「分」字。

　　《推背圖》的字謎，常和意思融為一體，「**欲剿失其巢**」，亦指慈禧用義和團和清兵剿滅洋人，同時向十一國宣戰，結果自失老巢。

　　本象背景即是前一象的「**雙拳旋轉乾坤，海內無端不**

靖」。

【帝王稱弟兄】

八國聯軍聯合進軍，故曰「稱弟兄」。

義和團「扶清滅洋」，十萬人一路瘋狂燒殺進京。列強組成聯軍三萬多人（後來又有增加），由天津大沽港登陸。西元1900年7月14日，攻陷天津，8月14日晚，攻入北京。

【紛紛是英豪】

「英豪」，豪強，古代也代指「強盜」。

2. 解頌

【一個或人口內啼】

「或」入「口」是「國」，「人」入「口」是「囚」，囚住了一國。

八國聯軍攻陷北京，除英美有所克制，德、日、法軍則瘋狂報復，屠殺百姓，肆意姦淫、搶劫、劫掠文物[註1]。俄國趁機出兵占據了東北全境。中華舉國悲啼。

【分南分北分東西】

指七國列強要求瓜分中國。

當時：日、俄、德、英、法、意、奧匈七國要瓜分中國，剩下的中國領土再肢解成一系列小國，徹底滅掉中國。唯獨美國反對。

【六爻占盡文明見】

「六爻占盡」：六爻是六十四卦卦符，「美」字象一個「六爻」☰ 串起來，指當時美國的意見占了上風，七國盡從，故曰「六爻占盡」。

後來美國強烈反對瓜分中國的意見占了上風，美國要

求保持中國的完整和主權，要求中國門戶開放，經李鴻章在各國中周旋乞求、離間制衡，中國轉危為安，開始敞開大門，迎接西方文明。

「**占盡**」：一語雙關！「**占**」既有上面占卦的表面意思，又有口占、占對、占辭，用嘴說、對答之意。因此，「**占盡**」，又指李鴻章拼命在八國中周旋，借美國的意見，利用八國的矛盾折沖尊俎、費盡唇舌、說盡好話。

「**文明見**」：中國終於免予肢解，開始擺脫愚昧，迎接西方文明。

八國聯軍侵華前，腐朽的滿清統治下，中華陷於相對的愚昧狀態。義和團號稱「刀槍不入」，紅燈照標榜「騰空灑火」，滿清統治者都以為能以義和團一舉剿滅洋人。所以才敢盡殺洋人、基督教民以及用洋貨的人，滿清才敢同時向十一國宣戰，才有像前一象說的「**纖纖女子，赤手禦敵。不分禍福，燈光蔽日**」。

清政府和列強簽訂了「辛丑合約」。美國把辛丑合約給美國的賠款中超出自己損失的餘額，分兩次主動退給中國，用於中國辦學，建了清華學堂——現在的清華大學等，並培養資助留學生。各國紛紛效仿，中國也開始興辦學校廢除科舉，從此中華「文明見」。

【棋布星羅日月齊】

現代文明在中國出現了，如「**棋布星羅**」。

「**日月齊**」，日月交輝，陰陽和合，孕育產生了現代文明。

3. 解圖

圖中七把刀在下，一把刀在七刀之上壓著，隱喻：七國要瓜分中國，而美國壓住了七國，使中國免予分國裂土。

三、文征解卦

坤 ䷁，上下都是坤 ☷，代表地。形狀如被刀砍到底，陽爻「—」全被肢解為陰爻「--」。

坤為地，本象七國要肢解中國、瓜分中華大地，未果後，七國跟著美國在中華大地上開發廉價資源，似為本象坤卦的喻意。

四、摒棄偽史，正視中華

八國聯軍侵略中華的原因和當時作為滿清殖民地的中華國情，被刻意掩埋、篡改了。以下從三部分，揭開這段隱史：

1. 華夏從滿清殖民地漸變為中華帝國的過程

滿清滅明，像蒙元滅宋一樣，和華夏歷史上普通的朝代更替不完全相同，二者實際是一個從「外強」武力征服中華，到被中華文化征服、同化的過程。

日本侵華占領的「淪陷區」裏，國人把自己叫「亡國奴」；清廷的漢官，向清皇自稱「奴才」。日本的南京大屠殺，殺三十萬人，姦淫三萬婦女；滿清屠殺了漢地約三千萬人（蒙元殺了漢地七千萬人），姦淫無數。

清兵南下，一遇抵抗，破城後即屠城。屠江陰、屠昆山、屠嘉興、屠常熟、屠海寧、屠廣州、屠贛州……甚至勾結荷蘭殖民者，屠思明州（廈門）！紀曉嵐的《閱微草堂筆

記》裏也有追記：「焚其廬舍……殺其人、取其物，令士卒各滿所欲。」

滿清征服華夏為殖民地，讓漢地人徹底臣服。

康熙大帝身有蒙、滿、漢三族血緣，他懷仁治國，力主滿清漢化，促進了民族融合。而慈禧初期的政策竟然是：「寧與友邦，不與家奴」、「量中華之物力，結與國之歡心」，和西方列強一起魚肉漢地。只是後來滿清統治者發現獨裁專制和西方文明的民主思想相背，才生出了中國人意識，抵禦外侮。中華也開始從滿清殖民地，變為一統華夷的中華帝國。

2. 七刀齊下分中華　一刀服眾見文明。

中華民族的偉大，在於她用博大的胸懷，同化了征服中華的異族文明，使蒙元、滿清在後期就成為了中華民族的一部分。這是她先進的文明所決定的。滿清的閉關鎖國，使得中華相對西方成了蒙昧之邦，才催生了「義和團大屠殺」和「向十一國宣戰的」蠻昧之禍。

八國聯軍攻占了北京，英、德、俄、日、法、意、奧匈七國要求：將這個「未開化、恐怖、野蠻、血腥、暴虐」的中國瓜分肢解，這就一勞永逸了。俄國要割走滿州大部，日本要割遼東半島，英國垂涎長江流域，法國要割兩廣大部……剩下國土再分解成數個小國。

而美國堅決反對！因為美國在中國沒有占據一寸國土，也沒有勢力範圍，別國的瓜分會嚴重影響美在華的經濟利益。當時美國的實力在上升，在東北的貿易額已經超過了俄國，當然反對俄國吞併東北。另一方面，美國是個後起之

秀，當時獨立才一百二十四年，她是在反殖民統治的鬥爭中立國的，她要傳播自由、民主、公平的理念，扮演公正角色，充當世界警察，這更能幫助她在世界上樹立威望。

　　基於上述等原因，美國力主保持中國主權和領土完整，力主中國「門戶開放」、自由貿易。

　　在李鴻章的竭力周旋乞求下，七國接受了美國的意見，接受庚子賠款（《辛丑合約》的賠款又稱庚子賠款）不割地，中國才免去被肢解。

　　美國得到了庚子賠款白銀四億五千萬兩中的百分之七點三，其中超出美國損失多索賠約一千二百七十八萬五千美元。美國先後兩次，共退還中國一千六百九十二萬二千八百三十八元一角二分美元，都用於辦教育。當然，這一方面是後來清朝出使美國的大臣梁誠和中華民國不懈努力的結果，也歸於美國獨立、公平、自由、民主的國家理念，更有美方的積極友善，美國國務卿海約翰在梁誠提議前，就已經授意起草了退還部分庚款的備忘錄了。

　　西元1907年12月3日，美總統在國會正式宣布：「我國宜實力援助中國力行教育，使此繁眾之國度能漸漸融洽於近世之文化。援助之法，宜將庚子賠款退贈一半，俾中國政府得遣學生來美留學。」

　　西元1908年，美國為清政府興辦了清華學堂（清華大學前身），還資助中國官派赴美留學生的費用（詹天佑是第一批留學生，是李鴻章派出的）。後來又相繼興辦了一些學府、教會、醫院等，如燕京大學、協和醫院、協和醫學院等。

　　中華民國成立後，經民國政府請求，美國將庚款後期

總額退還。

在美國帶動下，德國放棄了西元1917年後的庚子賠款（西元1918年一戰德國戰敗）。奧匈帝國瓦解為奧地利和匈牙利，兩國也分別放棄了其庚子賠款份額。俄國、英國、法國、比利時、義大利相繼退還後期賠款，荷蘭西元1926年將賠款全部退還，同時指定百分之六十五用於中國的水利事業，百分之三十五用於文化事業。而日本的退款：一部分由日本人在華搞親日的文化事業、補助留日學生，餘款成了後來親日偽政權的軍費，實質一分錢也沒有給民國政府。

在中國最危難的關頭，美國挽救中國免於瓜分。一刀服眾見文明。

紅朝要自我標榜一個反帝反封建的黨，創造出一個黨把人民從三座大山（帝國主義、封建主義、官僚資本主義）壓迫下解放出來的救世主形象。因此，它要把「三座大山」塑造成惡魔，來襯托自己的偉大，以維護特權專政的穩固。對於美國政府，當然要刻意醜化了[註2]。

五、「未必河山是我送」（下）

接（上）P. 249，第三十七象的主人公李鴻章，在本象又出場了。這裏，我們繼續深入介紹中華巨難的中流砥柱。

4. 違抗聖旨，挽救中華

西元1900年6月21日，慈禧太后下詔向十一國宣戰。列國使館的機槍破了義和團的「刀槍不入」，慈禧頓時傻了眼。

八國聯軍攻入天津，清兵和義和團潰不成軍，慈禧的電報一封接一封地到達各省，傳旨各省到北京救駕滅洋。

任兩廣總督的李鴻章深知國力：「若不量力而輕於一試，恐數千年文物之邦，從此已矣。」在身家性命和國家命脈面前，他以大局為重，毅然抗旨：「此亂命也，粵不奉詔。」

在李鴻章的榜樣下，兩江總督劉坤一、湖廣總督張之洞宣佈「東南互保」，閩浙總督許應、四川總督奎俊、山東巡撫袁世凱等也抗旨加盟，使八國聯軍沒有藉口南侵，確保了河北以南的穩定。而李鴻章也能在後面和八國聯軍的談判中，以此為據，「駁倒」了列國要肢解中國的要求。

5. 赴湯蹈火，捨我其誰？

義和團和慈禧太后的愚昧招來了八國聯軍這場空前的災難，為什麼只有請李鴻章來收場？

李鴻章是清朝三朝元老，功勳卓著，他是當時唯一瞭解世界的大臣，在世界上頗有美譽。從以下事例中，我們可以看到李鴻章的遠見卓識。

本書第三十七象事件發生後，李鴻章被撤去職權。第二年（西元1896年）春，他又被清廷啟用，出使沙俄去道賀俄皇的加冕典禮，同時完成了簽署《中俄密約》的使命[註3]。中俄結盟共同對付日本，並同意俄國修築西伯利亞鐵路經過中國的黑龍江、吉林直達海參崴。

西元1894年6月11日[註4]，世界禁煙聯盟執行秘書英國人亞歷山大在天津拜見李鴻章，李鴻章向他強烈地呼籲：「請英國在法律上禁止鴉片貿易，停止毒害我的人民。」不久《倫敦每日新聞》詳細報導了此事，後鴉片貿易果然為英國國會議案所禁止。

李鴻章訪美時，得到了後無來者的禮遇。他的真誠和友善得到了美國人的好感，成了他後來和八國聯軍談判中的友情和面子的砝碼。

他利用一切機會為在美華人爭取民權。訪美結束時，他改道加拿大來吸引美國記者，面對採訪，他借機說：「我知道報紙在這個國家有很大的影響力……排華法案是世界上最不公平的法案……我相信美國報界能助華人移民一臂之力，以取消排華法案。」

美國報紙還發表了他的如下演說：「清國政府非常高興地歡迎任何資本到我國投資……必須邀請歐美資本進入清國以建立現代化的工業企業，幫助清國人民開發利用本國豐富的自然資源。但這些企業的自主權應掌握在清國政府手中。我們歡迎你們來華投資，資金和技工由你們提供。但是，對於鐵路、電訊等事務，要由我們自己控制。我們必須保護國家主權。」

「清國辦有報紙，但遺憾的是清國的編輯們不願將真相告訴讀者，他們不像你們的報紙講真話，只講真話。清國的編輯們在講真話的時候十分吝嗇，他們只講部分的真實，而且他們也沒有你們報紙這麼大的發行量。由於不能誠實地說明真相，我們的報紙就失去了新聞本身的高貴價值，也就未能成為廣泛傳播文明的方式了。」

擲地金聲，百年震撼[註5]！

由此我們看到，在普遍愚昧的清朝，唯有李鴻章能擔此國難了。

6. 等待時機，挽救時局。

李鴻章在廣州抗旨不參戰，頹然的戰勢使慈禧越發感覺不妙。7月16日，她再次下令停止進攻東交民巷的使館區。

李鴻章也在這天接到了把他晉升回直隸總督兼北洋大臣原職的任命，一次次地催他北上。李鴻章等到了可以發揮作用的時候了。他當日就秘密偽造了一份光緒皇帝署名的〈國書〉(註6)，以電報發給中國駐美國公使伍廷芳，7月20日轉交美國總統，文中懇切地說：大清時局失控，舉世交責，至屬不幸，懇請總統能助一臂之援，號召各國恢復舊好……可見李鴻章早就抓住了解開危難的鑰匙：高唱門戶開放的美國！

第二天，李鴻章登船駛往上海。但是，到了上海，李鴻章又以得病為由停了下來，因為根據前方的情報，他發現慈禧還在搖擺。

果然，幾支勤王滅洋部隊和一個主戰派的陳詞，使慈禧8月1日下令再次炮擊使館區。接下來對聯軍的一敗塗地，使她8月7日任命李鴻章為全權大臣，迅速議和。而8月12日，她再次下令總攻使館區！並再次下令南方各省發兵勤王。

直到北京城破，慈禧喬裝出逃後才清醒過來，她幾次催李鴻章北上，直到她按照李鴻章的密折下令剿滅義和團，挽救時局的時機才成熟了。

7. 乞和離間緊周旋，中華國脈得保全

10月11日，李鴻章到達北京。面對這八把大刀，李鴻章竟利用國際法，「駁倒」了列國的瓜分要求：

是義和團作亂，挾持各省政府、挾持清政府，假傳聖旨向列國宣戰！不然，我們其他各省為什麼沒鬧義和團，沒有回應參戰呢？

既然清政府沒有宣戰，列國應戰，就是來迎戰義和團，不是來侵略的，是來助剿義和團的。既然列國是來幫忙，就談不上分裂中國了！

　　面對這位老人如此狡辯得理，各國公使哭笑不得。

　　李鴻章清醒地看到了各國的矛盾，他抓住了美國「要保住中華主權和領土完整」的契機，以卓越的聲望和耄耋之身，在十一國公使面前乞求賠罪，竭力磋磨，尊俎折沖，離間制衡，情感和道義的砝碼都充分運用。他這裏沒有私利，目的只有兩個，一是完成慈禧太后交給的任務：各國退兵就行。當然這條也是他個人的義務；二是本著個人的信條，保下中華的主權和領土完整。

　　列強也發覺：如果割地不公，勢必影響自己的利益，況且沙俄出兵十七萬占了東北，胃口太大，因此，一致反對沙俄，逐漸同意不割地，只索賠。各國開價的同時，專門委派英、法、德、日四國公使組成賠款償付委員會，研究中國財源，以摸清中國償付能力的最大限度。

　　炎炎夏日，七十八的歲李鴻章吐血病倒了，面對堆積如山的電文，李鴻章的翻譯馬建忠中暑累死。求和、賠款的談判，竟然持續了一年！

　　最後，列國公使終於接受了這位老者的乞和。西元1901年9月7日，《辛丑合約》簽訂，共向列國賠款共四點五億兩銀，象徵當時中國的四點五億人全體賠罪。簽訂後，李鴻章大口吐血——「紫黑色，有大塊」，「痰咳不支，飲食不進」。

　　國人再次大罵李鴻章，李再次成為罪魁禍首。清政府

又一次擺脫了信任危機和亡國危機。

條約簽訂、實施期間，慈禧開始清算義和團，同時殺了一同參與滅洋的一百二十多個大臣——獨裁者的追隨者歷來沒有好下場。

辛丑合約的實施換來了列強的撤兵。兩月後，沙俄不但賴在東北不走，還再度加碼，試圖在東北攫取更大權益，逼迫李鴻章簽字，李斷然不從，嘔血而死。

縱覽李鴻章的一生，平定了兩大戰亂，引領了洋務運動，創辦了中國近代第一條鐵路、第一座鋼鐵廠、第一座機器製造廠、第一所近代化軍校、第一支近代化海軍艦隊、第一條電報電纜線，堪稱中國「近代化之父」。他每每在中華最危難之時力挽殘局，忍辱負重，為中國竭盡全力減少損失，不惜生命，一次次最大限度地保住了中華河山。難怪《推背圖》三十七象說他：「**轉危為安見節義，未必河山是我送**」。

李鴻章的筆下，遵照聖旨割讓了三萬平方公里的國土（在民國時都收回了），可是為什麼中共紅朝，在盡斥清朝腐敗的同時，還要因循清朝，把李鴻章定性為最大的賣國賊呢？

道理和滿清獨裁者嫁禍於李鴻章一樣，掩蓋自己賣國的實質。中共出賣了一百五十萬平方公里的蒙古，促其獨立諂媚前蘇聯；還承認了前蘇聯強占中華的一百四十四萬多平方公里的領土；為得到國際支持給蒙古、朝鮮、巴基斯坦、緬甸、印度、尼泊爾相繼割地……做賊心虛，找出替罪羊猛烈抨擊，以轉移人們的注意。

歷史不是任人塗抹的。尊重歷史，才能被歷史尊重！

註1：清宮祕藏的《推背圖》就是這時候被搶走，又被華商從英國買回來，民國時得以刊行。

註2：中共建立紅朝後，曾專門組織文人修改歷史，美化共黨，醜化異己，建立「無產階級文化戰線」。所以，紅朝的史書、教科書，特別的近代部分，沒有什麼歷史價值。

註3：目前網路上有閒散文章說：沙俄為迫使李鴻章簽訂《中俄密約》，曾給他三百萬盧布的賄賂，李鴻章拿到了一百七十萬。其證據是沙俄當年一份檔案紀錄，因為沒有史料對證，這種說法沒有被嚴謹的專著所採用。也有文章對此質疑，認為如果李鴻章真敢冒著身敗名裂、滿門抄斬的危險這樣做，事後還不露蛛絲馬跡，不被世人發掘，不被虎視眈眈的官場彈劾，很不可思議。筆者認為：按照「公平－邏輯－證實」的判斷方法，應給這個說法一個公平的闡釋機會，因為這類事很難留下證據，因此不能從證據上苛求。不妨從邏輯上審視：如果真有此事，俄國就抓住了李鴻章的把柄，足以在以後的各次交涉中逼李服從。我們看到：《中俄密約》並不賣國，自那以後，俄國不但沒有從李鴻章手裏得到好處（俄國的賠款俄在辛丑合約中占百之二十九，但這不是李鴻章所為，是各國自己反覆磋商、查對、議定的）反而遭到了他的據理抵制。因此，筆者對上述受賄說存疑。

　　李鴻章的家產很多，即便受賄確有其事，也是瑕不掩瑜的。

註4：目前，大多網路媒體把這個時間誤寫為8月27日，本文是根據《帝國的回憶》的史料原文，更正為6月11日。

註5：相比這之下，紅朝在西元1978年改革開放前，都沒有李鴻章的見識；中共紅朝的媒體：無關政治時講事實，關聯政治時就統一講謊言，其自由度，至今還不如滿清帝國。

註6：該《國書》只在美國政府公布西元1900年《對外關係》原檔中有，經鑑定為李鴻章的為挽救時局的偽作。

第四十象

金本三十七象 【風雷益】

民國立 清朝亡 袁登基

讖曰

漢水茫茫

不統繼統

南北不分

和衷與共

頌曰

水清終有竭

倒戈逢八月

海內竟無王

半凶還半吉

金聖歎：「此象雖有元首出現，而一時未易平治，亦一亂也。」

一、眾解精華

1. 解讖

【漢水茫茫 不統繼統】

指武昌起義，在南京建立了民國政權。

「漢水」：這裏指武昌。

「不統繼統」：不講帝王血統的元首，繼承了中華大統。

【南北不分 和衷與共】

中國不再分南民國政府、北清政府，統一了，全國都擁護共和。

2. 解頌

【水清終有竭】

清朝終有滅亡時。

與第三十三象預言清朝立國的「黃河水清」相呼應。

【倒戈逢八月】

「八月」，西元1911年的武昌起義陰曆是八月二十日。

「倒戈」：反戈一擊。武昌的清朝新軍各標營都發展了革命黨人，他們率領清軍起義，是為「倒戈」。

武昌起義拉開了辛亥革命的序幕，清朝迅速滅亡。

【海內竟無王】

兩層涵義：一，民國為「議會制共和」，中國不再是王室天下（與君主立憲有別）。二，沒有統一的王帥，終致袁世凱稱帝、軍閥割據。

【半凶還半吉】

本句字謎和意義融為一體。意指民國建立後，半凶半吉。吉的是：推翻滿清帝制，共和深入人心。凶的是：袁世凱稱帝，然後又有戰亂了。同時，又是字謎，隱「袁」字，指第一任正式的大總統袁世凱，與圖中元（袁）首相應。

{袁上半部分為「吉」字，下半部分是「還」的一部分！}

二、陳曦解圖

金聖歎點出圖中「元首」，現在都清楚是用元袁諧音，喻指袁世凱。 但圖中的「鬼」卻沒有一致的解答。

圖中的水，顯然是指清廷，與頌中【水清終有竭】呼應。

筆者以為圖中的「鬼」，是指西方列強。鬼，鬼子，日本鬼子、俄國鬼子、英國鬼子、美國鬼子之類的民間稱謂。鬼半身浮於水上，一面喻指列強凌駕在清廷（清水）之上，一面喻指半封建半殖民地的社會。

圖中：水落，元首被鬼托出。喻指清朝亡，袁世凱成為元首，得到了列強的支持。

三、文征解卦

「益」䷩，下為震☳，代表雷；上為巽☴，代表風。

卦象：「強風配快雷，聲威增長之象，有損上益下之意」。正合本象的興共和、廢君主、建民主。

四、史實精要：清水竭，元首出

辛亥革命後，西元1912年1月1日，孫中山在南京繼任臨時大總統。民國之初實力很弱，孫中山與當時軍事實力最強的袁世凱斡旋，使得同年2月12日，清朝皇家在袁的誘勸下正式退位。次日孫中山辭職，3月把袁世凱推上總統寶座，實現共和，袁在北京組建政府。

袁世凱上臺得到了列強的支持，是以承認列強的已得利益換來的。西元1915年日本想用二十一條作為支持袁世凱稱帝的條件，實際在袁世凱的軟拖硬抗下，這二十一條落實在《中日新約》上只有十二條——其中的十一條也加進了限制條件，甚至是「留待日後磋商」。袁說：「滿洲外的要求，我儘量全數駁回。滿洲內的要求，多少答應幾點，而這幾點縱答應了，我有辦法要他等於不答應。不但如此，我還要殺他個回馬槍！」

這個回馬槍：使日本人按條約可以在東北買地，卻買不到地，因為袁世凱密令賣地於洋人者殺無赦；使日本人在東北只能生活在附屬地，跨出一步就有生命危險——將遭到袁世凱授意的暗殺；使日本人能按約當中國機關的顧問，但是沒人理他們……日本很快開始反袁。

袁世凱青年時就在朝鮮抗過日。朝鮮那時還是中國屬國，承華夏禮儀，自認為炎黃子孫。西元1882年朝鮮兵變，清廷派軍前往。二十三歲的袁世凱率一營官兵為先鋒，未等大軍登陸便擊潰了叛軍，平定了漢城。西元1884年清軍大部被調回（因中法戰爭），僅剩三個營的兵力駐守朝鮮。不

久，朝鮮親日派大臣在日本挑動下政變，占領王宮，並包圍清軍。清朝的兩位主將懼戰，袁世凱當機立斷，率一營（約五百人）將士，在「剷除國賊，殺盡倭寇」的誓師聲中，奇跡般地攻克皇宮，平定了輕敵的上萬叛軍，把日軍趕出了朝鮮。西元1885年袁世凱回國，朝鮮又發生動亂。袁世凱帶少數親兵衛隊前往，不出一月就擺平了局面。

孫中山等初建的中華民國，是美式的總統制，四十四天後準備移交給袁世凱就變成了制約總統的法式內閣制。兩年後袁改回總統制，又過了不到兩年，在君主立憲制的忽悠聲中復辟帝制。在全國的反對聲中，坐了八十三天皇帝的他，西元1916年3月22日自覺取消帝制，依舊當大總統。七十七天後病逝。

武昌起義後，在孫中山的斡旋下，袁世凱用他的實力和權謀結束了滿清在中華二百六十八年的統治，協助開啟了民國的共和時代。翻回來看看這一象的圖讖，預意信然。

至此，讀者會有異議：「為什麼本象主角是袁世凱？孫中山才是民國之父」——別急，《推背圖》後面確實有「國父孫中山」的隱喻。

第四十一象

金本三十八象 【火雷噬嗑】

一戰中的中國

讖曰

門外一鹿

群雄爭逐

劫及鳶魚

水深火熱

頌曰

火運開時禍蔓延

萬人後死萬人先

海波能使江河濁

境外何殊在目前

金聖歎：「此象兵禍起於門外有延及門內之兆。」

一、眾解精華

1. 解讖

【門外一鹿 群雄爭逐】

「門外」：國門之外。群雄逐鹿：戰爭。意指一戰發生在境外。

【劫及鳶魚 水深火熱】（陳曦試解）

借成語「城門失火，殃及池魚」，意指一戰殃及中國。該成語出自南北朝時北齊杜弼的《檄梁文》。

為什麼這裏不用池魚，不以別的鳥為喻，而用「鳶」？

「鳶」，音淵，拆字為「弋、鳥」，「弋」，音義，是一種箭。因此，「鳶」似預指像鳥一樣飛行的兵器——喻指飛機。「弋」，又有遊弋之意，故「鳶」可解為「遊弋」之鳥，飛機用於一戰，初期只用於偵查，正合「遊弋」！

那麼相應的，「魚」，似預指水中的武器，艦艇、潛艇之類的武器。

這個比喻，與後面描繪大戰的「飛者非鳥 潛者非魚」一致了。

飛機、潛艇確實都是第一次世界大戰中初次運用的新武器。

「水深火熱」：日本、英國趁一戰攻打青島的德軍[註1]，而後日本侵占山東，燒殺姦淫，占地殖民，人民水深火熱。

2. 解頌

【火運開時禍蔓延】

第一次世界大戰戰火蔓延。

【萬人後死萬人先】

似指一戰死人很多。

有的版本作「萬人生」，似訛誤。

【海波能使江河濁】

「江河」：喻中國；「海」，喻世界。一戰也把中國攪入了。同時喻指中國這條河必然匯入世界的海洋，閉關鎖國已經不可能了。

【境外何殊在目前】

境外一戰的慘烈，對中國也不太陌生，因為境內的山東，日本、英國已經跟德國打起來了。

3. 解圖

圖中，門：喻指國門。門外：喻指中國以外。與讖中「門外」對應。

門外人多死去，喻指一戰在國門以外，死人多。

二、文征解卦

「噬嗑」䷔，音：是客，下為震 ☳，指雷，上為離 ☲，指火。

卦象為「**口中插物之象，必須咬斷，方能合攏，乃諸事被阻，務必去除，方可成功**」。

正合一戰中日本趁機侵占膠東半島，如插入中華口中之物。

三、史實精要：一戰的中國

第一次世界大戰（西元1914年8月～1918年11月）主要發生在歐洲，是同盟國對協約國的戰爭。後來世界上大多數國家捲了進來，約六千五百萬人參戰，一千萬人喪生。

同盟國是德意志帝國、奧匈帝國、義大利、保加利亞、土耳其等，協約國初期是英國、法國、俄羅斯帝國和塞爾維亞。後來很多在亞洲、歐洲和美洲的國家都加入了協約國，連義大利也倒戈對抗同盟國。

日本為了擺脫國內危機，趁機提出要消滅山東的德國勢力。袁世凱政府外交上節節抵抗、節節失敗。西元1914年8月23日，日軍開始行動，9月2日背棄承諾在中立區龍口登陸，10月6日進駐濟南，控制了德國修建的膠濟鐵路的西段，然後才進攻德軍占領的青島。11月7日，在英軍一千五百人的配合下攻陷青島，10日德軍正式投降。

日軍占領青島後，即開始大量移民接管青島。日軍到處燒殺姦淫，還定出針對華人的二十一款死罪。10月14日，又在平度縣貼出斬律五條，規定：「一人違禁，全村處斬」！不少村民被集體屠殺。

西元1917年初，英法開始在中國為一戰前線招募勞工，先後有十四萬華人奔赴一戰西線，沙俄政府招募九萬勞工開赴一戰東線。段祺瑞趕走復辟的張勳，西元1917年8月宣布加入協約國，對同盟國宣戰，此後部分華工開始直接參戰。

一戰中，西線華工犧牲近萬人，不知是否有頌中「**萬人後死萬人先**」之意？合同期滿後，大部分華工回國，餘下

三千人定居法國，在巴黎形成第一個華人社團。東線華工則鮮為人知，據蘇聯政府統計，一戰後有四～五萬華工編入了蘇聯紅軍。

二十多萬華工在一戰中為中國爭得了戰勝國地位，但在巴黎和會上，中國不但沒有得益，在日本的強烈要求下，列強卻要把德國在中國的利益轉給日本，中國政府拒絕簽字，國內引發了「五四運動」。

西元1988年11月，紀念第一次世界大戰結束七十周年時，法國向當時僅存的兩位老華工呂虎臣、曾廣培頒發了榮譽軍團騎士勳章，並在巴黎市里昂火車站街頭，隆重掛嵌一面銅質牌匾，用中法文銘刻著：「1916至1918年間曾有十四萬名華工參加盟軍的抗戰工作，有數千人獻出了生命」。

西元1998年11月，紀念一戰結束八十周年時，一點八米的華工紀念碑在巴黎十三區的布迪古（BAUDRICOURT）公園揭幕，碑上有中法文鏤刻的金字：「紀念在第一次世界大戰中為法國捐軀的中國勞工和戰士」。

註1：德國在一戰前，就以膠東半島為勢力範圍開發資源。

第四十二象

金本三十九象【山雷頤】䷚

二戰：抗日戰爭

讖曰

鳥無足

山有月

旭初升

人都哭

頌曰

十二月中氣不和

南山有雀北山羅

一朝聽得金雞叫

大海沉沉日已過

金聖歎：「此象疑一外夷擾亂中原，必至酉年始得平也。」

一、辨析

因為《推背圖》主要預言中國的事，故有人把「**十二月中氣不和**」解釋為美軍偷襲珍珠港，不妥。同樣，把「**南山雀**」解釋成日本在太平洋的軍事力量，把「**北山羅**」解釋成美國的羅網，或者美總統羅斯福的「**羅**」，同樣不妥，那就和中國無關了。

有人把「**十二月中氣不和**」解釋成西安事變，雖然單句解釋沒問題，但是這樣在總體上，頌中有日本兵敗，沒有日本侵華，有尾無頭。故筆者採用了大多數人的解釋——七七事變——這件中華歷史上的大事，《推背圖》沒有預言就太奇怪了。

二、眾解精華

1. 解讖
【鳥無足，山有月】

「鳥」去足，換成「山」是「島」，指島國日本。

【旭初升，人都哭】

日本侵略，太陽旗到，萬人哭。

2. 解頌
【十二月中氣不和】

「十二月中」：十二月的中間，指六月，日本全面侵華打響第一槍在陰曆六月。西元1937年7月7日夜，發生了盧

溝橋事變，又稱七七事變，在7月8日（陰曆六月初一）凌晨交火。

西元1931年九一八，日軍侵占東北；西元1937年7月8日，抗戰全面爆發。

【南山有雀北山羅】

「南山有雀」：指南面有汪精衛偽政府。精衛是鳥，所以稱「雀」。

「北山羅」：東北有日本扶植的偽滿州國，溥儀姓愛新覺「羅」。

本句指抗日戰爭中，分裂中國的兩個政府，東北偽滿州國，以及南面的汪偽政府，中國內憂甚重。

東北的偽滿州國成立於西元1932年，親日的汪偽政府成立於西元1940年。

【一朝聽得金雞叫　大海沉沉日已過】

「金雞」：酉雞年，酉在五行中屬陰金（申為陽金）。正如金聖歎所猜：日本正是雞年（西元1945）投降的。

3. 陳曦解圖

圖中一「日」，指日本。鳥立於石山上，是「島」字，指島國日本。

同時，鳥立於石，是為「介石」，暗喻蔣介石。圖中鳥形狀，似「介」字。頭尾似介字頭，雙足似介字足。鳥與日相對，暗喻蔣介石對抗日本。《推背圖》有多處用圖做「象形字謎」，如二十七象圖中樹上掛折尺喻「朱」字，故本圖的字謎並不是孤立的。

《推背圖》用圖設謎，很多都是有方向意義的，而且都是「上北下南」的地圖定位（《金批本》第六、三十三、三十五、三十六、五十八象）。本象從方向上看，若把圖左轉90度的話，太陽代表日本，日本位於東北方，鳥站在西南方，正是重慶相對日本的位置。暗喻蔣介石以大西南為根據地，領導抗日，最終打敗了日本。

為什麼本圖喻「介石抗日」？有的大陸讀者可能有疑問。紅朝掩蓋了蔣介石抗日的真相，標榜自己領導抗日卻沒有真憑實據。電影《血戰台兒莊》、《鐵血崑崙關》，讀者並不陌生吧？民國政府軍民那樣浴血抗戰，至今也沒見共產黨抗日大戰的影子？

三、文征解卦

卦為「頤」☳，下為震 ☳，指雷；上為艮 ☶，指山。形似開口張牙，卦象曰：「匣中藏劍之象」、「咬食之道」。喻指日本欲吃掉中國。

「頤」卦對於訴訟紛爭：「終不能成，宜速和解」。對應到本象的日本侵華、中國的兩個分裂偽政府，都是終不能成，因為沒有「速和解」，所以結局是慘敗。

四、為什麼預言的是介石抗日？

晚年的毛澤東說過：「我一生中就幹了兩件事，一是打敗了蔣介石，一是發動了文化大革命。」為什麼他沒說自己領導了抗日呢？

且看對抗日偽史中十大謊言的揭示。

謊言之一. 長征北上抗日

抗日是假，逃跑是真。紅軍避開抗日戰場跑到大後方，其最壞的打算是逃往蘇聯。

謊言之二. 共產黨領導抗日，是抗日的中流砥柱

國軍抗日：投入兵力十萬以上的會戰二十二次；大型戰役（如台兒莊）一千一百一十七次，小型戰鬥近二萬八千九百三十一次。空軍犧牲四千三百二十一人，毀機二千四百六十八架；海軍艦艇全部打光；陸軍陣亡、失蹤三百二十一萬一千四百一十九人，陣亡將軍二百零六位。西元1937年抗戰全面爆發的四個月裏，國軍一萬多青年軍官戰死在抗日前線。

共黨自稱「消滅日軍五十二萬餘人」，戰役在哪兒？現在為了籠絡台灣，黨追認一百多位國民黨將軍為抗日英烈，共黨至今拿不出自己抗日陣亡的將領名單。現在連歌頌自己抗日的題材都沒有，《小兵張嘎》、《地道戰》，這能消滅五十二萬日軍？大後方有多少日軍？

「平型關戰役」，林彪只是伏擊了日軍補給小隊而已。「百團大戰」，彭德懷只是騷擾敵後，搞麻雀戰而已。但林彪和彭德懷都因為打日本遭到了毛的批評。

抗日時共黨的所為，後面第四十五象自有暗示。

謊言之三. 西安事變，逼蔣抗日

西安事變不存在「逼蔣抗日」，只是共產黨策反了張學良、楊虎城，哄誘張學良殺蔣「取而代之」。史達林得知後立刻來電制止：殺了蔣介石，中國群龍無首，將速亡於日本，日、德夾攻蘇聯，蘇聯必亡。所以周恩來立刻去調停放蔣。

張學良是被紅朝刻意美化的。西元1931年「九・一八」，他放棄東北逃跑，日本占了東三省。張學良晚年解除了軟禁，他澄清說：「蔣委員長從來沒叫我不抵抗……接連三次電報叫我堅決抵抗。」

謊言之四. 國民黨消極抗日，遲遲不宣戰

抗日是中國歷史上最艱難的一場戰爭。提前宣戰，將重複清政府當年對日宣戰的惡果（見本書第三十七象：北洋艦隊盡失、割地賠款）。甚至更糟！

上個世紀三十年代的日本，陸軍可使用兵力四百四十八萬一千，中國全部兵力二百三十萬。日本海軍噸位與美、英相同，是民國的十九至三十二倍。日本造了世界第一艘航空母艦，其海軍力量世界第一的優勢一直保持到日美太平洋戰爭的初期，那時日本有十艘航母，美國只有六艘，二艘還不能實戰。所以日本敢叫囂三個月亡華。

提前宣戰最大的惡果，是中國會被世界利用來消耗日本，而且日本不會等待時機藉口，一下就殺進來了，中國必亡。英美希望日本跟中國火拼，日本滅了中國，必和德國滅蘇聯。然後他們再打日本就容易了。

不宣戰，國際輿論還壓制日本。蔣介石高明在於：麻痺日本，和日本激戰但不宣戰，拖到美國後邊對日宣戰，借著美國打日本。

謊言之五. 八年抗戰

民國抗日十四年，從西元1931～1945年；共產黨只號稱八年。

西元1932年「一・二八」淞滬抗戰，表面上是十九路

軍自發抗日，堅守數月，實際蔣介石派嫡系精銳八十七師、八十八師與十九路軍並肩激戰，卻密而不宣，這就是蔣介石表面示弱而暗中用強的戰略。蔣介石如此「軟弱」，被國人一致唾罵非但不辯解，還令前線把榮譽盡歸十九路軍。

西元1933年1月開始了長城抗戰，先後爆發了榆關、熱河、長城三次大戰，國軍奮力抵抗日軍侵入。其中長城古北口戰役，激戰兩個多月。

前六年和戰並用，盡力拖延，蔣介石面對勢在必發的日本侵略，積極、全面地備戰。他不但整頓軍備，修築工事，還發起了新生活運動，讓中華民族從心理上強大起來，同仇敵愾，外禦其侮！他單騎走西南，修好雲貴川，親自奠定了大西南抗日基地。他說：「即使中國打得只剩雲南、貴州、四川了，我們也一定能從這裏打回去，收復全部國土。」

謊言之六. 炸黃河禍國殃民

水戰自古就有，《三國演義》裏關雲長水淹七軍，儘管不是史實，卻能反映出人們對水戰的認可。

炸開花園口黃河，實屬無奈之舉，是當時削掉日軍機械化優勢，遏制其迅速亡華的唯一辦法。黃河氾濫，日第二軍主力被截在開封，耽誤了他們三個月。有兩部日本兵斷了歸路被殲滅。國軍贏得了時間守衛武漢。蔣介石在武漢鏖戰五個多月，長江中、下游的工廠、物資得以遷到大西南根據地。

謊言之七. 毛澤東的《論持久戰》，指明了抗日方向

西元1937年民國作戰方針就是持久戰，蔣介石欽定了

「以退為進，以持久對速勝」，1938年日本都清楚速勝不了，毛才寫了《論持久戰》。

謊言之八. 同室操戈，國軍打共軍

新四軍不但不抗日，還祕密和日本苟合（蘇聯史料有記載），偷襲國軍抗日主力，打死抗日國軍的軍長、師長、團長，引發了皖南事變。

謊言之九. 共產黨大反攻，中蘇紅軍戰敗了日本。

西元1945年8月6日，原子彈炸了廣島。蘇軍8月8日不請自來，入侵東北打關東軍。在此之前，日本在太平洋、在中國大陸全線潰敗，日本本土被炸的千瘡百孔。駐守東北的日本關東軍，主力不是被調到太平洋戰場，被美軍全殲了，就是回日本，準備「本土決戰」。後來的關東軍是糾集的二十五萬東北日僑，相當一部分用竹竿子當槍。所以關東軍一天就被蘇聯紅軍擊潰。蘇軍開始大規模強姦東北婦女。

毛澤東8月8日發表《對日寇最後一戰》明顯是跟風。他寫文章，號召打日本，並不下令。10日日本廣播宣布投降，毛澤東一天下七道令，調出來藏在山裏的一百二十萬共軍去受降，搶武器、占地盤兒。

謊言之十. 蔣介石從四川出來摘桃子

到底是誰出來摘桃子，至此一目了然了。

蔣介石領導下的十四年抗日，是中國偉大的衛國戰爭。國軍將士的英勇頑強贏得了最終的勝利，雪洗了中華百年國恥，不平等條約從此廢黜——民國收回了東北、台灣和澎湖列島，特別是逼迫蘇聯承認中國對蒙古、海參崴、六十四屯的主權，「東亞病夫」成了反法西斯四大領袖國，聯合

國的創始國、常任理事國，中華從此屹立於世界。

現在讀者明白為什麼《推背圖》預言「介石抗日」，而沒有共產黨了吧？《推背圖》裏無偽史！

第四十三象

金本五十六象【水地比】

二戰：太平洋戰爭

讖曰

飛者非鳥

潛者非魚

戰不在兵

造化遊戲

頌曰

海疆萬里盡雲煙

上迄雲霄下及泉

金母木公工幻弄

干戈未接禍連天

金聖歎：「此象軍用火，即亂不在兵之意。頌云，海疆萬里，則戰爭之烈，不僅在於中國也。」

一、辨析：為什麼本象預言的是二戰？

迄今為止，本象都被解釋為未來的第三次世界大戰，因為在金批本中它是第五十六象。如果它在第四十一象左右，一定會被解釋為二戰的。所以，目前認為它預言三戰，不是深入剖析內容得解，而是根據它的序列。在前言中已經辨析了，金批本是一個顛倒本，它後面的順序被打亂了。

《推背圖》在中國的角度預言中國、或相關中國的歷史大事件，並沒有固定的時間間隔規律，甚至有前後象事件在時間上的交叉！

本書上部已分析過：第十五象講到了「**掃盡群妖見日頭**」：一統天下；第十六象又講：「**納土姓錢並姓李**」。兩象出現了事件交叉。為本象、後面各象的破解，留下了先例！

總覽《推背圖》，筆者認為：

（1）如今公認《推背圖》裏預言的一戰，是中國參戰了的境外的戰場，那麼對於中國參與的成分更多的二戰的太平洋戰爭，《推背圖》至少也應有一象，否則，李淳風、袁天罡預測有漏！

（2）《推背圖》給八年的安史之亂安排了兩象，對十四年的抗日的「中國－亞洲」戰場，應該不會只有一象，後者可是中國歷史上最艱難、意義重大的戰爭——中國沒有亡於外強。

所以，人們一直認為《推背圖》對二戰只有一象預言，是被「金批本」後邊顛倒的順序迷住了——本象在「金批本」太靠後了。

　　不帶任何成見地研究本象，我們發現本象的圖讖頌卦，都一致地喻指一個主題：二戰的太平洋戰爭。

　　人們迷信「金批本」的順序，把這一象和下一象猜測為「第三次世界大戰」，大陸參戰大勝，而傲立於世界——從讖頌的內容上辨析，也是和《推背圖》整體矛盾的。從本象的「切入點」，能看出這個矛盾。

　　本象破解的切入點在於：「**金母木公工幻弄**」。五行相克：金克木，隱喻西方（屬金）勝東方（屬木）——假如這是預言中國大陸參戰，豈不是大陸戰敗？如何盛世？這不與《推背圖》預言的結局矛盾嗎？

　　再者，本圖展現的是一場勢均力敵的戰爭。

　　現代戰爭打的是錢，沒有雄厚的資金如何對抗？假如本象的一方是大陸，就目前趨勢而言，大陸不但沒有雄厚資金，而且每年資金外逃：

中共外逃資金，出境後成為高官家屬私有財產，僅據官方統計：

　　西元1997年三百六十四億七千四百萬美元；

　　西元1998年三百八十六億三千七百萬美元；

　　西元1999年二百三十八億三千一百萬美元；

　　西元2000年四百八十億美元，當年海外對華總投資四百零七億美元。外逃四百八十億美元相當於十四艘高級航空母艦的造價！十六架奮進號太空梭的造價！

西元2001年五百四十億美元；

西元2002年七百億美元（前7個月，外逃高官九千七百四十人，超過去年一倍）；

西元2003年薩斯肆虐期間，3～4月初的二十天，外逃二百億美元。

在這以後，這類統計數字被封鎖了。

紅朝每年公款吃喝的錢，夠五十支「美式航母」編隊的年費。難怪《推背圖》後面一象說它：「**去毛存鞟尚稱強**」（鞟：音闊，曬乾的整張獸皮）。徒有其表！相當比例的資金，逃到了美國。多少高官的子女都到美國定居入美籍了呢？這樣一個朝廷的決策階層，能和美國打仗燒錢？

《推背圖》是沒有預言第三次世界大戰的。中華的再次崛起，也不是因為戰勝，而是因為後面某象出世的「聖人」。

二、陳曦試解

1. 解頌

【海疆萬里盡雲煙】

太平洋萬里戰場硝煙彌漫，海空戰極為慘烈。「**海疆**」：在古文中是兩個詞，「**海**」和「**疆**」，後者既指太平洋諸島的各方「疆土」，也應包括日本島的空戰戰場。

從下文列舉的二十餘次美日海空戰可以看出，從日本到美國本土(註1)，從南亞到印度洋、太平樣的連天戰火，可謂「**海疆萬里盡雲煙**」。

【上迄雲霄下及泉】

指現代戰爭的形式，海陸空聯合作戰，硝煙漫天。

【金母木公工幻弄】

「金」：西方對應庚辛金，五行中西方屬金，故金指西方。

「金母」：｛又稱西王母，道教中西方的先天尊神，為女仙之首。｝這裏喻指西方的美國，因為象徵美國的是自由女神，故以金母為喻。

「木」：東方對應甲乙木，五行中東方屬木，故木指東方。

「木公」：｛晉代葛洪又稱之為「東王公」、「日元陽父扶桑大帝」，是道教中男仙之首。｝這裏喻指東方的日本，因天皇代表日本。故喻「公」。

｛五行相克中，「金」克「木」，在此也隱喻日本終要敗於美國。｝

「工幻弄」：似喻指新的戰爭形式——情報戰。

二戰中，破取敵方電報密碼，製造假情報成了情報戰的主要形式。歐洲戰場上，盟軍破獲了德軍的電碼；亞洲戰場上，美國破解了日本的電報密碼。雖然日軍電文用了許多代號，美軍也能猜出日本的計畫。美軍就這樣得知日司令山本五十六的航程，從而截殺了他。事後，美軍還故意造出碰巧遇見山本座機的假象，「幻弄」日本，日本果然上當，沒改電報密碼。中途島海戰，也是破譯了日本電報後，又發假電文「幻弄」日本，套來了情報，從而克敵制勝的。

【干戈未接禍連天】

指現代戰爭的方式：士兵未交戰，先用飛機、大炮炸

得炮火連天。

2. 解讖

【飛者非鳥　潛者非魚】

喻指飛機和水中的艦艇、潛艇。

【戰不在兵　造化遊戲】

喻指現代戰爭決勝因素：不再像過去那樣，戰爭完全依賴於排兵佈陣和士兵衝殺，而是靠現代化武器、裝備、情報了。

「造化」：指造出的武器和飛機、潛艇、戰艦、航母等，以及幻化的資訊戰。「遊戲」：電報的廣泛應用，出現了情報戰和初期的資訊戰，使假情報誘敵，像做遊戲一樣簡單，美軍多次以此取勝。

3. 解圖

圖中飛鳥互鬥，指飛機的空戰；魚陣對壘，喻指艦艇、潛艇交戰。雙方口中噴火，預指現代戰爭的形式。

圖中方位：一人在東，一人在西，喻指日本和美國交兵。

圖中雙方實力，基本勢均力敵，二戰時，日美雙方基本是這樣。日本初期強悍，橫掃太平洋戰場和東南亞，後期美軍漸漸占了上風。

三、文征解卦

卦為「比」䷇，下為坤☷，指地；上為坎☵，指水，故稱水地比。

卦象的解釋與本象不一致，但是「比」字的意義，和

太平洋戰爭十分相符，和圖中二人在「比」——日本和美國在比武。

這種用卦名精妙隱喻的方法，在《推背圖》中用了三次。

四、史實精要——「海疆萬里盡雲煙」

1. 日本罪惡的發明——轟炸城市殺平民

日本為了逼迫中國投降，先是南京大屠殺，然後又是發明了人類戰史上首次對一座城市的空襲——轟炸戰時的首都重慶。名曰「無區別轟炸」，既然目標不對準軍事設備，實際就等於是消滅民生設施、屠殺平民。日本除了轟炸重慶，還空襲了成都、樂山、蘭州、昆明等一系列大中城市，妄圖以徹底摧毀民生和大屠殺嚇倒中國，逼民國政府屈服。

日本機群對國統區轟炸二百一十八次以上，出動飛機九千五百餘架次，投放了包括細菌彈、燃燒彈在內的各類炸彈二萬多枚，死傷平民二十四萬。

2. 太平洋大海戰

太平洋戰爭爆發前，日軍海上實力已經世界第一了。

西元1941年12月7日，日軍在馬來半島登陸，打下了日本在東南亞的第一個灘頭堡。

日軍12月7日出兵，12月8日偷襲珍珠港，美軍當天對日宣戰。

同一天，日軍炸光了馬來半島和新加坡的英國飛機，其後印度洋的兩次海戰，英國Z艦隊全軍覆沒。

西元1942年3月，日本已經橫掃東南亞，占領香港、新

加坡、緬甸、印尼群島，並轟炸澳大利亞，盟軍全線潰敗。

西元1942年5月7～8日，珊瑚海海戰，戰史上航空母艦的首次交鋒，美日的航母各被擊沉一艘，美軍第一次小勝。

西元1942年6月3～6日，大戰中途島，日軍慘敗，美軍扭轉了劣勢。美軍損失航母一艘，日軍損失四艘。

西元1942年8月7日～19年2月9日，瓜島爭奪戰，大戰二十六次（三次所羅門海戰），中小海戰一百二十四次，美軍損失航母二艘，戰艦二十六艘。

西元1943年6月29日～8月4日，新喬治亞島戰役、周圍海域海戰，日本敗退，美軍轉入戰略進攻階段。

西元1943年11月19日～11月26日，吉伯特群島戰役，美軍勝，美軍航母一沉，一重傷。

西元1943年12月～1944年2月23日，馬紹爾群島戰役。

西元1944年3月底～8月1日，菲律賓海海戰（日稱：馬里亞納海戰）、馬里亞納群島爭奪戰、塞班島戰役、關島戰役、提尼安島戰鬥，美軍全勝。其中菲律賓海海戰是歷史上最大的航母決戰。

西元1944年9～10月，美軍攻占帛琉群島、烏利西群島和加羅林群島。

西元1944年9月12日～1945年7月，菲律賓群島戰役。

西元1944年10月23～26日，萊特灣海戰，最大的一場海戰：美軍損失小航母三艘；日軍被擊沉四艘航母（誘敵用，本無攻擊力）、二艘巨型戰列艦，日海軍失去了攻擊力。

西元1945年2月19日～3月26日，血戰硫磺島，美軍損

失航母二艘。這是唯一的美軍傷亡超過日軍的戰役（但陣亡者不到日軍三分之一）。

西元1945年3月1日～7月2日，沖繩島海空戰，美軍重創日軍，但損失亦大。失去沖繩列島，日本門戶盡開。

太平洋戰爭中，日軍一百二十多萬精銳被美軍打死，百分之九十的軍艦被擊沉，二十五艘航母僅剩四艘。

3. 轟炸東京，燃燒日本

（1）「杜立特轟炸」

日本西元1941年12月偷襲珍珠港，美軍在杜立特中校的策劃下，西元1942年4月18日對日本進行了報復。十六架B-25轟炸機襲擊了東京為主的軍事工業基地，全部按計劃在中國^(註2)迫降。

（2）飛越喜馬拉雅山的B-29機群

西元1944年6月15日，美軍九十二架新式B-29大型轟炸機從印度起飛，沿著最艱險的「駝峰航線」^(註3)飛越喜馬拉雅山脈，到成都加油掛彈後，去轟炸日本九州的鋼鐵基地，拉開了對日戰略轟炸的序幕。

此後的幾次轟炸中，美軍雖然炸傷了日本一個鋼廠、二個飛機製造廠及一些運輸設施，但代價過於昂貴，對日本的軍工卻無傷大體。因為日本和德國的集中大生產不同，很多零配件是分散的小廠甚至家庭作坊中製造的，對德國的集中轟炸成功的經驗到日本行不通。

（3）「李梅冒險」，燃燒東京

抗日到西元1945年3月，日本在各個戰場一片敗勢。日軍在緬甸的五個師團、一個旅團被中國軍隊全殲，太平洋各

島上日軍精銳幾乎是全軍盡死。日軍主力陸續撤回日本，欲以武士道精神死戰本土。

為了儘早結束戰爭，徹底摧毀日本的軍工後盾，李梅將軍冒險在東京低空（五千英尺）投放燃燒彈，以焚毀這個木製的工業城市。

3月10日是日本的「軍人節」，剛進入零時，三百三十四架從太平洋飛來的B-29轟炸機用二千多噸燃燒彈和數十噸汽油點燃了東京。一夜燒毀了四分之一的建築，美軍三年來一直想要搗毀的二十二個東京兵工廠被徹底焚毀。美機九架被擊落，五架被重創，冒險獲得空前的戰果。但是，日本八萬三千七百八十三人被燒死，一百多萬人無家可歸[註4]。

隨後的三個月，盟軍空軍（含一小部分中國空軍）幾乎點燃了日本所有的大中城市，摧毀了日本的全部軍工業。但是，獨裁政權拒不投降，依然準備「本土決戰」，要用人民以死相拼；而被「愛國主義」洗腦的人民，也群情激昂地要做炮灰——看來是註定要演出《推背圖》的下一象……

註2：如今大陸文獻說其中一架轟炸機降落到了蘇聯，其實是迫降到海參崴（今符拉迪沃斯托克）──符拉迪沃斯托克在民國政府時期，前蘇聯一直承認是中國領土。

註3：駝峰航線：見本書下一象注解。

註4：西元1945年7月開始，美軍在轟炸日本前，均把轟炸地點、時間以傳單的方式告訴日本國民，以減少平民傷亡。

第四十四象

金本四十五象【山水蒙】☶

核彈襲日　東土雪恥

讖曰

有客西來

至東而止

木火金水

洗此大恥

頌曰

炎運宏開世界同

金烏隱匿白洋中

從此不敢稱雄長

兵氣全消運已終

金聖歎：「此象於太平之世復見兵戎，當在海洋之上，自此之後，更臻盛世矣。」

一、辨析

從目前公認《推背圖》為一戰做了一象預言來看：

《推背圖》對於和中國相關的世界戰事，和中國的大事等同視之。

前面分析過：《推背圖》不存在各象之間要遵循多少年間隔之說。

（1）八年的安史之亂在《推背圖》中安排了二象（第五、六象）

（2）宋太祖從陳橋兵變登基，到掃平五國，歷時十四年，《推背圖》安排了三象（從第十四象「英明重見太平日」到第十六象），時間還有交叉。

那麼，同樣歷時十四年的抗日戰爭及二戰（相關中國的戰局），《推背圖》安排三象，也是情理之中的。抗日戰爭及二戰可是中國歷史上最艱險、意義最深遠的戰爭。

再者，從天象上看：歷史到了近代，文明進程驟然加速，距離縮小，世界被拉在一起。人類節奏加快，再沒有古代「日出而作，日落而息」的悠然了。相應地，大事件增多。

《推背圖》還用古代那樣悠然節奏？那就合不上近代的天象了！

回顧本書封面，順時針排列各象，如鐘錶面盤——到了近代，這個「天象之盤」的運轉加速了！

深入辨析《推背圖》以下各象的內容，可以看到：

第四十二象（原三九象 震下艮上 頤）二戰：抗日戰爭

第四十三象（原五六象 坤下坎上 比）二戰：太平洋戰爭

第四十四象（原四五象 坎下艮上 蒙）核彈襲日，東土雪恥

這是三椿不同戰場的、極其重要的歷史事件，後兩個戰場，是和中國息息相關的。

還有一點，第四十三象預言只言過程，沒有講戰爭的結果——《推背圖》預言的歷史事件一般是有結局的，所以，其後有一象來展現其結果——本象作為這個結果，也就珠聯璧合了。

上述四十二～四十四象的預言，有始有終地把和中國相關的十四年大戰事展現了出來。這樣的設計，展現了《推背圖》完美的預言藝術。

在「金批本」中，本象和本書第四十二象隔了六象，因為迷信「金批本」的順序，人們都把本象當成了第三次世界大戰：日本被「完結」。

與上一象一樣，當前把本象解釋為三戰，在內容上，也是矛盾的，無法達到圖讖頌卦的四位一體——破解的切入點錯了。

本象解的切入點在於：「炎運宏開世界同」和圖中的「小男孩」！

二、陳曦試解

1. 解圖：原子彈炸日本

（1）圖中太陽在東邊，代表東方的日本。

（2）圖中西邊：兩人無鬍鬚，因為古代成人留鬍鬚，

不留鬍鬚，為孩童或少年，故二人可解析為男孩兒。

（3）圖中西邊：一前一後、一適中一胖的兩男孩兒，代表西方美國的兩顆原子彈：西元1945年8月6日炸廣島的原子彈代號「小男孩」，9日炸長崎的代號「胖子」，圖中體型適中的男孩在先，胖者在後，核子攻擊正是這個順序。

（4）兩「男孩兒」抓的槍，能略微上傾地指向太陽，槍和太陽基本平齊，表明他們在天上！向日而飛！正是核彈飛凌日本！

（5）本圖在《推背圖》中很特別，畫中兩「男孩兒」腳跟高高翹起、身體嚴重前傾——不是站姿——要一頭「扎」下去，喻核彈「要扎向日本」。

（6）二人用槍「扎」向日本，「扎」：諧音炸，似也在指炸日本。

（7）｛兩「男孩兒」胸前都有明顯的「心」字，「心」，喻「核」，故他們喻指核彈無疑｝！

古代金玉並稱，故第五象以「金環」喻指「玉環」；「核、心」也可並稱、互喻，東漢王充的《論衡·量知》就以「核」來喻指核心：「文吏不學，世之教無核也」。所以，「核」是「心」字的謎底。

《推背圖》作者能準確地預言出千年後事件的細節、人名，預知核彈、炸日本等概念，是很自然的。

2. 解頌

【炎運宏開世界同】

「炎」：二火，喻指二戰。第四十一象（「金批本」第四十五象）預言一戰用了「**火運開時禍蔓延**」：「**火**

運」，一個火，喻一戰。

同時，「炎」，二火，還與本象圖中兩顆原子彈相對應。這「二火」的最後打擊，使得「金烏隱匿白洋中」。

「宏開」：開啟了宏大的新氣象，戰爭場面也頗為宏大。

「世界同」：更多國家參戰，國門開放，閉關鎖國已經不可行了。

【金烏隱匿白洋中】

日本戰敗，島國在太平洋沉寂。

「金烏」：指太陽，喻日本。中國神話認為太陽裏有「金烏」（鳥），月亮裏有玉兔。「白洋」：太平洋。

【從此不敢稱雄長　兵氣全消運已終】

日本再不敢稱霸，也不允許有軍隊，軍國主義運數已終。

3. 解讖

【有客西來】

「客」：《推背圖》裏慣用「客」指代外族。

這裏特指美國的原子彈。因美國是西方國家，故曰「有客西來」。

【至東而止】

「東」，這裏特指日本。原子彈到日本而止。

【木火金水　洗此大恥】

原子彈炸了日本，東土洗雪大恥。

「木火金水」：是「歇後」用法，隱含了「土」字，和上一句「東」合為「東土」，借「東土大唐」，喻中國。

三、文征解卦

卦為「蒙」☶☵，下為坎☵，指水，上為艮☶，指山。

和上一卦一樣，卦義不合本象，但卦名「蒙」字的意義，與本象妙合——人類第一次領教原子彈，日本蒙了。

西元1945年8月6日廣島遭到核彈的毀滅性打擊，通訊斷絕，消息傳播遲緩，一片「蒙」然。8月8日下午，日本天皇才聽取到原子彈轟炸的情況和不投降的後果等報告，天皇表示應迅速結束戰爭，實際已決定投降了。由於嚇蒙了，投降動作慢了一步，盟軍以為日本負隅頑抗，9日第二枚原子彈投向長崎。當晚天皇的緊急開會延續到次日凌晨——

8月10日，日本分別電請瑞典、瑞士，將投降之意轉達中、美、英、蘇四國。15日正式宣布投降。可見「蒙」字在本象之意。

四、埋沒的歷史——抗日援華

西元1940年蘇聯開始修好日本，停止了對華的援助，不但西元1941年4月13日和日本簽訂《蘇日中立條約》，還聲明承認滿州國獨立。從西元1940年，支撐中國抗日的，就惟有美國了。

1. 美國志願軍，抗日援華

美國在對日宣戰前，暗中支援中國，美國人以各種私人名義來華，在中國組建了抗日的美國志願軍。

陳納德（Claire Lee Chennault）是美國退役飛行員，西元1937年來華。6月3日蔣介石、宋美齡接見了他，聘請他擔任

了實質上的中國空軍顧問。當時中國只有91架能起飛的老式戰鬥機。

7月8日抗戰全面爆發。陳納德馬上致電蔣介石，表示願意幫助中國抗日，遂授命以美軍標準訓練中國空軍。

8月13日，淞滬會戰。次日，陳納德派飛機空戰取勝。日本要求表面中立的美國撤走在華的空軍人員，陳納德向美國表示：「等到最後一個日本人離開中國時，我會高高興興地離開中國。」

西元1940年蘇聯陸續撤走援華人員，那時中國和日本空軍飛機之比為1:53，日本完全控制了中國的制空權。陳納德返回美國，宣傳中國的抗日，得來一百架P-40戰鬥機。總統羅斯福允許他從美國空軍中招募飛行員，應招者立即退役，以音樂家、學生、農民等各種身份來到中國，組建了第十四志願轟炸機中隊。

2. 飛虎隊揚名世界

西元1941年12月20日，十架日機侵入昆明，六架被擊落，三架負傷。志願隊無一損失，極大地鼓舞了飽受轟炸的國人。志願隊飛機頭部畫成鯊魚頭狀，昆明人不認識，叫成了老虎，「飛虎隊」由此得名。

飛虎隊以五～二十架可用的戰鬥機，迎戰總數超過一千架的日本飛機。至西元1942年7月，以空中損失十四架的代價，擊落日機一百五十架、摧毀二百九十七架，創造了世界軍事史上的奇蹟。

3. 美國航空隊進駐中國

珍珠港事件後，美國向日本宣戰，隨後派遣航空隊到

中國抗日。西元1942年7月，飛虎隊被編入美國第十航空隊，西元1943年又改編為第十四航空隊。陳納德晉升少將司令，後又任中國空軍參謀長。

陳納德率領美國航空隊，以五百架飛機的代價，擊落、摧毀日機二千六百多架，擊沉或重創敵商船二百二十三萬噸、軍艦四十四艘、百噸以下的內河船隻一萬三千艘，斃敵六萬六千七百名。

4. 駝峰航線・鋁谷

抗日的中國戰區，國軍節節抵抗，使得全國的戰略物資和大工廠得以轉運大西南。沿海港口都被日本封鎖，中國境內全部的戰略物資、生活物資最多的地方，也僅夠維持三個月。

以美國為主的國家提供了大批國際援助，每月有六千至三萬噸戰略、生活物資，通過搶建的滇緬公路運進國內，再分派到各個抗日戰場，支撐著中國曠日持久的抗戰。

西元1942年5月，日軍攻占了整個緬甸，滇緬公路被截斷。危急之中，美國決定開闢新航線替代滇緬公路，繼續援華。

新航線起印度汀江和阿薩姆邦，繞喜馬拉雅山脈南端至昆明、重慶。初期運輸機被緬甸的日本戰機攔截，航線被迫北移，飛越喜馬拉雅山南麓，航程增加二百英里，飛行高度最高達二萬五千英尺，因運輸機要在峽谷雪峰間繞行，路線象駝峰，故稱「駝峰航線」。

喜馬拉雅山南麓是西南季風逆風坡，氣候極其惡劣，加上翻越喜馬拉雅山脈的崇山峻嶺，飛機失事率驚人。後來在晴朗的時候，運輸機完全可以沿著戰友墜機殘骸的鋁片反

光飛行。其中一個事故多發地,飛機的殘骸延綿一百多公里,被美軍稱為「鋁谷」。

在駝峰航線執行任務的有美國運輸隊、美國陸軍空運隊、美國第十四航空隊、美國第十航空隊、中國航空公司等。三年多的時間裏,美國貨輪躲避著德軍狼群潛艇的封鎖和襲擊,把各種物資運往印度,再經「駝峰航線」運至中國。七十三萬六千三百七十四噸物資分配到各抗日戰場,六百零九架飛機和一千五百七十九名美國飛行員粉身碎骨。

五、掩蓋歷史,顛倒恩怨

國軍抗日期間,美國直接提供了五十億美元的援華物資,還和國軍並肩戰鬥。戰後,美國又運來了大量糧食,解救中國的饑荒。

西元1945年12月,馬歇爾來中國調停國共雙方,他在美國國會已為中國爭取到了大筆重建資金,並拿出了中國的民主、和平的建國方案。但要解放人民的領袖不需要這些(註1)。西元1946年11月,和解無效的馬歇爾回國。不久,歐洲接受了「馬歇爾計畫」,復興起來。

不說第三十九象(「金批本」第四十九象)提到美國使中華免於崩解,就二戰而言,歷史上是沒有一個國家能這樣無償無私地幫中國的。

由於那場連毛澤東事後都後悔的抗美援朝,中國被蘇聯、朝鮮當了槍使。中共發動了「三仇」教育,對美國仇視、鄙視加蔑視,教育世世代代的中國人,在心中埋下了對美國的仇恨——這是捍衛專制的法寶。

這種「不共戴天之仇」的驅使下，重慶空軍烈士陵園裏埋葬的二百四十多具美國空軍英雄的遺體，被革命掉了，只剩下了二百四十多個空穴。

日本，從明朝就開始欺凌中華：倭寇劫掠、甲午戰爭、八國聯軍、日俄戰爭（塗炭東北）、一戰侵華、二戰要亡華，致使我至少四千萬同胞死亡，它還沒怎麼認錯。而紅朝要跟它「世世代代友好下去」，領袖毛、周甚至跟訪華的日本人說：沒有日本，他們得不了天下。

上世紀八十年代，大陸開放後，一些飛虎隊的美國老兵重返昆明，恰好和一個日本商務團同乘飛機。下機時，日本人受到了市政官員的熱烈歡迎，美國老兵卻沒人答理。當晚，老兵到預定的酒店下榻竟被拒絕，因為酒店要招待那些日本人。第二天，憤憤的老兵們胸前掛滿了抗日援華戰場上獲得的勳章，走上大街，結果被中國人視為神經病。

掩埋歷史，是民族信心的衰退。

顛倒恩怨，是國家道德的頹亡。

註1：西元 1946年3月17日，共軍突然發難，攻占了四平，掀起了內戰。但紅朝的歷史不把這叫作挑起內戰，而稱為教訓反動派。

第四十五象

金本五十八象【澤水困】

民國始興　患於煞星

讖曰

大亂平

四夷服

稱兄弟

六七國

頌曰

烽煙淨盡海無波

稱王稱帝又統和

猶有煞星隱西北

未能遍唱太平歌

金聖歎：「此象有四夷來王，海不揚波之兆。惜乎西北一隅尚未平靖，猶有遺憾，又一治也。」

一、辨析

1. 為什麼本象不是指紅朝建國？

本象是哪次戰爭結束？以前眾說紛紜。

有人說本象是紅朝建國初，但這樣不但難合卦象，讖中的「**四夷服**」，和紅朝建國初的史實正相反。紅朝建國時，四夷並不服，只是驚訝而已。當時聯合國不承認它，四十五個國家對它施行禁運；臨近國家欺負它，紅朝不得不向一些窮國外援鉅資，甚至向近鄰割地，以換取支援[註1]。

本象破解關鍵的切入點在於：「**海無波**」、「**四夷服**」、「**六七國**」……

2. 二戰後民國曇花一現，為什麼本象是指它？

《推背圖》預言的是朝代的興衰，中華民國也是一個朝代，這個朝代主宰中國最盛之時（在世界地位很高），就是二戰後的不到一年的短暫和平時刻。日本投降，中國作為中緬印戰區的領導國，作為世界反法西斯四大領袖國，成為聯合國創始國和常任理事國，在世界上打出了威望。即是讖中說的「**大亂平 四夷服**」。

儘管曇花一現，儘管國力凋零，畢竟是中華大地「民國朝代」的盛時——揚威揚名之時，《推背圖》將其列為一象是必然的。

二、陳曦試解

1. 解讖

【大亂平 四夷服】

抗日勝利，二戰結束，世界對中華民國很佩服。

【稱兄弟 六七國】

指民國當時和平中的隱患——中共政權，它和世界的紅色政權組成了共產同盟。該隱患和頌的後半部分是對應的。

「六七」：六加七是十三，二戰蘇共打出了十一個紅色政權，加蘇聯、中共蘇維埃是十三個，互稱為共產兄弟(註2)。

辨析：「國」字的喻意

有個別讀者反饋：中共當時未建國，就不能叫「國」。

筆者以為這是被字面意思框住了，解推背圖是不能拘泥於字面的。

第五象「定於此處葬金環」，為什麼「金環」是喻指玉環呢？意似即可借喻，同時也是為了迷住當世人，不洩漏天機。

第十七象「運籌幸有完全女」，為什麼「完全女」是喻指「寇準」的「寇」字？形似即可指代。

本象的「六七國」，喻指十三國，意似形亦似，有何不可呢？

蘇聯、羅馬尼亞、南斯拉夫、匈牙利、保加利亞、波

蘭、阿爾巴尼亞、捷克斯洛伐克、越南、德意志民主共和國、蒙古、朝鮮、中華蘇維埃。當時這十三個共產兄弟，雖然有的還未正式建國，但已經都是共黨政權，有國家實質的機構體制了。以「國」為喻，沒有什麼不恰當。

而且民國時期，中共搞分裂、鬧獨立，搞出的中華蘇維埃共和國，有自己的國旗、國徽、國歌、錢幣等，足具國家形式。

2. 解頌

【烽煙淨盡海無波　稱王稱帝又統和】

「烽煙淨盡」：與前兩象的「盡雲煙」、「禍連天」相對。

「海無波」：從第四十一象的「海波能使江河濁」來看，「海波」喻指世界大戰，而不是指內戰！所以「海無波」是喻指二戰結束。

「稱王」：似指局部稱王、沒有獨立建國的地區，如中共統轄的區域。這在古代看來，是割據的反王，故比喻為「稱王」。

「稱帝」：似指有君主立憲制的國家，如日本戰後還保留了天皇。

「統和」：似指共和制的國家。

這兩句是講中國的世界環境：二戰結束，中國、世界進入了和平時期，舊國重建、新國誕生。

【猶有煞星隱西北　未能遍唱太平歌】

辨析：煞星

有人把「煞星」解為前蘇聯，其實前蘇聯在中國北

方，不是西北。也有人把「煞星」解為新疆獨立勢力。

要知道：「煞星」可是極其厲害的！否則不足以稱為煞星。從近代看，唯有西北的中共勢力才可以稱得上「煞星」。

頌最後兩句講中國。「西北」：這裏指陝北。「隱」：中共政權因抗日而表面服從民國，實際隱藏著拚命發展勢力，積極準備內戰。所以「未能遍唱太平歌」，天下未能太平。

3. 解圖：雙層字謎

（1）與讖相應，喻「四夷」。一人弓，是「夷」字。

（2）圖中四方，喻中華民國的統一：

東北者，喻偽滿州國。西元1945年8月15日，日本正式宣佈投降。8月16日，溥儀頒布《退位詔書》，偽滿州國解體，東北回歸於民國。

東南者，汪精衛偽國民政府。也是在8月16日，日本投降的次日，偽政府宣告解散，東南回歸中華民國。

至此，第四十二象「南山有雀北山羅」的分裂局面告終！

由此可見：《推背圖》通篇前後呼應，佈局嚴謹，不但有深邃的內涵，還有極高的文學價值，堪稱國學極品！

西南者，顯然喻指中華民國政府，它相對弱小。經過十四年的抗日戰爭，國軍犧牲慘重，陣亡三百二十萬多人；被日本又封鎖又爛炸，西南政府的國力空了，故相對弱小。

西北者，人高弓大，與頌的「西北煞星」相應，隱喻陝北的中共政權，它趁著抗日，在大後方發展起來，實力最強。

四人相對，而未背離，喻中華民國形式上統一，但有

隱患……

圖中西南、西北的人物畫謎，和本象的「困」卦是絕妙的吻合！

三、文征解卦：

卦為「困」☵，下為坎☵，指水；上為兌☱，指澤，故稱澤水困。

象曰：「水在澤下，萬物不生，喻君子困窮，小人濫盈之象。」

正是抗日勝利後的景象：民國軍民浴血奮戰，抵禦外侮而保全了中華國脈，付出了巨大傷亡犧牲而國力空虛；「西北煞星」卻靠種罌粟、製鴉片發展壯大起來……（詳見下文）

四、史實精要——「大亂平 四夷服」

1. 日軍橫掃東南亞

西元1941年12月8日，日軍偷襲珍珠港，挑起了太平洋戰爭。四個月內席捲東南亞，攻下了香港、馬來半島、新加坡、菲律賓、緬甸、荷屬東印度群島（現在的印尼），及澳洲北面一些小島，在三大海戰中蕩平了西太平洋的盟軍艦隊。

西元1942年2月15日，號稱「攻不破的堡壘」的新加坡，被三萬二千日軍攻克八萬英軍、五萬多英聯邦軍隊投降。

2. 中國遠征軍

西元1942年1月4日，日軍入侵緬甸（當時是英國殖民

地）。月底，一萬八千日軍擊潰了三萬裝備精良的英軍，英政府緊急向蔣介石求救。

緬甸的戰略地位至關重要。一旦失守，日軍將很快攻下印度與德軍會師；滇緬公路若被切斷，中國將失掉唯一的國際補給線——當時，每月有成千上萬噸戰略、民用物資從滇緬公路輸入中國。

「中緬印戰區」總司令蔣介石，派出十萬精銳，包括中國唯一的機械化部隊，組成中國遠征軍奔赴緬甸，支援那裏被日軍擊潰的英軍。

3. 初戰建功

3月20日，同古保衛戰。中國遠征軍第二百師，在沒有空軍支援的情況下，頂住了四倍日軍十二天的猛攻，使南洋日軍首次受挫。

4月16日，仁安羌大捷。日軍三十三師團橫掃緬甸，其兩個聯隊、一個大隊圍困了仁安羌油田，英總司令和上萬英聯邦軍斷糧斷水兩天，待援待降。遠征軍第三十八師師長孫立人率二個團的劣勢兵力，在劣勢地形下擊潰了日軍，解救了七千英軍、數千緬軍。又堅守三天，救出五百多傳教士和新聞記者。

4. 盟軍撤退

4月，緬甸盟軍統帥部史迪威決定，以曼德勒為依託，集中英國五個整師、中國三個軍，共計二十五萬人的優勢兵力與十萬日軍決戰。

但是，英軍患了恐日症，遇敵即潰。不但不配合我軍，還提供假情報，誘使我軍掩護其撤入印度。我軍掩護了

英軍，歸路被斷。

　　蔣介石下令遠征軍回國。孫立人抗令，率三十八師平
安撤入印度，英軍卻要繳我軍武器，以難民收容，被孫立人
以武力威懾制止。而按令回國的遠征軍主力，屢遭日軍伏
擊，退入野人山後，迷失方向，幸被美機發現領回，約三萬
人因瘧疾死在了原始森林。

5. 光復緬甸

　　孫立人的三十八師在印度接受了美軍的裝備，整編成
新一軍，自西元1943年3月掩護修築中印公路開始，從緬北
反攻日軍。日第十八師團是南京大屠殺的元凶之一，其三萬
二千精兵曾以百人的代價俘虜了新加坡的十三點四萬英聯邦
軍，這個號稱「叢林作戰之王」的勁旅被新一軍全殲。

　　西元1943年10月，退回中國的遠征軍在衛立煌率領下
發起滇西反攻。他們和新一軍共殲滅日軍五個師團、一個旅
團，日方承認陣亡九萬人。

　　西元1945年5月，新一軍攻仰光，日軍聞風而逃，緬甸
全境光復，取得抗日陸地戰區的全勝。6月，凱旋回國。

　　孫立人一生戰場無敗績。他率新一軍與日軍激戰三千
三百多次，令日軍聞名喪膽。朱德、林彪也是其手下敗將。
可惜這個傳奇的長勝將軍遭妒嫉，又遭蔣介石猜忌，被軟禁
三十年。

6. 抗日勝利，四夷敬服

　　抗日戰爭是中國歷史上最艱難的戰爭，它把一百五十
萬日軍困在了中國，為二戰的整體勝利做出了卓越的貢獻。
內憂外患的中國，能在國際援助下打敗了日本，能盡數剿滅

印緬的數萬日軍，令世界刮目相看。

中國的抗日，是世界反法西斯戰爭的起點和終點。中華民國成為世界反法西斯戰爭的四大領袖國，成為聯合國的創始國、《聯合國宣言》的三大起草國、常任理事國，贏得了世界的敬服。

美國總統羅斯福曾說：「假若沒有中國，假若中國被打敗了……有多少師團的日本兵可以因此而調往其他方面來作戰？他們可以打下澳洲、打下印度，他們可以毫不費力地把這些地方打下來。他們並且可以一直衝向中東，和德國配合起來，舉行一個規模進攻，在近東會師，把俄國完全隔離起來，合併埃及，斬斷通往地中海的一切交通線……二戰的前途就不堪設想了！」

易勞逸在《毀滅的種子》一書中說：「如果沒有內戰，如果戰後國民黨能成功地在大陸創建一個穩定的國家，現在的歷史學家將會把國民黨人對日本侵略的抵抗，謳歌成一部大無畏的英雄史詩。」

五、祕史端倪──「猶有煞星隱西北 未能遍唱太平歌」

共軍躲在抗日的大後方幹了什麼？《推背圖》會喻之為煞星？

共產黨對外做了三件大事[註3]。

（1）大生產運動種鴉片──「花籃裏花兒香，請親人嘗一嘗」

著名的歌曲《南泥灣》，留下了時代的見證──大生產運動，實際是六年大種鴉片。在全國抵制日貨時，共黨一面和日本搞鴉片貿易，一面和日本分頭把「革命的鴉片」撒

向中國。

前蘇聯史料估計：中共那三萬英畝鴉片，第一年賣了四十多噸成品，價值二十多億法幣，相當於今天六億四千萬美金。當年中共就富得流油了。

（2）勾結日本、投靠蘇聯

共黨不但和日本搞鴉片貿易，高層還一直與日本派遣軍最高司令部私通，新四軍特使聯絡部長楊帆和日軍祕密和談。這在大陸近年出版的《南京志史》、日本史料，以及前蘇聯解密史料中得到證明。

共黨跟蘇聯簽訂了〈哈爾濱協定〉、〈莫斯科協定〉，允諾：中國遼寧、安東等省的特別區域，劃歸北韓軍隊駐紮，將來可以併入朝鮮。這樣換了五十萬人的裝備，後來蘇聯又把二戰中美國無償援助它的武器的三分之一，折合三十四點三億美元的裝備賣給了共軍，中共對外號稱「小米加步槍」。

（3）打著抗日旗號徵兵徵糧——「鬼子進村了，八路進山了」

「平原游擊隊」的這句台詞，也成了歷史的見證。黨號稱「做群眾工作」，其實就是以抗日名義徵公糧、動員老百姓參軍，躲進深山避開日軍，準備去打「不抗日的反動派——蔣該死」。過硬的喉舌，使共軍發展了一百二十萬正規軍，二百萬民兵——不去打日本，而是在大後方積極籌備，一切為了內戰。

因有「煞星隱西北」，歷史自然而然地步入了《推背圖》下一象的預言——內戰！

註1：見本書第三十七象之五：歷史的嘲諷——「未必河山是我送」。

註2：注意：其餘的共產「兄弟」都不是二戰催生的，是《推背圖》本象以後的事。老撾、古巴是西元1975年、1976年通過憲法確立為社會主義的；柬埔寨民主共和國（赤柬，紅色高棉）（西元1975～1979年）是中共扶植起來的共黨政權，它過於血腥，打下金邊後，殺了全國四分之一～三分之一的人（含數十萬華僑），終被「共產兄弟」越南所滅。

註3：參照史學家辛灝年的暢銷史書《誰是新中國》。

第四十六象

金本第四十象 【山風蠱】

內戰紅朝立 兩岸分三地

讖曰
一二三四
無土有主
小小天罡
垂拱而治

頌曰
一口東來氣太驕
腳下無履首無毛
若逢木子冰霜渙
生我者猴死我雕

金聖歎：「此象有一李姓，能服東夷，而不能圖長治久安之策，卒至旋治旋亂，有獸活禽死之意也。」

一、陳曦解圖

童子：在《推背圖》裏有一種喻指，指統治時間短的人。如第十四象，用「**十三童子五王公**」來喻指五代五十多年中的十三個「短命」皇帝。圖中以童子為喻，暗指當今的當政者統治時間也不長。

本圖喻指「兩岸三地」。方位上：圖中最大的童子，位置對應地圖上大陸，最小的童子的方位對應香港，中間的童子對應台灣的位置。

圖中三童子手持玩具，港、台的兩位童子都伸手出去，而代表大陸的童子玩具自抱懷中，喻大陸當時閉關鎖國。

回首第十象預言唐朝滅亡、分裂時用了「**四海茫茫總一家**」，可見本圖還是喻指「兩岸三地」是一家。

圖中三童子都面向中間，不背離。喻指三地都明白根在中華。

二、文征解卦

「**蠱**」☶☴，音：古，下為巽☴，指風；上為艮☶，指山，故稱山風蠱。

卦象：「**風入山下，閉而不出，即物腐生蠱**，意氣不通，保守事敗。」

正是大陸改革開放前，閉關鎖國之象。大陸已經是主角了。

三、眾解精華

1. 解識

【一二三四】（陳曦試解）

本句似有三層涵義。

其一，承上，與《推背圖》上一象相應，與頌的「一口東來氣太驕」相應，似指：屈指一數，內戰打到第四年才完。

西元1946年3月17日，共軍突然發難，攻下了空虛的四平，事實上挑起了內戰；至西元1949年12月10日，民國政府、軍隊全面撤到台灣。按《推背圖》的時間跨度計演算法，是四年內戰。

其二，啟下，從《推背圖》全篇風格來看，似喻民國遷台後的國運。

民國似再將經歷四代領導人：蔣氏政權、李登輝、陳水扁（民進黨）、馬英九，而後進入「新紀元」。

其三，從《推背圖》後面各象預言的破譯來看，紅朝似乎也是「四代」運終：毛澤東、鄧小平、江澤民、胡錦濤，共四代集權、實權者。

那麼，兩個大、小朝代進入「新紀元」，應是預示著中華的統一。是誰被合併，還是兩府合一，大陸民主？《推背圖》後面自有答案。

其四：1+2+3+4=10，這是古代慣用的數字暗示方法，指大中華民國有十代掌權者；對應此象頌中的「一口」，即為「中」，這裡的關鍵是：中華民國是「中」，中共國（中華人民共和國）也是這個「中」；

　　儘管1949年後，中華民國被趕走遷移台灣，但「中」之正統仍屬於中華民國，兩岸三地以及國際上也一直有人致力於恢復中華民國，中共國實際上是佔據暫住於中華民國這塊大陸土地，依附於中華民國而存在；難怪毛澤東晚年曾說，他一生最不高興和最後悔的事就是不該改「中華民國」國號。

　　那麼十代掌權者怎麼計算呢？

　　中共與國民黨相生相剋而存在，兩岸的掌權者也基本上是同步變遷：

　　袁世凱（中華民國（北洋政府）首任大總統）、黎元洪、徐世昌、蔣介石、嚴家淦、蔣經國、李登輝、陳水扁、馬英九、蔡英文(第10位)

　　袁世凱（中華民國（北洋政府）首任大總統）、黎元洪、徐世昌、蔣介石、毛澤東（1949年後）、華國鋒、鄧胡趙、江澤民、胡錦濤、習近平(第10位)

　　為什麼把鄧小平、胡耀邦、趙紫陽歸為一個掌權者時期，是因為當時胡、趙雖名為最高掌權者，實際上最高權力在鄧小平手上，所以鄧小平可輕易把胡耀邦、趙紫陽拉下台。

【無土有主】

　　喻指民國政權失去了對大陸的統治，依然保持著自己的主權。西元1971年10月25日，紅朝才進了聯合國，接替了台灣的常任理事國席位。

【小小天罡 垂拱而治】

　　民國從一大天罡，到縮居台島，但治理得很好。

「**垂拱而治**」：｛出自《尚書》，垂衣拱手，形容治理天下毫不費力。｝但這裏顯然不是這麼簡單的意思，有時按字面是難以理解識語的。

「**拱**」：拱腰縮背，喻指台灣地盤太小。

「**治**」：與亂相對，喻指台灣治理得很好。

「**罡**」：音剛，道家指天極高處之氣。

「**天罡**」：似暗喻原來民國天下很大。現在其中國版圖還包括蒙古。

2. 解頌

【一口東來氣太驕 腳下無履首無毛】

「**東來**」：毛澤東和周恩來，指共軍。「**首無毛**」：光頭，喻指蔣介石，蔣習慣剃光頭。「**腳下無履**」：不穿鞋，涉水狀，喻渡到台灣。

本句喻指國共內戰，共軍氣勢驕盛，一口氣把國民黨趕到台灣。

「**一口**」：是日字。

「**一口東來**」：似又指日本東來侵華，是民國丟天下的原因；同時，日、東來並列，似還喻指日本和以毛澤東、周恩來為首的中共有勾結，這在前一象的祕史端倪裏有簡述。

【若逢木子冰霜渙】

「**木子**」：李，指李登輝。「**冰霜渙**」：冰霜為水變的，喻指陳水扁。

【生我者猴死我雕】

「**猴**」：猢猻，喻孫，指孫中山。「**雕**」：猛禽，類

「鷹鷟」，諧音：英九，喻指馬英九[註1]。

「生我者猴」：中華民國生於孫中山，孫文是中華民國的國父。

「死我雕」：擔任中華民國總統的國民黨員馬英九，會是最後一任國民黨提名的國家元首嗎？

另解：「生我者猴死我雕」：雕，指流年，也可以指寓意；「猴」指中國年曆的猴年，「雕」指雞年，意思是到了猴（2016）雞（2017）年，中國（中共國和台灣中華民國）會有生死大變局。

四、史實精要——「小米加步槍」

中共號稱「小米加步槍」、「在沒有任何外來援助的情況下，打敗了美式裝備的八百萬國民黨軍隊」、「蔣介石是共產黨的運輸大隊長」，不過是用來掩蓋它投蘇割地的行徑而已。

據蘇聯解密檔案，蘇聯給東北的日本關東軍最後一擊，日本投降後：

（1）蘇聯向中共提供的繳獲的關東軍裝備，至少能配備一百萬大軍：步槍七十萬枝、機關槍一萬四千挺、炮四千門、坦克六百輛、飛機八百六十架、汽車二千五百輛、彈藥庫六百七十九座（最大的在瀋陽蘇家屯），一支頗具規模的松花江小艦隊；西元1947年以前又提供步槍三十萬枝。

（2）史達林的佈置：駐朝鮮蘇軍把朝鮮的日軍武器全部移交中共。

（3）另外，從西元1946年開始，蘇聯把二次世界大戰

時，美國通過租借法案，支持蘇聯一百三十億美元武器中的四十億美元的重型武器，全部賣給了中共，而且直到西元1948年前蘇聯依然給中共繼續提供武器。

（4）蘇聯訓練中共部隊。

（5）在林彪的部隊中有數千名蘇聯軍事顧問。

另一方面，美國卻一直遏制民國的內戰，西元1946年7月～48年11月對民國軍火禁運，內戰初期甚至袒護中共，後期也沒有支持國民黨。

經過十四年的抗日戰爭，民國的國力已經打空，軍兵犧牲達三百二十一萬。抗戰勝利後，國計民生百廢待興，國民黨又滋生了腐敗和驕惰——而養精蓄銳的「西北煞星」，迫不及待地打響了四平戰役。

精良的裝備、農民的無畏、人海戰術、蘇聯支柱、強大的間諜、指揮的正確……中共開啟了歷史的紅朝時代。而《推背圖》對於紅朝，則以「驚人的密度」，把人們帶入了千古聚焦的時刻。

註1：對馬英九當選的預言，本書稿在臺灣大選前在多家網路上都有公佈。

第四十七象

金本五十七象【兌為澤】

氫彈問世 紅朝稱強

讖曰

物極必反

以毒制毒

三尺童子

四夷讋服

頌曰

坎離相克見天倪

天使斯人弭殺機

不信奇才產吳越

重洋從此戢兵師

金聖歎：「此象言吳越之間有一童子，能出奇制勝，將燎原之火撲滅淨盡，而厄運自此終矣，又一治也。」

一、陳曦解圖

圖中的小孩子，大家能想起來第四十四象（「金批本」第四十五象）中「男孩」的喻指吧？核彈！

炸廣島、長崎的原子彈代號分別為：「小男孩」、「胖子」。圖中的「三尺**童子**」，以水滅火，喻指滅戰火，讖中曰「**以毒制毒**」，可見是極端厲害的武器——非核彈莫屬，所以，似喻指核彈威懾遏制戰火(註1)。

再深入剖析，本圖喻指的是氫彈，與讖、頌、卦隱喻氫彈相呼應。

圖中孩童的武器是水，似隱喻該武器和水相關。而氫彈的製造，特色原料之一是「重水」，正與此相合。

圖中孩童為什麼選了這個造型？頭型也很特別，像禿頂？似有深意。孩童整體造型很象「重水」的裂解產物「氘」：音「刀」(註2)！而氘是製造氫彈的直接的、特徵性的原料，因為有氘，才叫氫彈，否則是普通的原子彈。

《推背圖》能預言後世大事件的細節、人名，能看到(註3)預示本象事件的重要的「氘」字，並不奇怪。

辨析：為什麼氫彈在《推背圖》會單列一象？

《推背圖》是預言後世朝代興衰的，唐後歷朝的盛衰俱在其中。本象喻指的氫彈問世，象徵紅朝武力鼎盛，「四夷讋服」，後面紅朝就只是表面稱強、實質腐敗了，所以這裏當然要為「鼎盛」來一象。

二、眾解精華

1. 解讖

【物極必反　以毒制毒】

　　指武器厲害到了極端——氫彈在手，反而能威懾對方，帶來和平。

　　「物極」：氫彈的威力比原子彈大上千倍，所以，這裏喻指氫彈。

【三尺童子　四夷讋服】

　　紅朝造出氫彈，外國很佩服（它是世界上第四個能製造氫彈的國家）。

　　「三尺童子」：喻核彈。「讋」：音哲，懼怕。

2. 解頌

【坎離相克見天倪】

　　「倪」：音尼，古文：從人，從兒，指小孩，喻指核彈。

　　「坎」：八卦之一，代表水。結合解圖的分析，似有喻氫彈之意。

　　「離」：八卦之一，代表火。

　　五行相克中：水克火。本句意思與圖中一致，喻核彈「澆滅」戰火。

【天使斯人弭殺機】

　　「弭」：音米，平息。指核彈的問世，因核威攝平息了戰火。

【不信奇才產吳越】

　　不相信中國能有奇才造出核彈。

「**吳越**」，這是古文修辭的指代用法，用部分代整體，不是指吳越地區的人，而是指中國人。雖然中國製造原子彈、氫彈的科學家，多是「**吳越**」(註4)人氏（如海歸的錢學森、錢三強、鄧稼先等），但不都是。所以，這裏以「**吳越**」指代中國。

【重洋從此戢兵師】

遠隔重洋的各國再不敢輕視大陸，紅朝已經稱強了。

「**戢**」：音急，收藏兵器，不敢動兵，引申為不敢輕視。

「**重洋**」：遠隔重洋，似有進一步的深意：拆字得「**重水**」！與圖、讖對氫彈和氫彈原料「重水」的解讀珠聯璧合了！可見還是喻指氫彈。

三、文征解卦

卦為「**兌**」☱，上下都是兌☱，指澤，為「**天降雨澤之象，有譽有譏之意**」，運勢：「悲喜交集，有譽有譏，守正道，諸事尚可稱意。」

上述正與核彈相應。「**天降雨澤**」：與圖中相應，天雨澆滅戰火。而上述運勢，正是說：核彈是雙刃劍，守正道可造福；邪用就是大禍。

卦象的「天降雨澤」與圖、頌對應，也是隱喻氫彈。

註1：紅朝第一次原子彈試爆成功是西元1964年10月16日，第一顆氫彈爆炸成功是西元1967年6月17日。

註2：「氚」是氫三種同位素之一。本象畫謎：孩童的前髮式，像氚的字頭，雙肩如氚的一橫，小臂左腿如橫折勾，水流、右腿如「氚」字底。

註3：看到：易經術數推演得再精，變化細部也推算不出來。唯有看到未來的景象，才能預知細節。西方大預言《諸世紀》就是諾查丹瑪斯看到未來的圖像寫出來的，諾氏也註明了這一點。因為諾氏隨看隨寫，不成系統，所以《諸世紀》各篇預言沒有按照時間、地點順序排列。而《推背圖》，各象井然有序、細膩入微，可見李淳風慧眼明察秋毫，沒有這個能力，他也無法稱為道家正宗的系代傳人。可見作《推背圖》不全靠易數推算，易數甚至可能只是他的表達語言。

註4：吳越：指春秋戰國時的吳國和越國所在的地域。

　　吳國：地域基本在蘇皖兩省境內。

　　越國：位於浙江大部分和江西一部分。西元前473年滅吳後盡有吳國故地，其地盤擴展到了今山東東南部，成為一個東方大國。

　　如今的吳越地區，一般是指江蘇、安徽、浙江、江西的長江流域。

第四十八象

金本四十二象【火山旅】

文革之亂

讖曰

美人自西來

朝中日漸安

長弓在地

危而不危

頌曰

西方女子琵琶仙

皎皎衣裳色更鮮

此時渾跡匿朝市

鬧亂君臣百萬般

金聖歎：「此象疑一女子當國，服色尚白，大權獨攬，幾危社稷，發現或在卯年，此始亂之兆也。」

一、辨析

有人將此象解為抗美援朝，雖然有幾句能對上，但是圖、讖、頌、卦不能解釋得渾然一體。故筆者還是選用了最流行的解法。

二、眾解精華

1. 解讖

【美人自西來】

「美人」：｛古代對皇帝一種偏妃的稱謂。｝這裏喻江青。江和毛澤東結合的時候，毛的夫人賀子珍還在前蘇聯療傷、學習。

「自西來」：江青是隨毛從陝西來北京。

本句亦點出本象的背景，政治運動能發展為文革的背景是——

【朝中日漸安】

指紅朝政權日漸穩定。

紅朝坐天下，與歷代皇帝登基後大赦天下不同，上來就大殺百姓，運動一場接一場，紅色恐怖籠罩了華夏，以此恐嚇人民，穩固了專政。

文革的前奏

（1）西元1950年3月～1952年，鎮壓反革命。

西元1951年2月，中共中央又指示說除掉浙江和皖南

外，「其他殺得不夠的地區，特別是大、中城市，應當繼續放手抓一批，殺一批，不可停得太早。」毛甚至批示說「在農村，殺反革命，一般應超過人口比例千分之一……在城市一般應少於千分之一。」以當時大陸六億人口計算，毛一道「聖旨」就有至少六十萬人頭落地。

後來紅朝宣佈殺掉國民黨相關人員及地主二百四十餘萬人，實際超過五百萬人，其中不乏為抗日做出貢獻者。

（2）「三反」、「五反」，開始城市的紅色恐怖。

（3）「反胡」、「肅反」，城市恐怖升級。

（4）西元1957年「反右」，五十五萬右派成為階下囚。全國大興洗腦教育。

（5）西元1959～1961年大饑荒，因為大煉鋼鐵，糧食爛在地裏，因為虛報產量，口糧被強收，紅旗出版社西元1994年2月出版了《中華人民共和國歷史紀實》一書承認：非正常死亡和減少出生人口約四千萬。

如此赤色恐怖下，人民只有自覺洗腦，絕對敬服，政權「漸安」。

上述兩句，是本象主體事件的背景。在這些運動背景下，運動的高潮——文革開場了。

【長弓在地　危而不危】

喻指四人幫沒掌握兵權，朝廷雖危，但最終化險為夷。

文革何以始？

毛澤東在大躍進中的「失誤」，直接導致了餓死四千萬人。毛在高層的威信一落千丈，被迫辭去國家主席一職。

毛的地位名望受到主席劉少奇等老帥的挑戰，豈能甘

休？在任何管道都不能使其鬥倒部下的情況下，利用親信的文藝特長，搞文化大革命奪權，毛親自寫了大字報「炮打司令部」，發動了文革。

西元1967年開始的文革，超過了以前任何政治運動，它利用群眾互鬥，實現了高層的奪權。四人幫及其黨羽是台前人，是文革的台前推動者和領導者。他們成功地把權力又收歸毛的手中。文革時的政治局，都是看著毛的批條行事。

2. 解頌

【西方女子琵琶仙　皎皎衣裳色更鮮】

二句都是喻指江青，在陝西成為「仙子」伴君王。

「色更鮮」：借成語「青出於藍而勝於藍」，隱喻「青」。

【此時渾跡居朝市　鬧亂君臣百萬般】

指江青在台前禍亂紅朝，鬧亂領袖和眾元老的關係，元老都被慘整。

「朝」：朝廷。

「市」：喻指公共場所，江青經常公開發表演說，親自鼓動民眾。

三、 陳曦解圖——四人幫，及幕後

圖中才藝美女指江青，毛澤東的第三位正式夫人。江青是電影演員，延安當時的美女，她搞出了樣板戲，用革命文藝占領一切舞臺。圖中美女抱樂器不拿弓：喻指江青沒有兵權，只是靠文革、文藝掌權。

琵琶：隱含了「王」，隱喻王洪文。

弓：「張」的偏旁，隱喻張春橋。

兔：兔是跳行的動物，似隱喻「跳」。圖中兔偏於右旁，「跳」的右旁，與左邊有女，合為「姚」字，似暗喻姚文元。

本圖似有另一層含義：圖中展現的四人幫，是台前的人物，至於其後台，是人們看不到的。

溫故而知新。大家回到第二十六象，圖中展現的也不是領袖人物，為什麼得以「上圖」呢？因為他們有帝王為後台！所以，表面是他們，而實質是隱喻帝王的。第二十九象的圖，也是有幕後人物的隱喻的。

難怪江青在被審判的時候，說：「我是主席的一條狗，主席要我咬誰就咬誰。」當時就被強行拖出了法庭（網路上有當時的照片）。

正因為幕後人物人們看不到，圖中也就以不展現而暗含——《推背圖》展現的都是「領袖級」人物，不在台前，必在幕後！

縱觀《推背圖》，預言的可是深刻的歷史啊！

四、 文征解卦

卦為「旅」䷜，下為艮☶，指山；上為離☲，指火，故稱火山旅。

卦象為「**火燒山野，火頭遍佈，所到之處，無一倖兔，火頭尤如行旅之人，無所定處。**」與本象絕妙吻合，正是紅朝政治運動的寫照。

五、溫故知新

　　文革十年浩劫，紅色恐怖瀰漫，人民唱著「紅朝聖經」殘酷內鬥：七萬一千二百個家庭被滅門，四百二十萬餘人被關押審查，捍衛毛思想的武鬥至少造成一百二十三萬人死亡，七百零三萬人傷殘；整個文革期間非正常死亡七百七十三萬多人，迫害波及六億人。中國的政局、經濟走上了懸崖。

　　西元1976年：1月周恩來去世；清明時天安門事件；7月朱德去世；7月28日，唐山大地震，瞞報導致二十四萬多人喪生[註1]；9月毛去世。

　　此時，四人幫依舊囂張地堅持毛的路線，社稷瀕危——好在歷史已定好了解難之人，他在《推背圖》下一象上已經「整裝待發」了。

註1：由於政治穩定壓倒一切，唐山大地震前，多家地震監測網的預報被壓制，唯有青龍縣做了緊急防震部署。大地震中，青龍縣震毀房屋一萬八千間，七千間徹底倒塌，無一人傷亡。

　　西元2005年7月，鳳凰衛視獨家節目《社會能見度——唐山大地震29年祭》，揭示了唐山大地震的漏報真相。並採訪了當時創造奇蹟的青龍縣長冉廣岐——他已經被禁聲二十九年了。

　　西元2006年1月，張慶洲的紀實報告《唐山大地震漏報真相》，輾轉五年終於出版，更名為《唐山警世錄》，售出一萬冊即被查封。

第四十九象

金本四十六象 【風水渙】

政變平亂

讖曰

黯黯陰霾

殺不用刀

萬人不死

一人難逃

頌曰

有一軍人身帶弓

只言我是白頭翁

東邊門裏伏金劍

勇士後門入帝宮

　　金聖歎：「此象疑君王昏，一勇士仗義興兵為民請命，故曰萬人不死一人難逃。」

一、眾解精華：

1. 解讖

【黯黯陰霾】

　　朝政昏暗，民怨國亂。「霾」：音埋，懸浮著煙塵的混濁空氣。

　　預言警示人們，霧霾將會造成人民劫數難逃的悲慘局面。霧霾鎖神州的到來，中華大地就到了最危險的時候。

【殺不用刀】

　　指武力平定四人幫過程沒有流血。

【萬人不死　一人難逃】

　　借「一人為萬民請命」的俗語，喻指這一事件類似政變。

2. 解頌

【有一軍人身帶弓】

　　政變為首的將軍，名字裏隱含著一個「弓」字。指葉劍英。

　　葉劍英，紅朝開國十大元帥之一，原名葉宜偉。偉字含韋，《說文解字》注為「韋：皮繩和弓弦」，正合「身帶弓」。

【只言我是白頭翁】

　　「只言」：隻言片語，用「白頭翁」這隻言片語，點明本象主人公——葉劍英。葉劍英當時七十九歲，曾做詩：

「老夫喜作黃昏頌」，自稱「老夫」，與本句意合。

【東邊門裏伏金劍】（陳曦試解）

指政變的「誘敵抓捕」，伏兵設於「門裏」，方位與「東」有關。

「**金劍**」：既指武裝，又暗示葉劍英的名字。

西元1976年10月6日，抓捕四人幫是在懷仁堂。懷仁堂位於中南海豐澤園「**東**」北。在懷仁堂「**東**」側門裏，伏兵抓捕了來開會的王洪文、張春橋。然後，又在「**東**」休息室門內，抓捕的姚文元。

【勇士後門入帝宮】

到江青的住處抓的她。「**後門**」：皇后住處的門。

江青是毛澤東的正式夫人，故以「**帝宮**」、「**後宮**」隱喻其住處。當時，江青在她住的春藕齋被警衛小組拘捕。

3. 解圖：

圖中的竹葉，隱含了葉帥的姓。讖中點出了「**劍**」字，文中敍述英勇的舉動，暗含「**英**」字；「**身帶弓**」也隱喻了葉劍英的原名。

古文常用借代修辭，以部分代整體，圖中一人並不是政變的唯一領導，而是以這個關鍵人物——葉劍英，來代表大家。

圖中老者憤然，喻指葉老對四人幫的憤恨。文革初期，葉帥曾當面怒斥江青，猛拍桌子造成掌骨骨折。

葉劍英當時是國家副主席，政治局常委、長期主持軍委，有兵權，在軍隊威望極高。抓捕四人幫，是他坐鎮中南海指揮的。

4. 文征解卦：

卦為「渙」䷺，下為坎☵，指水；上為巽☴，指風。

象為：「風吹水面，流動四散；又有春風吹散嚴寒，令冰雪消解之意」。　正是結束文革，撥亂反正之喻。

撥亂反正意味著毛時代的終結，繼任的「英明領袖」華國鋒主席也因為堅定地執行毛路線而下臺，歷史也就步入了《推背圖》預言的下一象。

此象新解：預言中國陰霾與習抓江

「黯黯陰霾，殺不用刀」，正是此時之天象，從外在看是籠罩大半中國的霧霾天氣，霧霾中的城市鄉村渾蒙不清，鬼影幢幢，人如置身毒氣室，其危害毋庸多言，最近官方網站報導，北京市近十年肺癌發病率增長約43%，這不是殺不用刀嗎。這是一個時間指向和外在表徵。

以天人合一的宇宙觀來看，內外一如，外部環境是人內心情狀的映射。自共產黨建政以來，無神論摧毀了民眾的信仰，歷次政治運動致使人人為敵，人心大壞，尤以近二十年來為甚，何也？1999年7月，借六四上位的前中共黨魁江澤民，出於妒忌和個人權力危機感，不顧政治局其他六位常委的反對，一意孤行地開始了對數千萬修煉「真、善、忍」的法輪功學員的迫害，發動全國媒體造謠誣陷，謊言鋪天蓋地，遍及每一個角落，並製造天安門自焚事件、捏造「1400例」構陷法輪功，煽動民眾仇恨達到頂點。如此毒化人心，在思想中散佈陰霾毒素，這才是殺不用刀，殺人於無形！因為思想中裝了對佛法仇恨抵觸之惡念的人，如何被佛法救

度，未來又往哪裡安身呢？由於謊言的宣傳，整部國家機器的開動，致使各層組織官員及無數普通民眾都捲入了這場迫害，人只見對手無寸鐵的法輪功學員肉身的酷刑、殺戮、活摘器官，然而迫害者本身的滔天罪業到了還報之時，他們又是在誰的迫害之中呢？這一切的元凶禍首，即已爆出日俄雙重漢奸身份、賣國貪腐淫亂的總頭子——江澤民。

「萬人不死，一人難逃」，上天慈悲眾生，只有把江澤民繩之以法，真相大白於天下，「萬人」才有免蹈死地的機會。

而今獵江之勢已成，那麼誰是獵江之人？

頌曰：「有一軍人身帶弓，只言我是白頭翁」這一句是眾所矚目的焦點。這其實是個字謎，白頭翁即「白」字上面加一個「翁」字：

——習公，即習近平。

「東邊門裡伏金劍，勇士後門入帝宮」，指習近平之籌謀佈局。此句一解，整個四十六象了然。天意已明，無需饒舌。荷天命者順勢而行，縱千難萬險，終將克定，大功可成。

第五十象

金本五十四象【澤天夬】

改革開放　共產殘局

讖曰

磊磊落落

殘棋一局

啄息苟安

雖笑亦哭

頌曰

不分牛鼠與牛羊

去毛存鞟尚稱強

寰中自有真龍出

九曲黃河水不黃

金聖歎：「此象有實去名存之兆，或為周末時，號令不行，尚頒止朔：亦久合必分之徵也。」

一、 陳曦試解

1. 解讖

【磊磊落落　殘棋一局】

本句與北宋著名的預言《梅花詩》^(註1)第八節「**如棋世事局初殘**」對應，喻指東歐、蘇聯九國改制，共產陣營解體，明顯地進入殘敗的棋局了。

「**磊磊**」：每個「**磊**」是三個石，三三得九，暗喻九個社會主義國家解體、改制。蘇聯、羅馬尼亞、南斯拉夫、匈牙利、保加利亞、波蘭、阿爾巴尼亞、捷克斯洛伐克、德意志民主共和國，正好是九個。

以數字相乘設謎在《推背圖》中常見，如二十四象的「二九四八」。

「**磊磊落落**」：基石（共產主義陣營）崩落，又有明顯、看得明白的意思。如此一語雙關，真乃謎語極品！和上部第十二象「反兆先多口」、第二十二象的「一木會支二八月」謎語一樣，堪稱古今第一謎語！

【啄息苟安】

紅朝中共在國際上四處討好，艱難地苟且偷安。

「**啄**」：鳥啄食的磕頭狀，喻不斷告求、討好。

「**啄息**」：喻紅朝在國際上用外援四處討好，以換得國際支持。

以前，紅朝中共用割地、外援來換取國際支持票，在

357

前面第三十七象裏已做介紹。中共耗鉅資、人命外援的國家都曾跟中共反目過，甚至交戰。而今，中共靠大量的外援成了非洲、拉美小國的頭頭，一旦停止或減少對他們的外援，他們也會立刻反目，拒絕在國際上投中共的支持票。西元1989年北京的「六四屠殺」，西元1999年開始的鎮壓法輪功[註2]，中共遭到民主國家的一致譴責，就是這樣，聯合國投票時，中共仍然以微弱的四票以內的優勢免予制裁，中共在媒體上不敢羅列它的支持者，因為除了中共用出賣大片國土換來的支持者俄羅斯外，基本都是腐敗小窮國。

所以，中共實際上是靠外援來求得支持，維持它的國際生存空間。

【雖笑亦哭】

指中共的統治表面歌舞昇平、繁榮強盛、和諧穩定，實際危機四伏、怨聲載道，生存得很艱難。

中央信訪部門每年接到的上訪告狀、信訪告狀事件上千萬次，基本都是民告官事件，但訪民成了中共和諧社會的不和諧音符，被驅逐、被打、被抓、被判刑、甚至被打死的事件屢見不鮮。

中國大陸等級森嚴，對平民百姓低工資，而對公務員、軍人高薪，是中共最常規的剝削手段[註3]。大陸的貧富差距已經衝到了世界前列。以世界通用的基尼係數計算，大陸的貧富差距不但世界第一、超過了警戒線，甚至到了隨時可能爆發社會動盪的邊緣[註4]。

2. 解頌

【不分牛鼠與牛羊】

「牛」：{紅朝西元1949年建國，生肖屬牛，這裏喻紅朝}，與圖中牛對應。

　　「鼠」：{北朝鮮西元1948年建國，生肖屬鼠}。共產陣營崩解後，北朝鮮因循著紅朝改革開放前的模式，自我標榜為唯一的社會主義國家。

　　「羊」：諧音，指「洋」，喻西洋資本主義國家。

　　「不分牛鼠與牛羊」：指紅朝改革開放後，喻指「不管黑貓白貓，抓住耗子就是好貓」，這是鄧小平改革開放的指導精髓。為擺脫危機而改革，「不管它姓資還是姓社」，實際是走向私有化。共產主義名存實亡，沒人信了。

【去毛存韃尚稱強】

　　「韃」：音闊，整張曬乾的獸皮。「去毛存韃」：獸皮連毛的都沒了，喻指中共只剩空殼了。「稱強」：號稱強大，逞強。

　　國際共產主義陣營徹底失敗，東歐、蘇聯還政於民，都走上了民主自由的道路。唯獨大陸紅朝，共產主義理想成了空殼，黨成了「韃」，成了特權官僚中飽私囊、維持特權的工具，還「稱強」呢。

　　本句與著名預言《梅花詩》第八節中：「豹死猶留皮一襲」相應。

【寰中自有真龍出　九曲黃河水不黃】

　　「真龍」：古代指天子，這裏也是借代的用法，指「未來」的元首。

　　「黃河水」：喻指中華大地，指代中國大陸。「黃河水」在第三十三象也出現過，也是這個喻意。

「九曲」：以黃河的曲折，喻指中華民族多災多難，道路坎坷曲折。

「黃河水不黃」：海晏河清之意，似喻指以民為本、清明治世。這是與現在大陸以官為本，一切以紅朝黨專制為核心的腐朽體制相對的。

這兩句，是接上一句紅朝治國「**去毛存鞯尚稱強**」而言，指中國會出一位「真龍」，亂久必治，他成為元首，中國將出現全新的清明之治。

同時，「**黃河水不黃**」，似借用「聖人出，黃河清」的關於孔子的傳說，暗喻要出聖人——為後面某象的「**而今中國有聖人**」打下伏筆。

這位元首是誰？他和《推背圖》預言的「聖人」是同一人嗎？

當前很多人確實把《推背圖》預言的「聖人」解析為元首，「**寰中自有真龍出，九曲黃河水不黃**」，字面上似乎可解為同一人。

但個人認為：嚴格地講，古今中外公認的聖人，中國古代唯有「孔子」，君王最多被譽為聖君、名主，沒有能稱為聖人的。所以「聖人」不是指君主。

究竟孰是孰非？《推背圖》後面自有答案。

3. 解圖

圖中牛喻指中國大陸，被五童趕向西方，指大陸的改革、私有化，實際是走「官僚資本主義」的路。

童子：第十四象「十三童子五王公」提過，**童子指執政時間不長者**。

五童：趙紫陽時代，政治局是五個常委主政（西元1985年9月～1989年5月）。

三、文征解卦

　　卦為「夬」：☰，音：怪，下為乾 ☰ ，指天；上為兌 ☱ ，指澤。

　　象為「五陽爻之盛，勢必除去唯一陰爻，故一陰孤立」；運勢：「目前雖吉，但困難及變動正在蘊釀中，宜警覺，防口舌是非。」

　　這正是當時改革開放中的高層時局。胡耀邦、趙紫陽相繼被廢，正與「勢必除去唯一陰爻」相應。下一象，就直接講到「口舌是非」招來的時局動盪了。

　　本象已預言到趙紫陽時代——這位「童子」就是下一象大難的主角。

註1：《梅花詩》是中國著名的預言，北宋易學大家邵雍所做，用十節七絕詩，預言了從宋至今以至將來的大事，第八節講到現代：

　　　　如棋世事局初殘，共濟和衷卻大難。
　　　　豹死猶留皮一襲，最佳秋色在長安。

精解摘錄：

世如棋局，資共對弈，共產崩解，大難臨頭。蘇聯（版圖）像一隻豹，豹死後，共產主義的皮鞋被中共沿襲。雖然粉飾大好形勢，但「秋色自然不會長久。長安也指中國的京城，泛指中國。」

註2：法輪功是西元1992年由李洪志在中國大陸傳出的一種氣功，信仰「真善忍」。因為祛病健身效果好，媒體常做報導，發展非常快，人員很快超過了中共黨員人數。西元1999年7月20日中共開始正式鎮壓。中共本想三個月內結束這場政治運動，但法輪功拒不屈服，鎮壓持續至今已勢成騎虎。

註3：紅朝剝削壓榨的方法五花八門：低工資是最基本的手段。西元2007年，中國統計局又拋出了中國人年均工資三千美元的數字——生活在大陸的人基本不會相信這個神話的。流落在城市的一億二千萬農民工，城鎮月薪二百～八百元人民幣的基層工人，為什麼不被統計進去？耐人尋味。上個世紀末，「義務教育」成了繼房地產之後壓榨人民的一大法寶。在「義務教育」的幌子下，西元2000年，大陸老百姓為孩子上學花了四千六百億，幾乎是當年政府規劃的教育投入的兩倍。

註4：衡量貧富差距，國際公認的是以「基尼係數」計算，基尼係數在零點三以下為最佳，在零點三～零點四之間為正常，超過零點四為警戒狀態，達到零點六則屬社會動亂隨時發生的危險狀態。

西元2000年中共《內參清樣》報導：大陸城鄉家庭人均收入的基尼係數為零點四三四～零點四四五，已經世界第一。

而據熊海濱在《經濟潮》總第三期〈全民逐富：中國大洪荒〉中介紹，一次幾個院校和學術機構的統計結果是：中國大陸的基尼係數為零點五九。約一億二千萬大陸人每天收入不到一美元，屬於赤貧。

另一方面，西元2000年，大陸官方祕密調查：省部級以上高幹中，有三千位貴族，私人資產二萬億元人民幣。

當然，如果把無官不貪的腐敗隱祕財產算上的話，基尼係數很可能超過零點五九。

第五十一象

金本五十二象 【地天泰】

民運紫陽殤　中共現末象

識曰

彗星乍見

不利東北

蹐蹐何之

瞻彼樂國

頌曰

攪槍一點現東方

吳楚依然有帝王

門外客來終不久

乾坤再造在角亢

　　金聖歎：「此象主東北被夷人所擾，有遷都南方之兆。角亢南極也。其後有明君出，驅逐外人，再度升平。」

一、陳曦試解
（本象西元1986～1989年，重點在1989年）

　　前面已分析過：第十五、十六象已經出現了「時間交叉」，似乎是《推背圖》作者為後人破解後邊各象預言，留下的鑑證。

　　從本象開始，這類時間交叉頻頻出現，因為快到古今各大預言聚焦的階段，接近核心天機了。但是各象都有主體事件，所以還可排序。

1. 解讖
【彗星乍見　不利東北】

　　「彗星」：指哈雷彗星。

　　哈雷彗星最早記載於史書《春秋》：魯文公十四年（西元前613年），「秋，七月，有星孛（音：被，慧星的別稱）入於北斗」。現代天文學家根據其軌道和時間判斷此星孛即哈雷彗星。

　　中國古代常用天象預測未來，喻世事。如《戰國策》〈魏策四·唐雎不辱使命〉：「夫專諸之刺王僚也，彗星襲月……休祲（徵兆）降於天」。

　　《推背圖》作者李淳風，作為中國古代屈指可數的大天文學家，能不差分毫地預測日食，這裏以哈雷彗星的天象來預言世事，並不奇怪。

　　「東北」：古文的東北，不是現在的東北。按前面所

述，古文應解釋為「東」、「北」二詞。《推背圖》以中國為基點，故「東」：指東歐；「北」：指中國以北的蘇聯。

這兩句預言的是本象的起始時間：哈雷彗星到來——西元1986年開始，此間**「不利東北」**，即對東歐、蘇聯的共產陣營不利。

西元1986年2月，哈雷彗星出現。3月，前蘇聯共黨總書記戈巴契夫開始了他「新思維」的改革，國際共產陣營刮起了民主、自由風。西元1989年東歐劇變，共產陣營的八個國家放棄社會主義。西元1990年德國統一，1991年蘇聯崩解。

在這個「國際大氣候」下：中國大陸八十六年學潮，順民意的胡耀邦下臺；八十九年學潮再起，順民意的趙紫陽被廢黜，旋即六四屠殺。

【踽踽何之　瞻彼樂國】

「**踽踽**」：獨自走路孤零的樣子，**踽**，音舉。「**何之**」：去哪兒。

「**瞻**」：向前望。「**樂國**」：想像中的自由、快樂的地方。本句以《碩鼠》[註1]的典故為喻。

本句指趙紫陽下臺，離開了「碩鼠」們，**踽踽獨行**，走了一條為理想，為民主自由獻身的路[註2]。

2. 解頌

【攙槍一點現東方】

現在的人都能看出來，這是指西元1989年六四天安門事件，學生、市民的民主運動被開槍鎮壓。但在這以前，人們看不出來，因為深諳古文的人，會把「攙槍」理解為彗

星，與讖中的「彗星」相應。

「攙槍」：攙槍星，古代對彗星的別稱。在天象中象徵著戰亂。

這裏的設謎，和本書第四十三象的卦「比」、第四十四象的卦「蒙」一樣，那是借卦的名字的意思來絕妙地隱喻那一象的事件，而不是用卦意的本身。那兩象我們看到《推背圖》作者用卦遊刃有餘，不拘一格。這裏同樣，用「攙槍」這兩個字意，來絕妙地隱喻本象的事件——既迷住當世人，不洩露天機，又直觀地告訴後世人，字意淺顯如此！與本書第三十五象「太平又見血花飛」的設謎之道完全一致。

【吳楚依然有帝王】

「吳楚」一帶^(註3)出了新元首。江澤民生於揚州，乃「吳楚」人氏。

【門外客來終不久】

「客」：在《推背圖》中指外族、異國。在這裏指「西來幽靈」共黨——德國發源、蘇聯改進、大陸承襲，中共建的政權，當時叫做中華蘇維埃，意思是中華的蘇聯式共黨政權，完全照搬蘇聯模式。

「西來幽靈」：馬克思的《共產黨宣言》開宗明義就是：「一個幽靈，共產主義的幽靈，在歐洲遊蕩。」

本句指外來的紅色政權終歸不會長久。

【乾坤再造在角亢】（文征試解）

「角亢」：「角」、「亢」都是天宮二十八宿中的東方青龍七宿，兩龍並提，喻指第二個龍年。因為頌首句講到「六四屠殺」，所以時間應從西元1989年「六四」以後算

起，第二個龍年是西元2012年。

本句預言到西元2012年，將「**乾坤再造**」——正與古瑪雅預言吻合^(註4)！

「**乾坤再造**」，是國共再次握手，還是共黨瓦解，還是……？《推背圖》後面自有定論。

3. 解圖

圖中太陽——喻趙紫陽的「**陽**」字。

圖中的衣著華貴之人，在《推背圖》中指代君王（見第二十一象圖），這裏喻指當時的國家元首趙紫陽。道家有老子「紫氣東來」之説，圖中方位：元首東來，隱含「**紫**」字。此人向西走，以老子西去成道的典故，喻紫陽為理想獻身——「**瞻彼樂國**」。

二、文征解卦

卦為「**泰**」☷☰，下為乾☰，指天；上為坤☷，指地。

泰卦是眾所周知的好卦，為什麼用在六四屠殺學生和趙紫陽被軟禁的一象上了？

《推背圖》的設謎，是不拘一格的。這裏的涵義，如前面第四十三、四十四象一樣，不是用卦意，而是用該字。

「**泰**」：前面第二十二象有「**否極見泰**」，這裏類似歇後的用法，隱喻「**否極見泰**」，與頌整體上是一致的！頌：從六四屠殺講到了「乾坤再造在角亢」，正是「否極見泰」！

「**乾坤再造**」之象，《推背圖》後面自有幾象説明。儘管民主之路代價甚大，但是終能撥雲見日，亦是大吉也。

《推背圖》中對紅朝黨的評價的確不高：前面的「煞星」，前一象的「去毛存韡」，本象的「門外來客」，下一象的圖，以及後面的「豺狼結隊」、「手弄乾坤」、蛇，沒有一個正面角色。

三、與《梅花詩》的對應

本象再次與著名預言《梅花詩》對應了，這次預言相吻合的是《梅花詩》第九節前二句——

「火龍蟄起燕門秋，原璧應難趙氏收」。

精解摘錄於下：

「火龍」：紅龍，赤龍。喻紅朝之黨。

「蟄起」：驚醒，喻指又開始殺人了。

「燕」：指北京，北京原稱燕京。「燕門」：天安門。

「秋」：秋殺，古代一般的斬刑集中在秋天，集中而殺，隱喻屠殺。

「璧」：指江山，《梅花詩》第一節預言北宋末就有「山河雖好非完璧」之句，以璧指代江山。「原璧」：指五千年歷史的中國。

前二句：「隱喻『六四』學生與民眾在天安門請願後遭屠殺的事件，中國應了這一難。趙紫陽因此而被打壓。」

後二句，與《推背圖》後面一象預言吻合，到時再解釋。

註1：《詩經》〈國風‧魏風‧碩鼠〉第三段：

　　碩鼠碩鼠，無食我麥！三歲貫女，莫我肯德。

　　逝將去女，適彼樂國。樂國樂國，爰得我直。

　　女：同汝，你。三：多。意思是：貪婪殘暴的統治者，別再吃我的糧食；養你多年，你盤剝依舊；我要離開你，到我理想的樂國去。

註2：大陸八九年學潮得到了全國人民的廣泛支持，學生除了向中央提出民主、自由的具體訴求外，還提出了抓腐敗，懲「官倒」——靠特權經商謀暴利的官僚子弟。趙紫陽提議中央領導公開自己的境外存款，幾乎遭到中央的一致反對。趙因同情學生被鄧小平貶黜，一直被軟禁，西元2005年1月去世。

註3：吳楚：指春秋戰國時的吳國和楚國所在的地域，揚州正位於此地。

註4：西元2012年是個極其特殊的年份，瑪雅關於人類命運的預言也指向了西元2012年！《推背圖》後幾象破解再出現2012年時，將一併闡釋。

第五十二象

金本四十三象【火風鼎】

香港回歸　君臣克定

讖曰

君非君

臣非臣

始艱危

終克定

黑兔走入青龍穴

欲盡不盡不可說

惟有外邊根樹上

三十年中子孫結

金聖歎：「此象疑前象女子亂國未終，君臣出狩，有一傑出之人為之底定，然必在三十年後。」

一、辨析

本象是《推背圖》裏最晦澀的一象，莫衷一是。有人解釋成「江、胡二位元首的關係」、「大陸和台灣的關係」，都不能將圖、讖、頌解釋得合為一體，主體也較凌亂。圖中小孩的位置雖像台灣，但是，台灣和大陸並非君臣的關係，而是近似並列的關係。台灣雖不是國，但捍衛主權，有自己的總統，其版圖上包括蒙古，可見對紅朝並不買帳。

本像是筆者歸序解完所有各象，才發現此象的含意的，於是選定了下述答案——本象主體是香港。

二、陳曦試解

1. 解圖

本象成人指大陸，孩童的位置，近似對應香港。

中國古代作畫以寫意為主，重在內涵神韻，而不在於表面的準確、逼真。所以圖中的位置，只是一種近似，而不能以絕對的方位角度硬摳。《推背圖》中不少圖都是大致地隱喻方位，如本書第四十三象。

小孩童服飾華麗，喻香港小，但富裕。成人是個窮人，喻大陸窮。

二人並向同行，小孩跟大人走，喻指香港回歸，主權在大陸了。

成人比劃著要打小孩：喻專制要強加給香港。

小孩舉手抵擋：喻港人反對專制，維護自己的民主[註1]。

2. 解讖

【君非君　臣非臣】

指原來香港與大陸的關係，租給英國沿襲英制，對大陸似臣非臣。

【始艱危　終克定】

因本象主體是香港，故此二句指香港回歸大陸後，開始「艱危」受大陸專制的打壓，但是終能「克定」，民主能克定專制。

3. 解卦（文征）

卦為「鼎」☲，下為巽☴，指風；上為離☲，指火。

卦象「有去舊立新之意」。與本象香港回歸相應，喻有了新的開始。

4. 解頌

【黑兔走入青龍穴】

「黑」：黑色對應五行的水。喻指香港為島，和水相關。

「兔」：指香港。香港地圖形似一個倒置的兔子頭。

「青」：指東方。東方甲乙木，對應青色。星相二十八宿，東方為「青龍七宿」。故「青龍」指大陸。

【欲盡不盡不可說】

香港回歸大陸，其民主、自由會不會完了，不可明說。但是——

【惟有外邊根樹上】

「惟有」：指惟有一個結果。

「外邊」：指香港。《金陵塔碑文》有「**外兒歸母邦**」，指香港回歸。

「**根**」：尋根，嫁接。

「**樹**」指大陸；

本句指西元1997年香港回歸，像果枝尋根，嫁接到母樹上一樣。

【三十年中子孫結】

「**子孫結**」：指碩果纍纍。與「**終克定**」（大陸的專制）一致。

「**中**」：中間，一半。這個解法在前邊四十二象中就用到了——「**十二月中氣不和**」。

「**三十年中**」：三十年的中間，是十五年。因為此象主體在西元1997年，故下面的話是立足97年的預言。西元1997年過十五年，是西元2012年。

2012年！這個神祕的數字又出現了！

上一象，用「**角亢**」明示2012年中國將「**乾坤再造**」，現在預示2012年，「**子孫結**」。

待2012年這個數字再次出現時——世界「九大預言」交會吻合時，將一併解釋。

註1：香港西元1997年回歸，雖說是一國兩制，但是香港屢遭大陸專制的壓制。西元2003年7月1日，香港爆發了繼「六四」以後最大的遊行示威，五十萬人走上街頭，反對香港依據「基本法第二十三條」立法——該立法將進一步箝制香港的言論、出版、集會等自由，鎮壓異議份子，並可以重刑。該立法實際針對法輪功團體的，欲從法律上除之，結果招致港人的一致反對。

大遊行後，香港特首聲明：這部備受爭議的法律仍將如期通過。因為董建華的「選民」已經是主子江澤民，不再是港民了。

第五十三象

金本第五十象【地雷復】

江虎當政　洪水猛獸

讖曰

水火相戰

時窮則變

貞下起元

獸貴人賤

頌曰

虎頭人遇虎頭年

白米盈倉不值錢

豺狼結隊街中走

撥盡風雲始見天

金聖歎：「此象遇寅年遭大亂，君昏臣暴，下民無生息之日，又一亂也。」

一、文征解讖

【水火相戰 時窮則變】

接上一象，指水火不容的西方自由社會與共產陣營的冷戰，對峙到窮盡就變了，西元1989年東歐巨變，紅色政權崩解。這是本象的國際環境，點出的西元1989年，也是本象的主角「老虎」上台之始。

【貞下起元】

以天道人事的循環往復，喻紅朝又進入了一個新開端。

「貞、元」：《周易》卦辭描述事物發展規律有四個字「元亨利貞」。

（1）以花果為喻，元、亨、利、貞，對應著含苞、繁花、結果、成熟。

（2）以四季為喻，元、亨、利、貞，近似對應春、夏、秋、冬。

本象的「貞下起元」：意指趙紫陽後，紅朝有一個新的開始——

【獸貴人賤】

「獸貴」：借用成語「豺狼當道」，指官吏殘暴貪婪，人前顯貴。

「人賤」：以民為本的中華治世之道，變成了輕視人民，以民為賤。

二、陳曦解頌、圖

【虎頭人遇虎頭年】

西元1998年虎年是本象的主體。

「虎」：生肖屬虎。「頭人」：大陸當頭兒的人。江澤民屬虎——與圖中很胖的老虎對應——江老自稱體重二百斤。

「虎頭年」：頭一個虎年，江當政後的頭一個虎年是西元1998年——

長江小洪峰引發世紀大災，江虎死保龍脈釀成滔天大禍。

西元1998年，長江流域遭受「世紀洪災」，直接經濟損失三千多億元。

但是，該年最大洪峰流量是8月16日的六點三六萬立方米／秒，遠小於二十年一遇的洪峰七點二三萬方／秒。「荊江分洪區」當地已完成了轉移工作，分洪閘就是不許開——江澤民要保龍脈，下令軍民死守大堤。

8月5日嘉魚縣潰堤，一萬一千一百人被捲走，接著九江、江心洲等地決堤。軍民奮戰六天，大堤才合攏，長江中下游成了江澤之民！

【白米盈倉不值錢】

預言字面上的意思，有時是把人引向歧途的，這樣才能迷住當世人，不提前洩漏天機。本句字面上有社會過於富足之意，但是，結合上下文，會發現不是這意思。文中喻指的是豺狼當道、虎狼專權——這不是百姓富足的社會，而是一個百姓為衣食住行奔波，被殘酷壓榨的社會。

結合上句，可知本句還是指「**虎頭年**」的大洪水。長江主幹九江段決堤時，官員下令用車、船堵口，整袋的糧食填進去五百萬噸，全打了水漂——「**白米盈倉不值錢**」。

9月洪水退卻了。這巨大的人禍——若在古代，帝王要發「罪己詔」謝罪；若在西方，為首者要辭職遭萬民唾罵。而在紅朝，軍民巨大的損失和犧牲，卻成了黨英明領導的頌歌，成了領袖作秀的資本。

【豺狼結隊街中走】

「**豺狼結隊**」：貪官結黨營私，紛紛找靠山，大搞派系。

「**街中走**」：公開。腐敗高官在社會上盡顯貴族風範。

西元1998年中國大陸國民生產總值八萬七千五百九十八億元，百分之十被黨政幹部貪走，而企業年淨利潤絕達不到百分之十，全國辛苦一年，不夠黨官一貪。西元1998年中國大陸外逃資金三百八十六億三千七百萬美元，落入高官家族的腰包。

【撥盡風雲始見天】

紅朝腐敗暗無天日，撥盡風雲，中國才能政治清明。誰來撥雲見日？靠什麼來還民青天？《推背圖》後面自有答案。

圖中：

猛虎，與頌中虎頭人相應。意義雙關，即指虎狼政治，又喻洪水。

成語「**洪水猛獸**」出自《孟子》〈滕文公下〉。本象類似歇後用法，如第16象「**天一生水**」隱喻「**地六成之**」，圖中用「**猛獸**」隱喻「**洪水**」。

三、文征解卦

卦為「復」䷗，下為震 ䷲，指雷；上為坤 ䷁，指地。

普通占卜「復」是吉卦，與本象的圖讖頌都不合。但是——《周易卦爻辭》原文中，對復卦最上一陰爻的解釋，卻與《推背圖》本象的江虎幾乎完全一致：

「迷 ，凶，有災眚。用行師，終有大敗；以其國君，凶；至於十年，不克征」。（眚：音省，過失）

「用行師，終有大敗」：正合本象的洪水。江虎死保龍脈不洩洪，調兵人數為「抗美援朝」以來之最，仍然潰堤大敗。

「以其國君，凶」：與《推背圖》本象的江虎當政吻合。

「至於十年，不克征」：江虎西元1989年6月（因「六．四」鎮壓）成為總書記，到西元1999年6月，「十年」間沒有「出征克敵」，沒有在政壇上掀起風浪。十年一過，馬上……

可能有會人說：復卦六爻，你為什麼賭著一爻來解釋？

不然。周易六爻，是從下向上演化的，爻辭解釋都是由下而上的。

「復」卦 ䷗ ，前五爻在本卦都是吉象，對應到江虎上台，初期也是沒有什麼災禍的。江因「六四」一步登天，他深知朝政的兇險，胡、趙兩位前任的下場就在眼前。江非常謹慎，對中央、軍隊元老四處討好，才漸漸立住腳。直到97

年鄧小平去世，才坐穩了位子。所以復卦本身各爻演化，到最後成了凶相，正合江虎成王之後角色的遞變。

《推背圖》本象也是起點在西元1989年的「**水火相戰**」，演化到西元1998年的凶年，「**洪水猛獸**」才是本象的主體，圖、讖、頌、卦是融為一體的。

「**復**」卦爻辭揭示了本象的猛虎「**十年不克征**」，那麼十年一過，下一象，這隻猛虎就要出征了！

歷史也就步入了古今中外各大預言聚焦的時刻……

第五十四象

金本四十一象 【離為火】

九九之劫 預言聚焦

識曰

天地晦盲

草木繁殖

陰陽反背

上土下日

頌曰

帽兒須戴血無頭

手弄乾坤何日休

九十九年成大錯

稱王只合在秦州

金聖歎：「此象一武士握兵權，致肇地覆天翻之禍，或一白姓者平之。」

一、辨析：真相不辨明，本象無法解

不破不立。舊的難以「四位一體」的解釋不破除，無法推陳出新。

現在流行的解釋是：「此象指毛澤東所行各種運動，九十九連加是二十八年（西元1949～1976年），與毛在位期相合。帽兒須戴是說扣帽子。」

但是：毛在位可不是28年，西元1935年遵義會議後至西元1976年去世，毛實際掌權四十多年。再者，毛發動的各種政治運動，也不是西元1949年後才開始。紅朝政治運動早就有了，西元1941年5月開始的「延安整風」，開創聞風喪膽的整人模式：人人過關，刑訊逼供，自殺和整死上千人。

還有人把圖中人解釋為毛澤東，說圖中人頭戴五星帽，手心相反，反「手」為毛——過於牽強，圖中人實際一手叉腰，頭上也不是五星。

由於紅朝的偽史教育，不利於紅朝的歷史或被掩蓋、或被顛倒，經受這樣教育的讀者，看到《推背圖》預言的真史，比如第十九象對「王安石變法害民」，不深度解析肯定誤以為是《推背圖》作者帶偏見。而且第39象「八國聯軍進京」也根本無法解開——偽史完全顛倒了是非。

同樣，對於本象的解讀，相信紅朝謊言的讀者，還是會「一葉障目」的。因為很多人被中共張冠李戴、蓄意編排的謊言攪渾了。

下面借用新近提出的一種簡妙的方法，揭開所有的謊言！

二、「公平—邏輯—證實」，蕩盡一切謊言

該方法基於如下判斷：

1. 沒有公平的前提的所謂「事實」是謊言，再多也無須理會。

2. 邏輯錯誤的「事實陳述」也是謊言，再多也無須理會。

3. 只需看對方在極力掩蓋什麼，那就是真相。

否定「公平—邏輯—證實」，它就等於説自己在騙人了！用這六個字來衡量，一切謊言都從根上曝光了。

從「公平」的前提來看：謊言穿上「事實」的偽裝再能迷惑人，也瞞不過「公平」的慧眼。紅朝的偽史和政治運動的謊言，壓制一切反對的聲音，不敢給民眾辨析的機會，即便所謂的「事實」再多，也是謊言。

從「邏輯」的前提來看：教別人辯證地看問題，卻不敢讓人對自己一分為二，不敢對一言堂的運動一分為二，不敢對紅朝每次鎮壓的對象一分為二。政治運動中，充滿了「以假亂真」、「斷章取義」的「邏輯陷阱」，卻不敢讓人揭露，這樣所謂的「事實」都是謊言。

蕩盡一切謊言，直接切入隱匿的真相—有了「公平—邏輯」的前提，就能做到這一點，就不會被紛亂的「事實」攪混思維了。

博採眾長，洞徹真偽，不被政治所煽惑，才是治學的正道。

三、眾解精華

　　中外著名的預言從本象開始交融，各個預言聚焦的主角悄然亮相。

　　當然被謊言封閉的人，是不瞭解這個真相的，就像文革時人們遵從紅朝的政治覺悟，能不被紅色風潮煽惑的人，鳳毛麟角。

　　人們對此的不解、甚至不屑——也在古代大預言家的預言之中(註1)。

1．解頌

【帽兒須戴血無頭】

　　「帽兒」，是「六」字，六字形狀象帽兒。

　　「血無頭」：是「四」字，形狀相似。《推背圖》第十七象用「完全女」隱喻「寇準」的「寇」字，也是這類字謎風格。

　　故本句喻指「六四」血案，一語雙關。既是六四字謎，又點出血案無頭——字謎與寓意融為一體，正是《推背圖》的妙筆。

【手弄乾坤何日休】

　　紅朝黨一手遮天，操縱言論顛倒黑白，愚弄百姓。

【九十九年成大錯】

　　西元1999年鑄成大錯——鎮壓法輪功。

　　鎮壓最凶時耗費四分之一國家財力，媒體造謠，公檢法、軍武特鎮壓，波及幾億人，數十萬人投入牢獄，數千人迫害致死。遭到世界幾十國譴責。江澤民一黨元凶遭到多個

國家起訴，至今騎虎難下。

【稱王只合在秦州】

「**秦州**」：秦始皇統治的地域，喻指中國大陸。

秦始皇焚書坑儒，是歷史上著名的暴政專制者；中共鎮壓法輪功全國焚書，抓人、判刑、整死，如坑儒再現。

本句指中共仿效秦始皇焚書坑儒一樣鎮壓法輪功，只能合在大陸。暗示在海外的謠言攻勢終將失敗。

和歷次運動一樣，鎮壓初期，一言堂的輿論攻擊鋪天蓋地，歪曲捏造、威逼構陷……媒體在政治掛帥下無所不為，但是那些謠言在海外都被揭穿了，紅朝最終自掘墳墓。

2. 解識

【天地晦盲】

朝政昏暗，天地無光。見上一象的江虎當政，豺狼橫行。

【草木繁殖】

在上述天象下，法輪功迅速發展、傳播起來。

「**草**」：喻指法輪功群眾，這個比喻以後還會出現。「**木**」：喻法輪功創始人屬兔，兔在五行中屬木，姓李，「李」字含木。「**木**」的這個比喻用法，在韓國古預言《格庵遺錄》中多次出現，也是這個喻意。

【陰陽反背】

道家術語，喻乾坤顛倒。道家認為：天象變化，人世間會隨著變，所以這裏也指人間顛倒，人心被迷亂。

【上土下日】

喻乾坤顛倒，和上句「**陰陽反背**」一致。又有雙關之意：土蓋日，喻光明被埋在土裏，指「真善忍」被譭謗。

四、文征試解

1. 解卦

卦為「離」☲　，代表火。「離」卦為烈日當空之象，火紅、紅火。對應到本象，火：火紅，喻赤色（政權），暗喻火龍[註2]。

本卦上下都是八卦中的離☲　，二火，喻兩次政治運動，與頌相應，指鎮壓「六四民運」和「法輪功」。火龍鎮壓平民，全國上下紅色恐怖。

2. 解圖

圖中戲子顯然指江澤民（人稱江戲子），踩圓輪，指他鎮壓法輪功。

江戲子的由來：西元1996年，江出訪菲律賓，在總統晚宴上不請自唱，高歌一曲「溫柔地愛我」。西元1999年3月30日，江訪問奧地利，在總統陪同下參觀莫札特故居，江主動跑到莫札特的鋼琴前彈奏「洪湖水浪打浪」。西元2002年，江訪問冰島，在國宴上突然起立高歌一曲，在場賓主都錯愕不已，整個情景上了冰島最大的日報。江在外國元首面前不請自唱、突然拉元首夫人跳舞的事屢見不鮮，因熱衷於作秀而得名。

五、九部預言大聚焦（文征）[註3]

1. 《推背圖》本象的預言
2. 《諸世紀》的名篇——日本人曲解，紅朝誤導

紀十第七十二首（二十五章注解本第二十四章第二十

三首）

一九九九年七月　　　　　　　（1999年7月鎮壓法輪功）

為使安哥魯亞王復活

恐怖大王將從天而落　　　　（紅色恐怖）

屆時前後**瑪爾斯**將統治天下　　（瑪爾斯＝馬克思）

説是為讓人們獲得幸福生活

　　一個日本人把這首錯誤地破解為「世界末日」，中共以此來詆毀《諸世紀》、斷章取義栽贓法輪功，以致很多人上當。

　　其實，這首「西方最著名的預言」應驗得毫釐不爽！中國大陸人對西元1999年7月紅朝中共開始鎮壓法輪功時的紅色恐怖一定記憶猶新。這是《諸世紀》唯一註明時間的一首，足見對這首的重視。

3.《馬前課》的明示

　　中國古代著名的預言《馬前課》，第十一課預言了紅朝的興衰，第十二課預言「聖人」遭大難，即指法輪功被鎮壓，但終能時來運轉。

拯患救難 是唯聖人

陽復而治 晦極生明

「**拯患救難 是唯聖人**」：聖人是來拯患救難的。

　　「**陽復而治**」：陰氣盛過之後，陽會復甦重生，那時會有大治。

　　「**晦極生明**」：黑暗到了極點就該開始見光明了。

4.《梅花詩》的點睛之處

第九節

火龍蟄起燕門秋，原璧應難趙氏收。

一院奇花春有主，連宵風雨不須愁。

第十節

數點梅花天地春，欲將剝復問前因。

寰中自有承平日，四海為家孰主賓。

　　第九節前半部分與第五十一象對應，前面有述。後半部分，以「**奇花**」喻法輪圖形，第十節言明是「**梅花**」，點出全詩名字的由來。

　　「**剝**」：☷，六十四卦之一，五陰迫一陽，陰盛陽衰；卦象：小人當道，正義被損，惡運纏身。

　　「**復**」：☳，六十四卦之一，一陽在下，五陰在上，陰極而生陽；卦象：喻春回大地，一元復始，萬象更生，漸次可成。

　　「**剝復**」：借成語「剝極必復」，比喻物極必反，倒楣到頭會轉運，和《推背圖》上一象否極泰來意義相同。

　　「**前因**」：先前的因果，宿緣宿願。「**寰**」：寰球，寰宇，指宇宙。

　　《梅花詩》第十節前三句解為：這些傲霜雪的「**梅花**」在迎接春天，向世人「展示著春天的到來」；剝極必復，冬去春來是歷史規律，宿緣宿願自會結果，寰宇自有承平之時。與第九節後兩句意思一致。

　　第十節最後一句與《推背圖》第五十九象吻合，到時再解。

5.《百字銘》

《百字銘》是民間流傳的預言，近代流傳的「東莞石碑讖文」，是《百字銘》破解為七言詩的形式。

大
總不移少引證憑處處道
半兌傳濟口急急莫有本
字坤堤木金水合改人無
上離垂大願人火人示涯
會眼柳誓喜笑八也維際
同著楊鴻喜笑九把時人
合方著結濟歸九刀弄愈
個八趙歸璧完乃提入好
機面西還子佛來算扣愈
玄即立為轉九丹金知奇

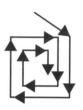

解讀順序

這是「轉輪藏頭詩」，順時針旋轉解讀，由外至內；每句最後一字的一部分，是後一句第一個字。百字篇幅，專喻當今事實，精妙之至。

「**大道本無涯際　示人愈好愈奇**」：此大道、大法無邊無際，傳示給人們，極好，乃奇珍異寶。

「**可知金丹九轉　專為立即玄機**」：「金丹九轉」，喻修行的正法大道，可立即進入玄妙之乘。

「**幾個合同會上　一字半總不移**」：指《轉法輪》成書情況，根據講課錄音整理而成，法書不能被改動一字。

「多少引證憑處　外處有人示維」：大道正法有許多古今的印證，習練中也有人示範、驗證，效果顯著，吸引眾多民眾。

「住時弄入扣算　廿來佛子還西」：「廿」：二十，音念。指法住人間，安排井然，傳法、正法二十年結束——與**瑪雅預言（下文）吻合**！

「四面八方著眼　艮離坤兌傳濟」：正法弘傳華夏乃至世界。

「齊口急急莫改　文人也把刀提」：齊聲口誅筆伐，文人提筆作刀。指法輪功遭到政府喉舌全面攻擊、鎮壓。

「是乃完璧歸趙　走著楊柳垂堤」：最終能還清白如玉璧，全部昭雪，如春風綠岸，堤柳揚春。

「土木金水合火　八八九九歸濟」：五行完善，乾坤歸正。

「齊結鴻誓大願　原人笑笑喜喜」：古來宿願了結，皆大歡喜，最終是完美的結局——與《推背圖》五十九象一致。

6.《金陵塔碑文》——時間更精確的預言

金陵塔原位於南京城郊，為明朝所建，民國期間被拆。拆除時，發現一石碑，碑文預言了——自拆塔開始，到現在、未來的大事。其文共一百零三句，前四句：「**金陵塔，金陵塔，劉基建，介石拆**」。由此判斷碑文為明朝開國元勳宰相劉基（字伯溫）所作。

劉基精通「周易」，留下了一些著名的預言。他的預言通俗、描述多、慣用比喻，風格和《推背圖》、《梅花詩》、《馬前課》截然不同。

《金陵塔碑文》第四十九句為：「**外兒歸母邦**」，從

上下文中的時間上看，是指香港回歸的西元1997年。接下來的事件，第52句以後：

> 靈山遭浩劫　烈火倒浮濤
>
> 劫劫劫　仙凡逃不脫
>
> 東風吹送草木哀　洪水滔天逐日來
>
> 六根未淨隨波去　正果能修往天臺
>
> 二四八　三七九　禍源種已久

前面幾句顯然喻指修行的人遭劫難——劉基的預言比較明瞭。

「三七九」：三九七，西元1999年7月。詩為對仗押韻常顛倒詞序。

「二四八」：暗示陰曆六月初八。1999年六月初八，陽曆是7月20日，正是鎮壓法輪功的日子。

「禍源種已久」：紅朝黨想鎮壓法輪功不是一天兩天了。從西元1996年就開始構陷了，可是一直沒找到罪名，只好下內部檔給法輪功定性，從政治運動的高度，發動下屬盡力造謠。

7.〈啟示錄〉——振聾發聵的啟示

「只要人有一隻耳朵，就要讓他聽到。」

「If anyone has an ear, let him hear.」

這句尖銳的忠言，在〈啟示錄〉裏出現了四次。

〈啟示錄〉是《聖經》最後的章節，是著名的預言——這在〈啟示錄〉的開篇，就說明瞭。其通篇用象徵手法做預言。

（1）十二章：赤龍下世

「一條赤色大龍，長著七個頭，十個角……（從天上）被摔下來，它就是那條古蛇，名叫魔鬼或撒旦，是迷惑全人類的。」

本句與《梅花詩》中的火龍吻合。火：火紅色，喻紅色政權。赤龍，喻中共。

（2）十三章：

「那獸得到一張誇大褻瀆的嘴巴……被授權可隨意行事四十二個月。那獸開口侮辱神、褻瀆他的名、他的居所和天人，它被准許攻擊神的子民，也被授權可轄制各部落、各民族、各國家和說各種語言的人。」

「他又叫眾人，無論大小貧富，自主的，為奴的，都在右手上，或是在額頭上，受一個印記。除了那受印記，有了獸名或有獸名數目的，都不得做買賣。聰明的可以算計獸的數目——六六六。」

「六六六」：喻獸的姓氏、權杖、迫害信仰的機構。江——六劃；他的權杖——共黨的「共」——六劃；迫害機構——六一〇辦公室：江的「文革領導小組」，凌駕於公檢法之上，迫害法輪功、民間基督教、氣功。

「右手受記」：入黨、團右手宣誓；舉右手政治表態，和黨一致。

「額頭受記」：公檢法、軍武特的帽徽。

「不得做買賣」：鎮壓法輪功，誰不和黨保持一致，就失業，經濟上被卡死。

8. 獅身人面像下的預言書——1999年、恐怖魔王

西元三世紀的經典《梅路西》^(註4)裏有一個古老的傳

説：天神「伊凡卡」護佑萬物的《智慧之書》被偷了，藏在獅子座附近。篤信的人們認為這是一個啟示，就在埃及金字塔旁的獅身人面像附近搜索，果然在獅身人面像前足下二米左右的地方，正對著黃道面獅子座的地方，發現了一個空洞，裏面有一部羊皮書手稿，作者署名為鄧尼斯，成書約在西元前八世紀。於是該書被稱為《智慧之書》。

該書預言了**一九九九年的大恐怖**，還預言了一位魔王的出現：

「我不知那是什麼時候，人類中出現了一位魔王，他擁有曠世的權力，他的子民們為了滿足他的欲望而屠殺、侵略和掠奪……我親愛的孩子們哪，你們千萬不要聽信他說的話。他的每一句話，都將把你們帶到不可回復的罪惡和災難之淵。」

以前人們認為這恐怖魔王指希特勒。但是，聽信希特勒的話，並不能把人帶進「不可回復的罪惡和災難之淵」，很多信希特勒的人，戰後也沒怎麼樣。倒是《聖經》講的赤龍、古蛇、「六六六」，信了他們，要遭到天譴，並在末日審判中遭殃——所以筆者判斷：

（1）「我不知什麼時候」是隱語，就是指該書中提到的1999年！

（2）其中的恐怖的「魔王」，和《諸世紀》的恐怖大王，和《聖經》中的「六六六」，和《推背圖》本象的「戲子」，是同一個人！

（3）「他的子民們為了滿足他的欲望而屠殺、侵略和掠

奪」：指紅朝公檢法、軍武特為了滿足領袖的欲望——妒嫉、權欲、名利等等，對法輪功人員**掠奪**、侵略、屠殺。大陸的法輪功人員很少有不被中共抄家的，這是公然掠奪。黨在海外買通華人媒體給法輪功造謠、壓制言論，是文化**侵略**；法輪功人被牢獄整死有證可查的達三千多人，黨把數萬不屈的法輪功人祕密關進集中營，活摘器官做移植謀求暴利，即是上文所說的「**屠殺**」。

「**罪惡和災難之淵**」：與〈啟示錄〉中末日審判及相應災劫一致。

9. 古瑪雅預言——精妙的天象計算

古瑪雅的天文曆法，認為西元前3113年～西元2012年，太陽系正經歷一個「大期」，其中西元1992～2012年，為最後一個階段——稱為「**地球更新期**」，地球要完全達到淨化。

西元2012年12月31日將是瑪雅人長曆法（Long Count Calendar）中本次人類文明結束的日子。西元2012年冬至，太陽將與銀河系的黃道和赤道的交叉點完全重合。人類將進入一個與本次文明無關的全新的文明。

終結日暗示宇宙的覺醒和精神意識的轉變（Cosmic Awareness and Spiritual Transition）。

這個二十年，與《百字銘》預言的「**廿來佛子還西**」的二十年一致。

西元1992年，正是「真善忍」心法公開傳世之時；西元2012年，《推背圖》兩次提到，那將是終結、結果之年，將「**乾坤再造**」（第五十一、五十二象）。

註1：見本稿第五十六象註解。

註2：《梅花詩》第九節「**火龍蟄起燕門秋**」，以「**火龍**」喻共黨。

註3：還有些預言也預示了法輪功的傳世和劫難。如古朝鮮預言《格庵遺錄》，近年南韓的正浩的破解，明確指出了其中預言的大法大道指法輪功，聖人姓李，屬兔，以及傳法、法難、難中的牢獄之苦和世人不明的嘲笑，以及圓滿成功的結局等等。

註4：《梅路西》是《舊約》一個古老的副本，約流傳於三世紀的歐洲。

第五十五象

金本四十八象【天火同人】

龍蛇亂寰宇 聖經示天機

讖曰

卯午之間

厥象維離

八牛牽動

雍雍熙熙

頌曰

水火既濟人民苦（吉）

手持金戈不殺賊

五十年中一將臣

青青草自田間出

金聖歎：「此象疑一朱姓與一苗姓爭朝綱，而朱姓有以德服人之化，龍蛇相鬥，想在辰巳之年，其建都或在南方。」

一、辨析

目前都說圖中是龍蛇相鬥——圖中龍不像是鬥的架勢，讖、頌中沒有任何鬥的意思。

本象是《推背圖》裏最難解的。筆者斷續苦思五年未果，幾乎查遍了迄今所有的解釋，都不能令人滿意——因為「圖、讖、頌、卦」要解釋得融為一體，圍繞一個主題，才能算解對了。

還是文征在《聖經》〈啟示錄〉的啟發下，從本象三個卦名入手，終於解出了滿意的答案。下面就從破解思路入手，逐次破解。

二、《聖經》中的赤龍和古蛇

〈啟示錄〉十二～十三章：

「天上出現了一個神祕的景象：一條**紅色大龍**，長著七頭十角，每一個頭上都戴著王冠，它的尾巴把天上三分之一的星辰捲到了地上……」

「**赤龍**被擊敗了，從天上摔到地上。它就是那條**古蛇**，名叫魔鬼或撒旦，是迷惑全人類的。」

「那獸得到一張誇大褻瀆的嘴，被授權可隨意行事四十二個月，那獸開口侮辱神、褻瀆他的名、他的居所和天人，它被准許攻擊神的子民，也被授權可轄制各部落、各民

族、各國家和説各種語言的人。」

三、文征試解

1. 解圖：與讖、頌、卦一致，龍蛇並非鬥！

　　圖中的「龍」：喻赤龍，與〈啟示錄〉預言中的赤龍和《梅花詩》預言的火龍一致。龍在人間為無形，喻指無形的掌權的赤黨。

　　圖中的「蛇」：蛇在人間有形的，喻指黨元首（〈啟示錄〉喻之為獸）。

　　江澤民鎮壓法輪功可是衝在最前頭的。西元1999年9月，江在紐西蘭的亞太經合會議上，親自給每個國家元首遞上誣衊法輪功的小冊子，失盡體統。本想希望外國「正面干涉」，支持他的鎮壓，沒想到不但沒有政府支持，還遭到西方國家的譴責。只好説外國「干涉內政」，把「反對獨裁專制」定性為「反華」。西元1999年10月25日，江在接受法國報紙《費加羅報》採訪時，第一次稱法輪功是「邪教」，隨後傳旨給人大，要給法輪功做法律定性——人大只好出了一個司法解釋，但是，也無法明文把法輪功定義為「邪教」，只好靠媒體炒作，讓大家囫圇接受。

　　圖中「蛇」和「龍」似在祕密交流，意指江代表黨，密謀發動政治運動。

2. 解卦

　　卦為「同人」☰，下為離 ☲ ，指火；上為乾 ☰ ，指天，故稱天火同人。是「二人同心，合作共事之意」。

　　《推背圖》第二十象也是同人卦，喻指北宋蔡京父子

398

弄權。在本象，應是指「赤龍」和「古蛇」一起禍亂人間，鎮壓法輪功。

從卦象的演化上來看，從上一象「離」☲ 演變為「同人」☰，一陰爻變為陽爻，有比前一象的鎮壓法輪功更勝一籌之意。讖中「**象維離**」——還維持著「離」卦（的赤色恐怖），可印證鎮壓加劇之意。

西元1999年鎮壓法輪功以後，全國「抓捕」的到北京為法輪功上訪的人士數百萬人次，基本都被拘留，勞教、判刑數十萬人次，至今已經迫害致死三千多人。

3. 解讖

【卯午之間】

西元1999年「卯」兔年～西元2003年初的「午」馬年「之間」。

【厥象維離】

其卦象維持著「**離**」卦（的狀態），結合上一象喻中共整法輪功的「離」卦，這裏指紅色鎮壓的恐怖還在繼續。

【八牛牽動】

「八牛」：朱，喻紅色，指紅朝赤黨，牽動著這場政治運動。

【雍雍熙熙】

「雍」：和諧。「熙」：人多。

指被鎮壓的法輪功群體人很多，但是他們沒有採用暴力反抗。

4. 解頌

【水火既濟人民苦（吉）】

是「苦」還是「吉」，並不影響本句的破解，因為漢語的內涵在字意的背後，有時相反的字表達的意義相同。比如說：

「中國隊大勝日本隊」，和「中國隊大敗日本隊」，意思完全一樣。

但從韻腳上看，似是「苦」字，這樣押韻；從句意上辨析，也似是「苦」字。從上下文看：「**水火既濟人民**」本應是吉祥，這裏卻是「苦」，意外！「**手持金戈**」應該殺賊，卻「**不殺賊**」，又是意外！顛倒了嘛，和上一象的「**陰陽反背，上土下日**」的乾坤顛倒遙相呼應了。

「**水火既濟**」：卦名，「**既濟**」是 ䷾，上邊是坎 ☵，代表水，下邊是離 ☲，代表火，所以此卦常被稱為「**水火既濟**」，是水火相濟，名利雙收的成功之象，但好景不長，初吉終亂。

整法輪功正應此象，鎮壓法輪功完全和獎金掛鉤，很多人把這場運動當作升官發財的捷徑，黨在表面顯得很成功——可是好景不長，「**卯午之間**」一過，就招來了第一次天譴——時間一天也不差（見下文P.401）。

所以，本句的不同版本，不管是「人民苦」，還是「人民吉」，都吻合了上述解釋，因為人民——似吉實苦。

【**手持金戈不殺賊**】

「**手持金戈**」：黨握住鐵腕的國家機器，公檢法、軍武特齊上陣。

「**不殺賊**」：不殺壞人，喻指殺、整良善之人，還是整法輪功之意。

【五十年中一將臣】

紅朝建國五十年裏，出了一個凝聚力頗大的人。

「**將臣**」：能帶領人民，號召力大的人。

「**五十年**」：紅朝建國五十年。從西元1949年算，正是西元1999年——九九大劫，鎮壓法輪功、矛頭直指這位「將臣」之年。

本句無疑是指法輪功創始人李洪志。西元1999年紅朝鎮壓法輪功，世人才看到法輪功信仰的凝聚力。這樣的凝聚力，在紅朝是絕對禁止的。

【青青草自田間出】

「**草**」：草民，百姓，這裏似指法輪功人員，這個比喻在第五十三象就出現了，以後還會出現。以草喻指法輪功人員，暗喻他們像田間的草一樣——野火燒不盡，春風吹又生。讖中的「離」代表火。

「**自田間出**」：破「土」而出，指海外和大陸的法輪功人員，開始走出來，抵制中共的迫害。

回到第五十三象，圖中江虎對「草」虎視眈眈，可見江虎是這些「草」的天敵。

四、祖宗的警告
——卯午之間龍蛇亂，四十二月定天譴^(註1)

《推背圖》這一象的「**卯午之間**」（西元1999～2003年初）出現奇怪的「**水火既濟**」，即打壓法輪功而不招天譴，這個奇怪的現象，和《聖經》〈啟示錄〉裏的可以肆意誹謗四十二個月，在時間和意義上吻合了。

　　〈啟示錄〉裏幾處點出四十二個月為一千二百六十天，那麼這一千二百六十天過後，是否有天譴呢？

　　首先，四十二個月的起始演算法，《諸世紀》預言的很明確，是西元1999年7月，恐怖鎮壓開始時；劉伯溫的《金陵塔碑文》極其準確地預言了這個日子，西元1999年7月20日鎮壓。過一千二百六十天，正好是西元2003年1月1日，剛好過完四十二個月！

　　而這一天，正是SARS剛開始感染醫務人員，被大陸醫界一線的權威認識到——非典是一種傳染性極強的新瘟疫的時候！1月2日，權威專家即趕往廣東河源市調查會診。可見天譴的安排，一天也不差！

註1：朝廷無道，招惹的天災人禍，百姓跟著遭殃，自古的規律就是這樣。《舊約》的〈出埃及記〉，講述的懲罰昏君的天災，百姓也跟著受罪。

　　基督教的殉道史即是歷史的鑑證。耶穌被釘在十字架上，他的信徒被誣陷為邪教徒、危害社會，基督徒被羅馬民眾侮辱、殺死，被扔進鬥獸場餵獅子，羅馬人沒有同情，只有嘲笑。結果先後召來四次大瘟疫，全國三分之二以上的人死於瘟疫，強盛的羅馬帝國由此敗落。

　　中國古代也有很多故事，告訴人們對修行者善待能得福報，惡待則招災禍。其實，在這場古今中外預言聚焦的大劫數中，人們能夠識別正邪、能夠趨善避惡，也許就因此種下了未來福田的因果。

第五十六象

金本四十四象 【火水未濟】

聖人顯現　陰陽對峙

讖曰

日月麗天

群陰懾服

百靈來朝

雙羽四足

頌曰

而今中國有聖人

雖非豪傑也周成

四夷重譯稱天子

否極泰來九國春

金聖歎：「此象乃聖人復生，四夷來朝之兆，一大治也。」

一、辨析

本象所傳甚廣，爭議甚大，關鍵在於「**日月麗天**」和「**聖人**」。

不推陳無以出新，這個關鍵的前提不定下來，本象無法解開。

（1）近來大陸盛傳「**日月麗天**」指胡溫，認為胡溫新政能帶來大治。

《推背圖》是按正體字設的謎，溫的簡體字為「温」，但正體字溫，沒有日。第十象隱喻朱溫的「溫」，用的是「**泛水不滌　有血無頭**」，血無頭為「皿」，與「泛」合為「溫」字。故本象「日」不是指溫。

胡也沒有「否」運，頌中的「**聖人否極泰來**」也就合不上他了。

再者，把「**聖人**」解成兩個人，顯然不妥，與其他七句也難貫通。

（2）以前有人把「**日月麗天**」解為胡耀邦、趙紫陽。

雖然胡、陽的繁體字分別有月、日，但是不能把聖人解成兩個人。他倆「否極」，但沒有「泰來」，頌中的「否極泰來」也不是說他們。

二、陳曦試解——陰陽對峙

1.讖——喻中共一方

【日月麗天】

「月」：指胡錦濤的「胡」字，代表中共的胡派。

「日」：曾慶紅的「曾」字、李長春的「春」字，都有日，代表中共的江（澤民）派。

「麗天」：（中共內部兩派）在朝中爭豔，角逐。

西元2002年後，胡錦濤成為中共形式上的元首，曾慶紅作為江澤民的代言人，成為中共的副元首，兩派明爭暗鬥不斷。江澤民在很長一段時間裏，仍實權在握，胡錦濤一派前期處於弱勢。政治局常委中，胡派與江派的人馬比例是四比五。

而後胡派力量上升。西元2007年中共第十七次代表大會後，政治局常委中，胡派對江派是五比四，江派的勢力，用李長春代表了。

【群陰懾服 百靈來朝 雙羽四足】

「陰」、「靈」：道家指陰性的生物，喻邪惡的人。

「來朝」：來朝為官。

「雙羽」：禽；「四足」：獸。

「雙羽四足」：禽獸。上述解釋與第五十三象的「豺狼結隊街中走」、「獸貴人賤」吻合、呼應了。

「懾服」：都懼怕中共。中共整人的手段集古今之大成，紅朝的官員無論大小，都怕政治運動，都懾服於中共的政治淫威。

綜合五十三～五十九象，「陰」、「靈」、禽、獸：是指朝中懾於「江虎」一方的淫威而和江保持一致，鎮壓法輪功的官員。使聖人落入「否」運。

自第五十四象，古今中外的預言聚焦於「九九法難」，太多的人渾然不知，難怪古代預言家要留下預言警示後人，甚至《諸世紀》對今人的「渾然不知」的狀態，也要預言一下（見下文）。

2.頌——喻「聖人」一方

【而今中國有聖人 雖非豪傑也周成】

當代中國出了聖人，不是豪傑，是象周成王一樣，帶來天下大治。

中國有記載的歷史上，周成王締造了第一個盛世——「成康之治」。

「聖人」：不是指國君。歷史上稱名主為「聖主」，但沒有稱聖人的。聖人是教化人的導師，能使人、社會提高道德的。這裏指法輪功的導師——這個解析，與第五十四～五十九象的內容吻合，與第五十九象的謎底一致。

【四夷重譯稱天子】

「夷」，外國。「重譯」：法輪功的書籍譯成二十多種語言，其中阿拉伯文版是從英譯本再譯過去的——「重譯」。

「天子」：古代為君王，喻現代的領袖，這裏引申為精神領袖。

本句喻指中國「聖人」的著作在多國發行，在海外被譽為精神領袖。 同時暗示聖人此時在外國。

法輪功到本象時（日月麗天開始時的2002年）已經弘傳到世界八十多個國家，書籍譯成二十多種文字，李洪志和法輪功在外國取得了廣泛的榮譽，受到世界各國政府、機構

給予的褒獎二千多項。

【否極泰來九國春】

聖人及其傳播的法輪功歷盡劫難,將走出惡運,迎來世界的春天。

「**否**」:音匹,否卦,指惡運;「**泰**」:泰卦,指好運。「**九國**」:喻指世界,與第五十九象「**世界福**」相呼應。「**春**」:春滿人間,喻幸福。

3. 解圖

字謎:圖中背弓之人,一人弓,是「**夷**」字,與頌的「**四夷重譯稱天子**」相應。

圖中長者泰然端莊,與頌的「**聖人**」對應。

圖中「**聖人**」講法於「**夷**」,似喻指「**聖人**」此時在海外傳法。

這樣,本象的謎底揭示出來了:對應到現在,大陸紅朝迫害法輪功時,「**聖人**」處於頌曰「**否極泰來九國春**」的「**否**」運階段,只能是在海外傳法,就與圖中傳法於夷的一層涵義對應了。

同時還有另一層涵義,畫謎中又似隱喻兩方對峙:平和端坐的聖人一方,和靠暴力鎮壓的中共一方,《推背圖》畫謎一圖多意,背弓既喻武力,弓又與共諧音。故本圖是喻指中共以武力鎮壓,遭到法輪功不屈不撓的抵制,而形成對峙,與讖、頌對峙的解析是相應的。

4.雙方對壘:陽漸盛,陰漸衰

溫故而知新,回顧前面:

第五十四象「九九大劫,預言聚焦」:讖曰「**陰陽反**

背」，是**陰盛陽衰**之象，傳法的劫難開始。那象的主角江戲子，腳踩圓輪很得意。

第五十五象「龍蛇亂寰宇」：鎮壓升級，但法輪功走出來抵制迫害——「**青青草自田間出**」，陰、陽之爭——**陽漸出，陰漸消**。主角是「龍蛇」，還是鎮壓的一方。

第五十六象，圖已經正面展現主角「**聖人**」一方了，暗示「**聖人**」一方已經開始為人們所認識。頌中出現了「**否極泰來九國春**」，預示「**聖人**」一方終將克定鎮壓的一方。可見本象——**陽漸盛，陰漸衰**。

這也是大預言《馬前課》中專門講「聖人」的第十二課「陽復而治，晦極生明」的預意。

中共高官已經有三十多人在海外遭到起訴^(註1)，有的已被判有罪。他們出訪海外遭到的是持續的抗議、示威，海外越來越多的人明白了真相，中共在海外靠謊言、靠重金收買媒體來鎮壓法輪功，已經徹底失敗了。

三、文征解卦

卦為「未濟」☲☵，下為坎 ☵，代表水；上為離 ☲，代表火。

大象：「水性下注，火勢向上，水火不交，陰陽不得正位，未能完成和未能成功之意」。運勢：「運氣欠佳，但必須耐心突破難關，終可成功，有初凶後吉之象」。

上述大象，正是本象主角的運程，在本象的時間段時運「未濟」，仍然遭惡運，但「初凶後吉」，終能「否極泰來九國春」。

四、中外預言再交彙

1. 《馬前課》專述的聖人

《馬前課》共十四課，每課預言一個大朝代的，第十二課專門講述聖人——用了一個朝代的篇幅，足見重視：

拯患救難　是唯聖人

陽復而治　晦極生明

「晦極生明」：黑暗至極就該見光明了。與頌中「否極泰來」一致。

2. 《梅花詩》暗喻的聖人

前面已經談過，《推背圖》第五十一象對應《梅花詩》第九節的前二句，本象對應的是《梅花詩》第九節後二句：

一院奇花春有主，

連宵風雨不須愁。

「奇花」：喻法輪功的法輪形狀。99年前，配戴法輪徽章的人很多，圖案象奇花一樣。本句預言法輪功將經受「連宵風雨」，但「不須愁，風雨一過天就會大亮」，一院奇花，終有春時。

3. 法國《諸世紀》讚美的聖人

儘管《諸世紀》的注釋本很多，但下邊這兩首，前人都諱莫如深，沒有人能破解——太出意外，無人敢當。

1）紀三第二首（二十五章注解本第七章第十二首）

神的聲音清晰地響在耳邊

他神祕地來往於天地之間

肉體、心、精神堅不可摧

天地萬物踏於足下

彷彿他的座墊

　　《諸世紀》不談及歷史，所以不是講耶穌。既然在預言未來，誰能擔當這樣的稱頌？《諸世紀》二十五章注解本解為：「宇宙之神到來了」。

　　2）紀三第四十九首（二十五章注解本第九章第二十四首）

歷五百多年世人方注意

他的存在是那個時代的榮譽

偉大的啟示在瞬間產生

同世紀的人得到巨大滿足

　　「**歷五百多年**」：五百多年後人們才醒悟？人類不會這麼傻！所以應該是字謎——應以《諸世紀》作者諾察丹馬斯出生的西元1503年算起，過五百年是西元2002年——正合本象「**日月麗天**」起始的時間——西元2002年以後，那麼這首預言也是説現在了！

　　這是對今世人對法輪功的態度的預言：不理會、不在意、甚至不屑一顧，這是被紅朝的謊言矇騙、迷惑了。

　　「**歷五百多年世人方注意**」：西元2002年以後，世人才開始注意……

　　這個解釋，與《推背圖》把「聖人」設在這一象顯現

是一致的。雖然第五十四象前，法輪功就在大陸廣泛開傳了，但那時，世人沒有太理會。直到本象，「聖人」才開始逐漸被人認識。

　　古今中外各大預言聚焦的「聖人傳法」、「法難」開始了，後面「人類生死攸關」的大事即將開始，很多人卻渾然不覺……

註1：這些高官多以酷刑罪、群體滅絕罪被起訴。江澤民訪美時，曾被法庭傳喚，直到拿出元首豁免權才得以解脫。他在美國的飯店下榻時，常出入於運垃圾的通道，為的是躲避正門前的抗議人群。

第五十七象

金本四十七象【天水訟】

造就元首

讖曰

偃武修文

紫薇星明

匹夫有責

一言為君（評）

頌曰

無王無帝定乾坤

來自田間第一人

好把舊書多讀到

義言一出見英明

金聖歎：「此象有賢君下士，豪傑來歸之兆，蓋輔助得人，而帝不居德，王不居功，蒸蒸然有無為而治之盛。此一治也。」

因本象尚未發生，涉及主人公安危，故不能明解。

1. 解頌
【無王無帝定乾坤，來自田間第一人】

一個農家子弟要成為將來的元首（此人並非前一象喻指的聖人）。

【好把舊書多讀到】

「**舊書**」，諧音「**救書**」，救度人的書（「舊書」的這個解析，與上一象「聖人傳法」在內容上是連貫的，也是本象的事件重要組成部分，這個解釋能達到「圖、讖、頌、卦四位一體」）。

諧音字謎在《推背圖》中很常見，如本書上部公認的「異字諧音」：第二象的「**一果一仁**」，「仁」同「人」；第四象用鸚鵡的「**鵡**」喻武則天的「武」；第十四象的「**石榴漫放花**」，「榴」同劉。

本句指好好把這些「救書」讀到了，讀完了，就——

【義言一出見英明】

此人因仗義執言而顯英明。

2. 解讖
【偃武修文】：此人原在軍旅，後來轉而「**修文**」。

【紫薇星明】：要出帝王的天象，喻主人公將成為國家元首。

「紫薇星」：北極星，位於星天的正中，古星相中作為「帝星」。

【匹夫有責 一言為君（評）】

兩種版本的解讀，都離不開本象的主人公。

「一言」：一出義言，與頌呼應。「一言為君」，可解為：此人出義言，得擁護，成為做元首的起因——與頌意呼應。

有的版本作「一言為評」，可解為：義言為民請命，評論時弊。

3. 解圖

圖中兩卷掛圖，似應指當年流傳甚廣的兩張法輪掛圖，其他書喻指法輪功書籍，大約幾十本。

筆者選定這個解釋，與本書第五十四～六十象在意義上，是連貫貫通的。上一象聖人傳法，這一象示傳法之書。

主人公讀這些書，也是他「義言一出見英明」的緣起。

4. 解卦

卦為「訟」䷅，下為坎☵，指水；上為乾☰，指天。

「訟」卦大象：「相背而行而起訟」，運勢：「事與願違，凡事不順，小人加害，宜防陷阱」。是主人公的運勢。

下一象，主人公就要登台了。

第五十八象

金本五十三象【雷天大壯】

未來的元首

讖曰

關中天子

禮賢下士

順天休命

半老有子

頌曰

一個孝子自西來

手握乾綱天下安

域中兩見旌旗美

前人不及後人才

　　金聖歎：「此象有一秦姓名孝者，登極關中，控制南北，或以秦為國號，此一治也。」

一、陳曦試解

　　本象絕大多數人猜出來是預言「中國大陸首位民選總統」，但都以為是遙遠的事情，所以大多沒猜是誰。

　　因為本象還未發生，權且嘗試一猜，如若不中，請勿見怪。

1. 解讖

【關中天子　禮賢下士】

　　「關中」：在第八象出現時已經解釋過，借指陝西一帶。本句似指主人公是關中人士，將敬賢重才。

【順天休命】

　　「休」：諧音字謎，喻「修」。這個用法，後面還會出現。

　　本句指此人順應天時，修命——和上一象貫通在一起了——以讀舊書（救度之書）來修命[註1]。

【半老有子】

　　一語雙關，既是一個字謎：「孝」，又點出主人公的另一個特徵……

2. 解頌

【一個孝子自西來　手握乾綱天下安】

　　一個從中國大陸西部而來的孝子，能以治國的良綱安天下。

　　「孝子」：天下孝子多了，「家孝」不足以服眾。

《推背圖》沒有俗筆，此似指儒家的「大孝」。《孟子》曰：「老吾老以及人之老」。意思是像對待自己的老人一樣，對待別的老人。主人公當能做到此境界。

修身、齊家、治國、平天下，此人一定很注重個人的修為。這與讖中的「順天休命」相呼應。

【域中兩見旌旗美 前人不及後人才】

「域中」：指關中，與讖相應。

本句指關中兩度出了開國元首，一次成就了紅朝，這次成就了本象的孝子(註2)，但紅朝顯然不及後來的治世之才。

3. 解圖

畫是一個字謎：地上一禾本植株，為「禾」，與《推背圖》第三十一象圖的設謎方法一樣。「禾」、「三人」組成秦字。這就是金聖歎的猜測中兩次提到「秦」的原因。

「秦」地：古秦國所在，為關中之地，與讖中「關中天子」相應。

二、文征解卦

卦為「大壯」䷡，下為乾 ☰，代表天；上為震 ☳，代表雷。

卦象為「雷在天上，雷聲響亮，光明天際，正大光明之象」，似以此喻指中華光耀天際，聲威大振。

註1：修命：道家的修行的術語，指通過修煉達到養生、長生的過
程。

註2：由於第五十七、五十八象是未來之事，唯恐唐初「五娘子因讖
被殺」之事重現，故簡略解之，隱去主人公的名字。此人和下一象的
聖人不是同一人。筆者在此為這兩象事件試做一謎語，以後破解出來
可以為證：

少林古刹落重山，參遍玄機誦真言。

一日失口露才志，關中三傑天下安。

筆者水準很有限，大家不必從這首謎語上用心。如能悟出此二
象的真諦，也請慎言，也算是與這位未來的主人公結下「善緣」吧。

第五十九象

壬戌【澤山咸】

聖人福音 天下大同

讖曰

無城無府

無爾無我

天下一家

治臻大化

頌曰

一人為大世界福

手執籤筒拔去竹

紅黃黑白不分明

東南西北盡和睦

金聖歎：「此乃大同之象，人生其際，飲和食德，當不知若何愉快也。惜乎其數已終，其或反本歸原，還於混噩歟。」

一、辨析

至此，《推背圖》僅剩最後兩象了——這兩象順序，「金批本」沒有變動——因為太引人注目，人們印象太深，變動這兩象順序的一定是偽本！因此，本象的名稱序號「壬戌」也是正確的。

二、眾解精華，五位一體

1. 解頌

【一人為大世界福】

一個人將給全世界帶來幸福。

【手執籤筒拔去竹】

指聖人會帶來天下大同。

「拔去竹」：去掉竹字頭。

「筒」，去掉竹是「同」。

「籤」，去掉竹是「僉」，「僉」音千，也是同的意思。

【紅黃黑白不分明】

指聖人傳法於各國各民族各色人種。

【東南西北盡和睦】

世界大同，和睦安樂。

2. 解讖

【無城無府 無爾無我】

不分你我，沒有疆域、地區的局限。中華此時自然統一。

【天下一家　治臻大化】

世界大同。

3. 解圖

圖中聖人，將其籤筒中的籤展現給人，籤上是有字的，喻指聖人以文字傳法。

籤是用來占卜吉凶禍福的，喻指世人的幸福，與聖人相關，甚至出自「聖人」之手。與頌中「**手執籤筒拔去竹**」相應。

4. 文征解卦

「咸」䷞，下為艮☶，代表山；上為兌☱，代表澤，故稱澤山咸。

卦為「山澤通氣之象，往來無阻之意」；運勢如意吉祥，正合本象。

前面第五十六象的「**否極泰來九國春**」，《馬前課》第十二課預言的「**拯患救難，是唯聖人。陽復而治，晦極生明**」等，都在此時應驗了。

5. 文征解名

本象名為「壬戌」，雖是序號所排，亦有深意。

「壬」：壬、癸（音軌）在十天干裏都代表五行中的水，壬是陽水，癸是陰水。陽水，隱喻水勢盛大，與「洪」字相合。

「戌」：音虛，是「戊」字加了一個「心兒」；「戊」代表五行中的「土」，「土」與「心」合成「志」字。古代寫「志」字，**志** 常寫作上「土」下「心」，見

圖示，現在的字帖多還沿用這個習慣。

故本象的名號「壬戌」點出了「聖人」名「洪志」。

韓國著名預言《格庵遺錄》預言了「聖人」的姓氏——李，屬相——兔，以及傳法、法難、圓滿的結局。

如此，本象「圖、讖、頌、卦、名」的解析五位一體，完美地指向一個共同的主題——這就是《推背圖》的核心天機！

五十四象，九九法難，中外九部預言聚焦在這聖人落難的時刻。

五十五象，劫難升級，鎮壓法輪功終招天譴；

五十六象，海外傳法，聖人屢獲殊榮；

五十七象，以未來的元首展現了聖人傳法的書；

五十八象，新元首（以聖人之法為緣）登台；

五十九象，「聖人」終於否極泰來……

如果是這樣，《推背圖》的核心天機就在於聖人傳法，《推背圖》以前各象的預言，都是為聖人傳法做鋪墊的。

回到本象的「紅黃黑白不分明，東南西北盡和睦」，其實，法輪功傳揚「真善忍」，從西元1992年傳出，深得人心，到西元1999年被赤黨鎮壓前，已經傳到四十多個國家，各色人種都有習學的了。到本象聖人時來運轉，「真善忍」必將大興於世界，應驗「否極泰來九國春」的預言。

三、預言精粹，珠聯璧合（文征）

1.《陝西太白山的劉伯溫碑記》的謎底：真善忍

該文的結尾，在預言了人類的大淘汰之後，給出了這個謎語：

　　七人一路走　引誘進了口

　　三點加一勾　八王二十口

　　人人喜笑　個個平安

　　「七人一路走，引誘進了口」，是「真」字的古代寫法「眞」，見上圖：上面像「七」字；最下面一撇一捺似「人」字；二字引誘進了口——「二」進「口」，是中間的「目」字；中下的豎折「乚」是一個「走之兒旁」的寫法，即是「一路走」。

　　「三點加一勾」：「勾」字加上三個「點」，是「忍」字。

　　「勾」字的周邊部分，加一個「點」，是「刃」字。

　　「勾」字的中間部分，加兩個「點」，是「心」字。二者合為「忍」。

　　如第十七象「完全女」喻「寇」一樣，這是以基本的形似來設謎語。

　　「八王二十口」：是「善」字，見上圖。上面是倒「八」字；下面是「王」字；再下面的「廿」代表「二十」，最下面是口。

2.《馬前課》第十三課

賢不遺野　天下一家

無名無德　光耀中華

　　這顯然是《馬前課》第十二課預言的聖人走過劫難後的所為。

「**無名無德**」：道家修行術語，不求名，不求德，大道自得。這裏指修行的大道真法。

3. 《梅花詩》第十節烘托的「**主**」

> 數點梅花天地春，欲將剝復問前因。
>
> 寰中自有承平日，四海為家孰主賓。

前三句前面已經解釋了，本象對應的是末一句：寰宇承平，劫難歷盡，人類方知誰是「主」，誰是「賓」。

《推背圖》謎底揭開，人們也知道「**孰主賓**」了。

4. 《百字銘》預言的結局

> 土木金水合火，八八九九歸濟。
>
> 齊結鴻誓大願，原人笑笑喜喜。

這是破解第五十四象時，「**九部預言大聚焦**」中的《百字銘》的最後幾句：傳「大道」者經過劫難考驗後的圓滿結局。

5. 《聖經》〈啟示錄〉關於大結局的預言

這是大家熟知的：天譴、羔羊（萬王之王）的勝利、末日審判、新天新地……只是人們都把這些當成是未來或虛幻的事，沒有重視罷了。

6. 再次回首《諸世紀》的一首預言

紀三第四十九首（二十五章注解本第九章第二十四首）

> 歷五百多年世人方注意
>
> 他的存在是那個時代的榮譽
>
> 偉大的啟示在瞬間產生
>
> 同世紀的人得到巨大滿足

本書第五十六象已經解析了此首預言。這裏大家能再次看出，當世的人，多為「事後諸葛亮」，有先見之明的不多。

而綜合古今中外的預言，這個美好的盛世，以及它到來前人類的大淘汰，似乎就是西元2012年前後的事……

第六十象

癸亥【澤地萃】

人類大劫　新天新地

讖曰

一陰一陽

無始無終

終者自終

始者自始

頌曰

茫茫天數此中求

世道興衰不自由

萬萬千千說不盡

不如推背去歸休

金聖歎：「一人在前，一人在後，有往無來，無獨有偶，以此殿圖，其寓意至深遠焉。無象之象勝於有象。我以不解解之，著者有知當亦許可。」

一、文征試解

1. 解卦

「萃」☲，下為坤☷，指地；上為兌卦☱，指澤，故稱澤地萃。

大象曰：「澤在地上，水聚於泥土中，滋養草木，生長茂盛」，喻指聖人帶來的「大同世界」，生機盎然。萃卦有「鯉登龍門之象，精英薈萃之意」，與讖中「始者自始」相應。

草在第五十四、五十五象出現過，是喻指法輪功人員的。

2. 解讖

【一陰一陽　無始無終】

與《推背圖》第一篇的「日月迴圈」相呼應，推背圖完成了一個甲子迴圈，又進入了一個新的開始，但是，這是聖人播撒福音後，世界大同，進入了一個新的開始，與《聖經》〈啟示錄〉中的「新天新地」相應。

【終者自終　始者自始】

被歷史淘汰的終被淘汰，留下來的人開始進入「新天新地」，進入下一期與本次文明無關的新的人類文明。這與古瑪雅預言一致。

讀者一般對這兩句不以為然，實際，這和《聖經》最後的末日審判是吻合的，這預言著人類要經歷大淘汰，要終

結一大批人呢！

《聖經》的最後是人類進入新天新地，亦與本象相合。

如果現代人因為《推背圖》在此用「終者自終」一筆帶過，就忽視了其他預言明示的人類在天譴中的淘汰，那就太辜負《推背圖》的作者和眾多「解圖人士」的苦心了！

當然這個淘汰的時間，和上一象有交叉的——這並不奇怪。本書所列：五十一、五十二兩象，五十二、五十三、五十四等象，時間都有交叉。前面已分析過，《推背圖》第十五、十六象的事件，就是有交叉的，已經為後面的破解留下了先例和鑑證。

「終者自終」——這個大淘汰，應該是聖人「否極泰來」之前，在天下大同之前。至於淘汰的形式，《推背圖》裏未提，但劉伯溫預言的比較明瞭：大瘟疫！《聖經》〈啟示錄〉也用象徵的手法，預言了「赤龍」、「古蛇」鎮壓善良的信仰招來的慘烈天譴[註1]：地震、瘟疫……

3. 文征解頌、圖

【茫茫天數此中求】

「茫茫天數」，核心天機，在這裏解讀！

【世道興衰不自由】

世道興衰禍福不由自己的意願。

【萬萬千千說不盡　不如推背去歸休】

圖中：似是李淳風、袁天罡二位先師不能多言，推背而去。

「休」：同「修」，這個用法在第五十八象出現了。

「歸休」：歸去修煉。

李淳風、袁天罡兩未先知洞悉天意，算出在將來的今天「推背」與「歸休」之關聯。在大法弘傳於世，廣度眾生的今天，只有把握機緣，機不可失時不再來，唯有「修煉」大法才能過此大劫難。

傳說李淳風是道家第三十八代傳人(註2)，是一位「大隱隱於朝」的高人。袁天罡雖是隋唐小吏，歷史相傳也是一位隱世的高人。這二位頂級易學大家，在本象圖中推背而去，當是歸去修煉、歸真修行無疑。

〈啟示錄〉中明確說：「凡遵守預言的便有福」，也是此意。

至於《推背圖》為何以此結尾？本圖、本句留給今世人的預意？真是「**萬萬千千說不盡**」，不言而喻了。

「推背」的終極警示！

以「推背」為書名，並以推背之圖像為第六十象結局，先知們一定是在預言中要告誡後人最重要的警示！那會是什麼呢？

「推背」，象形、也兼具含義；推背，向反方向離開，即行與意都解為一個「退」字。

那要「退」什麼呢？

即「退黨」、「退出中共組織黨團隊」，因為只有加入中共組織黨團隊時，中共就會要求舉起右手宣誓把生命交給黨，此即為毒誓，失去生命的毒誓，當中共滅亡在即，被清算其罪惡時，沒有消除這個毒誓的人就會是它的一員而成為其陪葬。所以，先知警示後人，當大劫難到來之前，人的

生命要得救，就要悟到全書核心中的這個「退」字。

　　一個「退」字，可解共產紅魔毒誓印記；「退」就是人類能走向未來的鑰匙，是袁、李兩位先知留下此預言的終極警示。

二、《馬前課》最後揭示的謎底

　　《馬前課》的最後一課，也是揭示了預言的謎底：

第十四課

占得此課　易數乃終

前古後今　其道無窮

　　「**占得此課**」，占明什麼？才能「**其道無窮**」，如此受益？從《馬前課》預言的核心手筆（第十二、十三課）來看，也是「聖人」普傳的大法正道。

三、天機盡顯遍五洲

　　《推背圖》既然是「隱喻」天機，也就無所謂洩漏了。

　　但以前的解讀者，雖然大多在解讀過去，猜測未來，可是真有些開拓者把一些天機展現了出來。筆者薈萃了這些精華，站在開拓者的肩膀上，窺到了些許天機，倘若真是言中了的話——

　　這將是自古以來，人們第一次能自己選擇自己未來的命運了。

　　如果說，以前在宿命中無明沉浮，人生「**興衰不自由**」，那麼現在，天機解讀至此，大家能夠平等地從第五十九象的「聖人」的「籤筒裏」選擇自己的未來了。

是否十多年前共產陣營突然崩解，而今出現了退出中共的大潮，就與此有關呢？就是警示後人：避劫種福田呢？是！瞭解歷史真面目，不被紅朝一言堂的謊言欺騙，識真相、辨正邪，即是避劫得福之路。

　　如果真是這樣，在最後「**終者自終**」的大劫開幕前，《推背圖》就應該破謎了，否則就愧對李淳風、袁天罡二位先師，愧對古今中外各大預言家的苦心了。

註1：自古傳正法，必有大難。釋迦傳佛法，涅槃後其信徒也是遭到圍剿和殺戮，經歷浩劫而後興起；耶穌傳法被釘在十字架上，其信徒歷經三百多年的鎮壓屠殺，而後大興於世。這也許就是相生相剋吧。
註2：據《雲笈七籤》記載，李淳風是道家第三十八代系代的傳人。
　　《雲笈七籤》是北宋景德年間進士、任「著作佐郎」的張君房總編著的，該書被收入了《正統道藏》和《道藏輯要》。

小結： 60象在歷朝的分佈及解讀

（一）《<推背圖>歸序全解》中60象的歷朝分佈表

	總象數/年	本書歸序後的象號	「金批本」象號	時間跨度（西元/年）
開篇	1	1	同左	
唐朝	8/290	2～9	同左	618～907
五代	5/54	10～14	同左	907～960
宋朝	10/320	15～24	同左	960～1279
元朝	2/98	25～26	同左	1271～1368
明朝	6/277	27～32	同左	1368～1644
清朝	7/268	33～39	33.51.34 35.55.36.49	1644～1911 1644～1911
民國	7/102	40～46	37.28.39 56.45.58.40	1911～2012 前後 (暫以2012年計)
紅朝及未來	13/64	47～56 未來57～59	57.42.46.54 52.43.50.44 41.48 （未來： 47.53.59)	1949～2012 前後 (暫以2012年計)
結語	1	60	同左	新紀元

（二）解讀：千古定乾坤，今世醒紅塵

《推背圖》進入近代突然加大了密度，紅朝開國至今五十七年，《推背圖》已經給了它十一象的篇幅！如此不可思議的安排，分明在**警示今人**！

回首封面六十幅圖的排列，可見到了近代，天象的「時鐘」驟然加快了——現代人的生活節奏，也是遠遠超過古人的。

《推背圖》預言的結局是什麼？

——**聖人帶來的世界大同，人類進入新紀元！**（第五十九、六十象）

《推背圖》的核心是什麼？

——**聖人傳法！**（第五十四～五十六象）

最後一個朝代的變動圍繞什麼展開？

——**聖人的法難。**（五十七～五十八象）

《推背圖》全篇為什麼鋪墊？

——前面奇準無比地預言了歷朝的興衰，都是為聖人傳法、為今世人如何「識正邪」而鋪墊！

《推背圖》在警告今世人什麼？

——**人類最終的大淘汰，聖人濟世，識正邪者得度！**（第六十象）

人類大淘汰的形式是什麼？

——《推背圖》未提及，其他預言明瞭——**瘟疫**！古羅馬帝國鎮壓基督及其信徒召來的瘟疫，即是鑑證。

歷代預言大家，洞徹了「茫茫天數」中的「核心天機」，預見了人類最後的大淘汰，也預言到最後將上演歷史的壓軸

戲：聖人傳法、「**拯患救難**」，於是紛紛為了這場壓軸戲留下了預言。經過上千年的奠定，在人間形成了預言文化——不是預言家證實自己的，是為人類最後的大戲奠定的——第五十四象「九九法難」開始的時候，世界各大預言為之聚焦，警醒世人——歷史壓軸戲的開場了，相信預言的後人們，即便不瞭解真相的人，也能從預言中識別正邪，而得度。

「**千言萬語知虛實，留與蒼生作證盟。**」
劉伯溫《燒餅歌》的最後，講明瞭古代預言家的初衷。

「If anyone has an ear, let him hear.」
「**只要人有一隻耳朵，就要讓他聽到。**」
《聖經》最後的〈啟示錄〉，四次強調了上述警告！

若真如此，有緣識此天機者，悟得解法的，就可以脫離惡運，自種福田了！

若真如此，千古之謎《推背圖》，在「終者自終，始者自始」的關口前，就應該歸序、破謎了。

如果讀者真能像《馬前課》說的「**占得此課**」而受益，即或筆者因洩漏天機而「**招損**」，損亦欣然。

附錄一：《梅花詩》全解

《梅花詩》是北宋易學大家邵雍的傳世之作。

邵雍（西元1011～1077年），字堯夫，自號安樂先生，諡號康節。

邵雍少年時胸懷大志，發憤刻苦讀書。《宋史》〈邵雍傳〉記載：邵雍「自雄其才，慷慨欲樹功名。於書無所不讀。始為學，即堅苦自勵，寒不爐，暑不扇，夜不就席者數年。」博覽群書之後，他曾遊學四方。回來後，有高人李挺之傳授他《河圖》、《洛書》、《伏羲八卦》等易學之祕。邵雍憑藉天賦和刻苦，得以融會貫通，成為聞名遐邇的鴻儒，一代易學大師。後人尊稱他為「邵子」。

邵雍算卦奇準，可前推歷史，後知未來，無不應驗，為世人所稱頌。《宋史》記載道：邵雍對於「遠而古今世變，微而走飛草木之性情」都能「深造曲暢」，通達不惑，而且「智慮絕人，遇事能前知」。

北宋仁宗皇佑元年（西元1049年），邵雍定居洛陽。後來西京留守為他建了新居，邵雍起名為「安樂窩」，從此自號「安樂先生」。神宗時，被王安石變法貶謫的名臣司馬光、富弼、呂公著、程頤、程顥、張載等退居洛陽時，都慕名和邵雍交遊往來。邵雍的傳世著作有《皇極經世》、《觀物內外篇》、《伊川擊壤集》、《漁樵問對》等。

邵雍用易理推究歷史，著成《皇極經世》一書。據現在的學者考證，原本《皇極經世》，推演始於西元前2577年，止於西元1023年，時間跨度為三千六百年。而現今書中

更廣的時間推算，則是後人附加的。

　　邵雍用易數展現未來，寫出了著名的《梅花詩》。這是一部言簡意賅的預言，以十節的篇幅，預言了從北宋至今，以及未來的朝代變遷的大事。下面簡要試解。

其一
蕩蕩天門萬古開
幾人歸去幾人來
山河雖好非完璧
不信黃金是禍胎

　　「蕩蕩天門萬古開，幾人歸去幾人來」：天門萬古以來頭一次敞開了，有多少人來到人間，有多少人能回得去呢？

　　這兩句立意高遠，總括全篇，只有全解《梅花詩》之後，才能悟到其真實內涵。

　　「山河雖好非完璧，不信黃金是禍胎」：宋室將會割讓大好河山、丟失疆土，禍源是金國，但是宋朝皇帝開始不相信。

　　「黃」：黃龍府，金國首都。「金」：金國。

　　金國是女真部落完顏阿骨打西元1115年所建，幾千兵將開始，迅速崛起。宋徽宗昏庸不聽勸諫，與金國結盟，簽訂《海上盟約》聯合滅遼。西元1125年金國滅了大遼。而後揮戈南下，又兩年滅了北宋。

　　南宋西元1141年殺岳飛後，再次向金國稱臣割地、以淮河為界，與北宋相比，割讓了近三分之一的國土。

其二

湖山一夢事全非

再見雲龍向北飛

三百年來終一日

長天碧水歎彌彌

「湖山一夢事全非」：指南宋皇帝醉生夢死不圖進取，國運衰頹。

「湖山」：依山傍水的西湖。

「再見雲龍向北飛」：真龍天子再次降生於北方，指蒙元。

「三百年來終一日」：南宋三百多年的國運，終於終結了。

「長天碧水歎彌彌」：指南宋皇朝最終葬身大海。

本節相關史實，在《推背圖》第二十二至二十四象有詳述。

其三

天地相乘數一原

忽逢甲子又興元

年華二八乾坤改

看盡殘花總不言

「天地相乘數一原」：天干地支相乘匹配，又到了原點——甲子年。

「**數一**」：數到第一，指甲子年。

「**忽逢甲子又興元**」：指元朝開國皇帝忽必烈在甲子年（西元1264年）一統蒙元，成為大汗。元朝興起了（西元1271年改國號為元）。

「**年華二八乾坤改**」：天下統一八十八年後，不再是元朝的天下了。

「**二八**」：八八。指從天下統一的西元1279年，至1368年元順帝逃出元大都、明朝立國，歷時八十八年。

「**乾坤改**」：天下變了。所以，上面應從元滅南宋的西元1279年算起。

「**看盡殘花總不言**」：指元順帝時，宦官朴不花扣壓警訊不上報，禍亂元朝。

「**殘花**」：宦官朴不花。

「**總不言**」：總不上報、回復。朴不花專權，四方警報及將臣功狀，都被他扣下不報。

本節相關史實，在《推背圖》第二十五至二十六象有詳述。

其四
畢竟英雄起布衣
朱門不是舊黃畿
飛來燕子尋常事
開到李花春已非

「**畢竟英雄起布衣，朱門不是舊黃畿**」：指朱元璋，

出身貧賤，從軍後方顯英雄本色，直到西元1368年在南京稱帝，朱門再不是舊日黃土農舍了。

「**布衣**」：穿布制衣服，穿不起綢緞，指平民。

「**黃畿**」：黃土農村，喻農家。「**畿**」是指京城周圍的地區，一般是農村。這裏預指農村。

「**飛來燕子尋常事**」：指朱元璋死後，發生的燕王奪位元。

「**開到李花春已非**」：喻明朝在春天被李自成所滅。

西元1644年春，李自成打入北京，崇禎皇帝於自縊於煤山（景山）明朝滅亡。

本節相關史實，詳見《推背圖》第二十七至三十二象。

其五
胡兒騎馬走長安
開闢中原海境寬
洪水乍平洪水起
清光宜向漢中看

「**胡兒騎馬走長安**」：滿清鐵騎踏破中原，佔據北京，奪得天下。

「**長安**」：以唐朝國都，喻後世國都。這個借代用法與《推背圖》第三十二象完全一致。

「**開闢中原海境寬**」：指清朝開併疆土，大規模開闢海港通商。

　　近代中華的版圖從康熙大帝開始奠定，到康乾盛世以後，基本完成，陸地疆域最大時近一千四百萬平方公里。海疆北起庫頁島，南達南沙群島，海境北起鄂霍次克海，經日本海、渤海、黃海、東海，延至南海。

　　「洪水乍平洪水起」

　　第一個「洪水」：指西元1851年洪秀全領導的太平天國起義，像洪水一樣席捲半個中國，歷時十八年，嚴重動搖了滿清王朝的統治。

　　第二個「洪水」：喻黎元洪，西元1911年武昌起義成功，黎元洪，被擁為中華民國軍政府都督，袁世凱死後又成為總統，清朝徹底滅亡。

　　「清光宜向漢中看」：清朝光景已盡，光明起於武漢之中。

　　本節相關史實，參見本書《推背圖》第三十三至四十象。

其六

漢天一白漢江秋

憔悴黃花總帶愁

吉曜半升箕斗隱

金烏起滅海山頭

　　「漢天一白漢江秋」：在長江之畔的武漢，開始見到了漢人的天下。

　　「一白」：從黑夜見到了的東方發白，破曉。喻新的一天開始了。

　　滿清外族統治中原二百六十八年，西元1911年秋季的

武昌起義。成立了中華民國，中國進入了一個嶄新的時代。

「憔悴黃花總帶愁」：喻民國多災多難，總是愁事不斷。

「憔悴黃花」：身體羸弱多病，喻民國貧窮多戰亂，國力弱。

民國建立後，先是袁世凱的復辟稱帝，又有張勳的復辟滿清，接著是長期的軍閥混戰，派系割據。

「吉曜半升箕斗隱」：中華民國還沒有走向興盛，中共就隱祕地發展起來了。

「吉曜」：曜，音耀，日光。此喻中華民國青天白日滿地紅的國旗。

「半升」：升起了一半，民國沒有走向興盛就敗亡了。在滿清腐朽統治的根底上建立的民國，積貧積弱，又經過軍閥混戰、中共分裂，好不容易初步平定，滿目瘡痍，百廢待興。

「箕」，中國古代「二十八」星宿東方蒼龍七宿的最後一位，這裏是借代用法，借「二十八」宿，喻指共產黨勢力。因「共」字可拆分為「廿八」，即二十八。

「箕斗」：箕宿四星（現在的人馬座 γ、δ、ε、η）組成一個四邊形，形如簸箕，故稱箕斗。

箕宿，是東方青龍七宿最後一宿，喻東方最後一條龍，喻中國最後一個朝代——中共紅朝（而後就天下大同了）。

「箕斗隱」：喻共產黨在抗日戰爭中躲藏在大後方，隱密地發展壯大起來，成為巨患。

「金烏起滅海山頭」：指日本侵華，而後戰敗於太平洋和中國的河山之中。本句讖詩，和《推背圖》第四十四象

的「金烏隱匿白洋中」非常相似。

本節相關史實，參見《推背圖》本書第四十至四十五象，特別是第四十二～四十五象的史實注釋。

其七
雲霧蒼茫各一天
可憐西北起烽煙
東來暴客西來盜
還有胡兒在眼前

「**雲霧蒼茫各一天**」：國共內戰後，以臺灣海峽為界，中國大陸和台灣對立分治，各自統轄一片天地。

中國進入了中共紅朝的天下成了主角了。

「**可憐西北起烽煙**」：指五十年代新疆叛亂，五十年代後期的西藏獨立叛亂，先後被中共鎮壓。

「**東來暴客西來盜**」：指五十年代初中共全力參戰的朝鮮戰爭，以及六十年代初印度侵略盜取中國的領土而引發的中印邊界之戰。

「**還有胡兒在眼前**」：指前蘇聯和中共交惡反目，曾爆發珍寶島之戰，雙方陳重兵於長期對峙。

「**胡兒**」：中國古代有「北胡南蠻」的說法，「東晉十六國」五胡亂華時期，入塞胡族中，羯、白匈奴、丁零、鐵弗、盧水胡、鮮卑、九大石胡等部落主體都是白種人。因此，這裏「**胡兒**」當指前蘇聯。

其八

如棋世事局初殘

共濟和衷卻大難

豹死猶留皮一襲

最佳秋色在長安

「如棋世事局初殘」：世局勢如棋局，雙方角逐，一方是共產主義國際聯盟，另一方是西方自由社會體系。但上個世紀九十年代東歐巨變、前蘇聯崩解，九國放棄了共產主義，這對共產黨一方來講，就已經是殘敗之局了。

「共濟和衷卻大難」：上述對共產黨來說，可謂是一場大難。

「豹死猶留皮一襲」：前蘇聯解體，其共產主義制度、共產黨老大這張皮，被中共承襲了。

「豹」：前蘇聯的版圖宛如一隻奔跑的豹子，這裏喻前蘇聯。

「皮」：空有其皮，徒有其表。喻此時的中國，已經沒有人信共產主義了，連當權者，也只是利用共產黨形式維持自己的特權統治而已。

「最佳秋色在長安」：目前中共粉飾太平，裝扮穩定，用所謂「大好形勢」的宣傳和華麗的面子工程來掩蓋巨大的貧富差距，掩飾嚴重的社會不公，但秋色好景再佳也無法長久。

「長安」：指中國的京城，這裏也泛指中國。

其九
火龍蟄起燕門秋
原壁應難趙氏收
一院奇花春有主
連宵風雨不須愁

「火龍蟄起燕門秋」：指西元1989年「六四」慘案，中國學生、民眾不滿中共的貪腐和專制，在天安門請願，而中共就像一隻冬眠後驚醒的龍一樣，現出本性，造成了震驚中外的「六四」屠殺。

「火龍」：火紅色的龍，即《聖經》〈啟示錄〉所說的赤龍，指中共。

「蟄起」：動物從冬眠中驚醒。

「燕門」指北京的天安門，北京過去叫燕京。

「秋」：秋殺，古代都在秋季行刑。這裏隱喻六四事件。

「原壁應難趙氏收」：

「原壁」：指中國，半壁江山指半個國家，故原壁指整個中國。

「應難」：應了這一難，遭了這一劫。

「趙氏收」：指當時中共總書記趙紫陽，因同情學生被撤職軟禁。

「一院奇花春有主，連宵風雨不須愁」

這以下的詩句，只有整體破解《梅花詩》，才能解開。

「一院奇花」：法輪功的徽章，形如奇花。這裏借指眾法輪功學員。

故這兩句指中共迫害法輪功，不論謠言多麼惡毒，邪惡怎麼猖狂，寒冬多麼嚴酷，黑夜多麼漫長，都如連夜的風雨，不須愁，光明終將驅散暗夜，春天終將趕走嚴冬，迫害終能結束，還法輪功清白，在某年的春天，大陸的法輪功學員會自由地見到他們的師父。

其十
數點梅花天地春
欲將剝復問前因
寰中自有承平日
四海為家孰主賓

「數點梅花天地春」

「梅花」：與上一節的「奇花」，喻法輪圖形，點出全詩名字《梅花詩》的由來，也揭示本預言的核心天機——警醒後人！

指經過嚴冬考驗的法輪功學員遍及中國大陸和海外，如凜傲霜雪的朵朵梅花，向世人展現著春天即將到來。

「欲將剝復問前因」

「剝」：䷖，六十四卦之一，五陰迫一陽，陰盛陽衰；卦象：小人當道，正義被損，惡運纏身。

「復」：䷗，六十四卦之一，一陽在下，五陰在上，陰極而生陽；卦象：喻春回大地，一元復始，萬象更生，漸次可成。

「剝復」：借成語「剝極必復」，比喻物極必反。

「**前因**」：先前的因果，宿緣宿願。

剝極必復，物極必反，冬去春來是歷史規律，法輪功的劫難到了極點就會轉運，和《推背圖》五十六象的「否極泰來九國春」預意相同。

「**寰中自有承平日**」

浩瀚寰宇，自有歸正承平、蕩盡邪惡之日。

與全詩開篇的「**蕩蕩天門萬古開，幾人歸去幾人來**」相照應，天門打開，為寰宇承平悄然而來，人間歷經劫難，寰宇歸正，來者即將歸去，蕩蕩天門將浩然洞開，真相將大顯。

「**四海為家孰主賓**」

真相大顯，人們才醒悟誰是歸正寰宇的主人公，原來是當年四海為家之人。

最後點出《梅花詩》核心天機的主角，也是古今中外各大預言最後聚焦的主角——法輪功創始人李洪志大師。他從西元1992年開始在國內外處傳傳法，四海為家。

《梅花詩》最後的結尾：法輪功否極泰來、真相大白，這也是《梅花詩》的核心天機。整部預言的鋪墊，也都是為了把這個天機信服地展現給後人。這和《推背圖》、《馬前課》等大預言是殊途同歸的。

亂花漸欲迷人眼，輪迴輾轉問昔緣。

很多人已經很難感悟到心靈深處的靈犀了。如果本書能在瞬間觸動你的心靈，也許那就是你內心深處久遠等待的。

辨正邪，識謊言，善念一出即福緣……

附錄二：大預言《馬前課》試全解

原作者： 諸葛亮

初解者：清朝 守元

試全解：陳曦、文征

考證與辨析

（一）是預言還是故事——《馬前課》真偽考

（二）鞠躬盡瘁問孔明——《馬前課》的作者？

（三）剖析正史辨臥龍——諸葛亮「隱」的一面

（四）守元的按語，揭示孔明的密作？

（五）作者尋蹤：意境、文體、文風的印證

　　《馬前課》是中國歷史上最有名的三大預言之一，傳為三國時諸葛亮[註1]所作，比《推背圖》要早四百多年。它是清朝嘉慶年間，八十六歲的僧人守元傳出來的。這部預言按時間順序排列了十四課，每一課以四言讖詩的風格，簡潔明瞭地預言了一個大的歷史時代，從三國後期貫穿至今、直達未來，到目前100%（百分百的）應驗了！

　　雖然現在公認《馬前課》應驗到第十一課，但是筆者的綜合解讀認為：當前（西元1999～2012年）正在應驗《馬前課》第十一課的末尾和十二課，而且最後的第十三、十四課也露出了端倪！這和《推背圖》、《梅花詩》、《聖經》

〈啟示錄〉等預言的最後結局一致，在警示當今！

那麼也就是說：《馬前課》也到了全解破謎的時候了！

本稿嘗試全解《馬前課》，前十一課根據前人的解讀整理，修正了不足，加上了一些史實注釋。後三課的解讀，願與大家一同探討，歡迎批評指正。

（一）是預言還是故事——《馬前課》真偽考

《馬前課》在歷史上留下的印記不多，我們還是按《推背圖歸序全解》序驗考證方法，來辨析它的真偽。

1. 《馬前課》的預言從三國依次應驗至今百分之百的準確，清朝的守元無法解出清朝以後的部分，可印證《馬前課》是一部超常的預言。

守元在解到第九課時說：「胡人為君，殆亦天數，不可強歟。老僧生於嘉慶十年，今年八十有六，過此以後不敢妄議。」這和金聖歎只能解析《推背圖》第三十三象的前半部分一樣，因為未來在沒有見到端倪時，從讖語上是猜不準的。所以守元沒有試猜。

2. 預言家的預言能力、道行、思想境界是一致的，如果是清朝以前的人，「以歷史冒充預言，偽作《馬前課》欺世盜名」，那麼，這種境界的人也無法預言清朝以後。而《馬前課》能準確地應驗至今，可見它不是近代人的偽作。

3. 既然《馬前課》不是歷史故事而是預言，那麼第一課預言，也就展現了它成書的時代。

（二）鞠躬盡瘁問孔明——《馬前課》的作者？

要探究《馬前課》的作者，我們先看看中國古代預言署名的特點。

古代預言書是直接署名的，如邵雍的《梅花詩》，另一部分是用圖讖方式隱喻作者的，這種情況比較多見。《推背圖》是在最後一象的圖中，展現了兩位作者「推背去歸休」；而《馬前課》是在第一課，展現了西蜀丞相諸葛亮的角度和基點，似乎是在暗示《馬前課》的作者。所以現在多認為《馬前課》是諸葛孔明的密作。

但是，第一課中的「鞠躬盡瘁」，給《馬前課》的作者蒙上了陰影。鞠躬盡瘁，出自《後出師表》，歷史上對《後出師表》是否為諸葛亮所作是有爭議的[註2]。如果《後出師表》是三國時冒充諸葛亮所作，那麼，這個「鞠躬盡瘁」，也就是別人的發明？那麼《馬前課》的「鞠躬盡瘁」不就是後人借名諸葛亮了嗎？

未必！

因為用現在的成語來推定古文的寫作年代並不合理，這在辨析《推背圖》第五象的「漁陽鼙鼓過潼關」時，已經說過了。此外，如果《後出師表》是三國時人偽托諸葛亮所寫，那麼，他一定要模仿諸葛亮的口吻、用語，比如「五月渡瀘，深入不毛」[註3]就是《前出師表》的原文，所以，這個「鞠躬盡瘁」仍有可能是孔明用過的，只是沒有正式記錄下來而已。

清朝以前的史料中，諸葛亮傳世的著作中，根本就沒

有提到《馬前課》！這和《推背圖》的歷代熱傳、多見於史料完全不同。但是，這也不能證明《馬前課》不是孔明的作品。

真實的諸葛亮，是有雙重「身分」的。廣為人知的「顯」的一面，他是蜀漢丞相，是著名軍事家、政治家、外交家、經濟學家、散文家、發明家。不太為人知的「隱」的一面，他又是古代陰陽家、易學家、奇門遁甲的一代大師，他能排演八陣圖、能「發明饅頭祭江鎮鬼」……

「隱」、「顯」兩面，如同太極圖裏陰陽魚的相對性。「顯」的一面合於儒家的「有為」，如：安邦定國、攘除不利、努力爭取最好的結果；「隱」的一面是超常的，順應道家的「無為」，如算天數、知未來。可以看出：「隱」的一面如果顯揚於世，會干擾「顯」的一面，在一般人看來，「天數」與孔明的勵精圖治是矛盾的。如果「隱」者不隱，把天機——中國朝代的變更規律，像《馬前課》這樣直白地展現出來，廣傳於世，那等於直接洩漏天機，必遭天譴。諸葛亮是有道行的人，如果真是他做的《馬前課》，他也會祕傳此書。

單傳祕授，是有中華傳統文化淵源的。姜子牙的《太公兵法》、孫臏的《孫臏兵法》，傳世的都是「顯」的一面，是技巧、智慧，而他們本人的陰陽易學、五行術數的真傳絕學，也是祕而不宣的。這就是常說的：「真傳一句話，假傳萬卷書」。所以《馬前課》長期未見於史料，也很正常。此外，《馬前課》第十三課的精妙用詞，也表明它是一部長期未能公布於世的古書。

那麼：諸葛亮也像李淳風一樣，是一位大隱隱於朝的「得道者」？下面就來剖析——

（三）剖析正史辨臥龍——諸葛亮「隱」的一面

功蓋三分國，名成八陣圖。

江流石不轉，遺恨失吞吳。

杜甫這首膾炙人口的《八陣圖》，讚頌了蜀相諸葛亮豐功偉績的同時，也給後世展現這位臥龍先生「隱」的一面。

提到諸葛亮，人們頭腦中就會浮現出八卦仙衣、羽扇綸巾的形象，想到他神機妙算、未卜先知的超人智慧。

其實，八卦仙衣正是這位「臥龍先生」道行的外化表現，而神機妙算也是他精通陰陽五行、易經變術數的真實寫照。

在探究諸葛亮「隱」的道行一面之前，我們有必要探討一下「神機妙算」、「未卜先知」的本義由來。

「神機妙算」的本義——精於術數、易學

神機妙算的本義是指精於術數、易學，精妙的卜算、預測可以達到出神入化的境界，通曉天機。

可能有人覺得這太高深，甚至有迷信成分，是因為現在人對此不能理解造成的。其實，《易經》是古代儒生的必修課，是四書五經的「五經」之一，也是「儒學六藝」之一。韋編三絕[註4]，就是孔子晚年潛心鑽研《易經》的寫照。我們所熟悉的清朝大學士，四庫全書的編纂者紀曉嵐，

也是精通《易經》的。精通《易經》，就能夠在一定程度上算出未來之事，這就是神機妙算。

「未卜先知」的前提——「能掐會算」

未卜先知，意思就是不用卜卦，就能預知未來。其實，這是把虔誠的卜卦、起卦過程簡化了，簡化為掐指算卦，也就是常說的「能掐會算」。因為「掐指一算」在衣袖裏就可以完成了，外行人看不到他測算的過程，所以才叫「未卜先知」。

不要以為「掐指一算」是掰手指算數的笨招，現代令人歎為觀止的超級速算，就以指節作為運算工具！簡單的「掐」、「算」裏蘊含著高深的天機。

掐指起卦自古就有，因為方法簡單，幾乎是易學術數的必修課。到了唐朝，六壬仙師李淳風把它提煉演繹成「六壬課」，成為一種最簡明的測算方法，流傳至今，仍然為易學界所推崇。

那麼，諸葛亮真是易學大師，能夠預測未來嗎？

是的！

《諸葛亮集·先帝書》：「臣算太乙數，今年歲次癸巳，罡星在西方；又觀乾象，太白臨於洛城之分，主於將帥多凶少吉」……不久，龐統果死於軍中；劉備身陷凶險，只好調請孔明去救援打西川，這是後話。在此，能看出他精於太乙神數，善觀天象。

諸葛亮的《陰符經注》：「天垂象，聖人則之，推甲之，畫八卦，考蓍龜，稽律曆，則鬼神之情，陰陽之理，昭

著平象，無不盡矣。八卦之象，申而用之，六十甲子，轉而用之，神出鬼入，萬明一矣。」由此也能看出他對天象、易術的掌握程度。

歷史上一直有孔明精通《周易》、卜算、八卦、五行、天文、觀星等等之說，魏晉士人常引以為奇，傳為異談。

諸葛亮不僅精於太乙神數，還是奇門遁甲的大家。他以奇門遁甲推演、創造的八陣圖陣法，為後世軍事家所推崇。

可見，諸葛亮是一位藏而不露的易術大家。

（四）守元的按語，揭示孔明的密作？

守元傳出《馬前課》做了一段按語：

「孔明《馬前課》乃軍中閒暇之時，作此以示後人趨避之方。此十四課為《馬前課》中之別裁，每一課指一朝。其興衰治亂可得諸言外，至十四課止者，兩次來復之期也。殿以未濟，以見此後又一元矣。

天道循環，明者自明，昧者自昧，又烏可以坐而致哉？

八六老僧白鶴山守元志」

譯文：

《馬前課》是諸葛亮在軍旅中閒暇時所作，是留給後世人躲避災劫、趨得福報的。以下的十四課是從《馬前課》中節選出來，每課預言一個朝代。各朝的興起衰亡，治亂之運可以從中判定。除此而外，預言到第十四課就截止的原因，暗示「七日來復」[註5]的兩次周期循環。最終以「未

濟」卦結尾，預示此後是一個新紀元。

　　天道循環，明理的人自會從中得到啟發，不明白易理的人，怎麼也弄不明白。天數既定，又怎麼能坐等著看結果，袖手旁觀呢？

白鶴山八十六歲老僧　守元

　　從中我們能看出兩點：

　　（1）現在流傳的《馬前課》，只是古藏書《馬前課》中預言後世朝代更替的那一部分。原本的其他內容，守元沒有傳出，不得而知。

　　（2）守元看到的是《馬前課》原本，他肯定此書是諸葛亮所做，他應該有不為我們所知的其他證據。

　　守元的按語為孔明密作《馬前課》增加了一分證據。這位八十六歲的老僧也是當時博古通今的智者，我們沒有理由憑空懷疑他的品行。

（五）作者尋蹤：意境、文體、文風的印證

　　從意境上看：《前出師表》表現了諸葛亮意氣風發、志在必得之勢；《後出師表》如果不是孔明所作，該文也必然模仿孔明的心態，所以不管《後出師表》作者是誰，都能體現孔明的心態：知天數、明知不可為而為之，以求挽回頹勢；而到《馬前課》，開篇就是「無力回天」，展現的是「天命難違」，很合乎孔明在伐魏興國問題上的心理變遷。

　　《馬前課》以展現「天命難違」開篇，詳盡算出了後世的天數變遷，似乎是孔明在「無力回天」的遺憾中，詳盡

算究天數，以警後人之作……這樣看來，《馬前課》和孔明的作品，在意境上是完全吻合的。

從文體上看，《馬前課》採用的四言詩形式。這是東漢以前的詩歌體，到三國時就開始被五言詩取代，到晉朝時就基本消逝了。

從文風上來看，《馬前課》和諸葛亮的作品很一致：言簡意賅，簡明易懂。

因此，我們傾向於守元的觀點：《馬前課》是諸葛亮所作。

註1：諸葛亮（西元181～234年），字孔明，號臥龍。著名的軍事家、文學家、政治家、外交家、發明家、科學家，三國時蜀漢的開國丞相。

註2：史學界一直對《後出師表》的作者有爭議。《後出師表》未收入陳壽的《三國志》，而是出自三國後期吳國張儼的《默記》。但在《三國志‧吳書‧諸葛恪傳》中，諸葛恪（諸葛亮兄諸葛瑾之子）提到過諸葛亮的上表，該表是指《後出師表》。

註3：「五月渡瀘，深入不毛」：在《前、後出師表》中都有這兩句，這是諸葛亮對以他帶兵七擒孟獲的終極地，來概述平定南方叛亂的艱辛。

　　瀘：指現在的怒江，它的一段流經瀘水縣，古稱瀘水，三國時仍沿用。瀘水以東、桃花渡口正北的盤蛇谷，就是孔明火燒藤甲兵之處，現今遺跡尚存。

　　不毛：泛指緬甸一帶，特指緬甸的八莫（Bhamo）。古稱緬甸為「不毛」，如今緬甸的英文Burma，還在延續「不毛」的發音。

註4：韋編三絕：出自《史記‧孔子世家》：「孔子晚而喜易……讀《易》，韋編三絕。」指孔子晚年鑽研《周易》，反覆閱讀，多次翻斷了書簡的牛皮繩。

註5：七日來復：見於《易‧復》中的「反復其道，七日來復，天行也。」指陽氣從被剝盡到復生，要經過七日。故以七為一個天道循環之數，所以，守元把十四理解為兩個循環。和《推背圖》解析者金聖歎相似，守元也是只能解析他生活時代——清朝初期以前的讖詩部分，對他以後的預言無能為力，而歷史的演變卻一步步把《馬前課》預示的天數「按部就班」地展現出來，直至現代！這也能印證《馬前課》預言的準確性。

第一課 蜀亡魏興

無力回天 鞠躬盡瘁
陰居陽拂 八千女鬼

○●●●●○ 中下

證曰：陽陰陰陰陰陽，在卦為「頤」。

解曰：諸葛卒後，後主降於魏。

陳曦試解

【無力回天 鞠躬盡瘁】

指諸葛亮耗盡心血扶植蜀漢，也無力挽回其滅亡的天數。

【陰居陽拂】

「陽拂」：似喻指鍾會的正面進攻被姜維阻擋在劍閣。

「陰居」：似喻指鄧艾偷入陰平（今甘肅省文縣），開山路鑽入蜀中腹地，居於陰面，以奇兵滅亡了蜀國，這是歷史上最著名、最冒險的奇襲戰。

「居」：「據」而無手（扌：提手旁）為「居」，似暗喻陰平險隘無人把守，使鄧艾冒險成功。

【八千女鬼】

合為魏字，指蜀國被曹魏所滅。

辨析：「鞠躬盡瘁」看淵源

「鞠躬盡瘁」，很多人認為：此句出自諸葛亮《後出

師表》。因為《後出師表》是否為孔明所作爭議很大。如果《後出師表》是別人的作品，那麼，《馬前課》用了這個詞，也很難認定為孔明之作了。

筆者認為：即便《後出師表》是別人的作品，也不能認定「臣鞠躬盡瘁」就一定是源於《後出師表》，正如《推背圖》第五象的「漁陽鼙鼓」不能認為是白居易的「專利」一樣。假如《後出師表》是仿作，也一定會模仿諸葛亮的用詞，就像其中的「五月渡瀘，深入不毛」是《前出師表》諸葛亮的原話一樣。所以，「鞠躬盡瘁」仍有可能源於孔明。

解卦

卦為「頤」▦，下為震☳，指雷；上為艮☶，指山。

「頤」卦對於訴訟紛爭：「終不能成，宜速和解」。對應到本課：諸葛亮五次北伐中原，「出師未捷身先死」。

「頤」卦各爻的演化，爻辭與本課的主體事件相對應。

最下面的陽爻，有如下之意：「放棄自己的寶貝，窺伺別人口中之物，凶。」（對應第一次北伐。西元228年春，諸葛亮兵出岐山，欲奪中原。馬謖失街亭糧道，蜀軍退兵。）

倒數第二陰爻：「顛倒了養生之理，以征伐別人來養自己，凶。」

（對應二度北伐。西元228年冬，兵出散關，攻陳倉要塞不下，無功而還。「以征伐別人來養自己」，此時已是諸葛亮北伐的一個宗旨。以戰來安國、圖強。）

倒數第三陰爻：「**違反養生之道，十年不要用，用了無益。**」

（對應三度北伐。西元229年春，孔明奪占了武都、陰平。此次北伐意義不大，退兵後曹魏復奪退此二郡。）

倒數第四陰爻：「**養生顛倒，虎視眈眈，其欲逐逐，無咎。**」

（對應四度北伐。西元231年春，諸葛亮圍祁山，司馬懿守險不出，蜀軍只有「虎視眈眈」！此次孔明北伐以木牛流馬運糧，糧草充足，可謂「其欲逐逐」，欲一舉驅逐魏軍，但最終被西蜀重臣李嚴誤召回兵。無功也「無咎」，無損失。）

倒數第五陰爻：「**到了不宜久居之地（拂經居），占卜一下是有好處的（貞吉），不可渡大河**」。

（對應五度北伐。西元234年春，十萬蜀軍出斜谷，在五丈原下紮營。司馬懿認為孔明選錯了駐營地，他率領魏軍背水築營，堅守免戰。諸葛亮派孟琰從武功渡渭水，犯了「不可渡大河」之戒……八月諸葛亮積勞成疾，不久病逝。）

最上的陽爻：「**採用雷厲風行的迅猛手段是吉，利於渡大河。**」

本爻已經是對應曹魏滅蜀之戰，魏軍南下涉江渡河，鄧艾奇襲陰平，迅速兵進成都，蜀漢覆滅。

可見，本卦的演化和蜀漢的命運是絕妙的對應。

本課表現的是：逆天數而行，再努力也無力回天，無法挽救蜀漢。似在警示後人：不要逆天象而行。

第二課 兩晉興衰

火上有火 光燭中土
稱名不正 江東有虎

○●○○●○　中下

證曰：陽陰陽陽陰陽，在卦為「離」。

解曰：司馬炎篡魏，元帝都建康，建康屬江東。

陳曦試解

【火上有火】

是「炎」字，指晉武帝司馬炎。

【光燭中土】

預示司馬炎在中原稱帝，建立晉朝，其後統一中國。

西元265年，司馬炎取代曹魏建立晉朝，定都洛陽，史稱西晉。西元280年，晉滅東吳，一統天下，可謂「光燭中土」。

【稱名不正】

司馬炎實質是篡魏登基，因此「稱名不正」。

【江東有虎】

在虎年，司馬睿稱帝於江東，史稱東晉。

司馬炎死後的第二年（西元291年），東晉就發生了歷時十六年的八王之亂。北方胡人趁亂舉兵，中原進入了歷史上最黑暗的五胡十六國時期。西晉最後兩帝的王朝，分別於西元311、316年被匈奴人劉淵的漢（前趙）政權攻滅。

西元318年（戊寅年），鎮守建康（江蘇南京，三國時江東吳國的首都）的司馬睿正式稱帝，在南方建政，史稱東晉。

本課預言晉朝，但沒有結局。預示晉朝並沒有完結。東晉一直延續到下一課預言的南北朝時，被南朝劉宋取代。

解卦

卦為「**離**」☲，上下都是八卦中的離 ☲，都代表火。二火疊加，正是司馬炎的炎字。

「**離**」卦為「**烈日當空之象**」。兩晉短暫而黑暗，浮華貪腐，等級森嚴，百姓生活在水深火熱之中。腐敗執政導致的「八王之亂」、「五胡亂華」，東晉無力收復中原，無力保護中土百姓，約一千六百萬漢人死於胡人的種族屠殺。

「**離**」卦大象：「**火有氣，但無形，主不實不定之意**」。八王之亂、五胡亂華貫穿兩晉，期間中原戰火紛亂、局勢不定；百姓四處投奔，又常被胡人屠殺、劫掠、遷徙為奴，居無定所。上述都與「離」卦之象相合。

第三課　八王又五胡，南北歸隋主

擾擾中原　山河無主
二三其位　羊終馬始

　下下

證曰：陽陰陰陰陰陰，在卦為「剝」。

解曰：五代始於司馬終於楊氏。

陳曦試解

本課預言跨度三百年，從八王之亂開始的西元290年，到西元589年隋朝統一。時間和上一課有交疊。

【擾擾中原，山河無主】

八王之亂、五胡亂華時，中原無主，為了奪權爭戰不止，中原大亂。

【二三其位】

喻指五胡亂華時，各政權統治者在位時間都不長。

【羊終馬始】

禍亂始於馬（司馬氏，八王之亂），終結於羊（楊堅，一統華夷）。

八王之亂

西元290年司馬炎死後，白癡的晉惠帝即位。291～306年，司馬氏八個親王為奪權角逐中原，史稱八王之亂。十六年的殘酷廝殺中，執政大權七度易手，更迭如下：

①托孤大臣楊駿（楊皇后的父親）→ ②司馬亮（殺楊駿）→ ③賈皇后（殺司馬亮、司馬瑋）→ ④司馬倫（殺賈皇后，廢惠帝自立四個多月）→ ⑤司馬冏（冏音炯；禁軍殺司馬倫，惠帝復位）→ ⑥司馬乂（音義；殺司馬冏）→ ⑦司馬穎（司馬乂被殺）→ ⑧司馬越（殺司馬穎、司馬顒；顒音用，二聲）。

五胡亂華

西元304年，八王之亂高潮時，北方胡人（北方各少數民族）趁亂舉兵，五胡十六國（又稱五胡亂華）時代來臨。

五胡：指當時的匈奴、鮮卑、羯、氐、羌，五大部族。

十六國：因北魏史官崔鴻私下撰《十六國春秋》而得名，其實在北方建政的不只十六國，如果算上自立為王的小國，有五十多國。下面選主要的邦國列表介紹。

五胡亂華時，中國北方主要邦國簡表

	國號	西元（年）	創建者（族）	都城	滅於
1	成漢 (前蜀)	304～347	李雄（氐）	成都	東晉
2	漢趙 (前趙)	304～329	劉淵（匈奴）	離石-黎亭-蒲子-平陽-長安-上邽	後趙
3	後趙	319～351	石勒（羯）	襄國(河北邢台)	冉魏
4	前涼	320～376	張寔（漢）	姑臧（甘肅武威）	前秦
5	前燕	337～370	慕容皝（鮮卑）	棘城（遼寧義縣）	前秦
6	冉魏	350～352	冉閔（漢）	鄴城(河北臨漳)	前燕
7	前秦	351～394	苻健（氐）	長安	西秦
8	後燕	384～407	慕容垂（鮮卑）	中山（河北定州）	北燕
9	西燕	384～394	慕容泓（鮮卑）	華陰-阿房-長安-聞喜-長子	後燕
10	後秦	384～417	姚萇（羌）	北地-長安	東晉
11	西秦	385～400	乞伏國仁(鮮卑)	勇士堡（甘肅榆中）	後秦
	西秦 復國	409～431	乞伏乾歸		夏
12	後涼	386～403	呂光（氐）	姑臧	後秦
13	南涼	397～414	禿髮烏孤 （鮮卑）	廉川-金城-樂都-西平-姑臧	西秦
14	北涼	401～439	沮渠蒙遜 （匈奴）	張掖-姑臧	北魏
15	南燕	398～410	慕容德（鮮卑）	滑台（河南滑縣）	東晉
16	西涼	400～421	李暠（匈奴）	酒泉-敦煌	北涼
17	後蜀	405～413	譙縱（漢）	成都	東晉
18	夏 （胡夏）	407～431	赫連勃勃 （匈奴）	統萬-上邽-平涼	吐谷渾
19	北燕	407～436	高雲(慕容雲) （高句麗）	龍城（遼寧朝陽）	北魏

　　西元420年，劉裕廢東晉建宋；北魏386年建國，439年拓跋燾統一北方。至此五胡亂華時代結束，分裂對峙的南北朝時代開幕。

南北朝

南北朝時政權更迭簡表

南朝	北朝	
（劉）宋：420年，劉裕廢東晉建宋，統治中國南方	北魏：386年鮮卑人拓跋圭所建，439年拓跋燾統一中國北方，534年分裂	
南齊： 479年，蕭道成廢宋，建齊 南梁： 502年齊和帝禪讓，蕭衍建梁	西魏：534年北魏孝武帝逃奔宇文泰，宇文泰殺之，立元寶炬為帝，建西魏。	東魏：北魏孝武帝逃走，權臣高歡另立元善見為帝，遷都鄴城，建東魏
南陳： 557年，陳霸先代梁，建陳	557年，宇文覺廢西魏建北周	550年，高洋廢東魏建北齊
	577年，北周滅北齊	
	581年，楊堅廢北周建隋	
589年，隋滅南陳，一統中華		

在本課「擾擾中原，山河無主」的三百年間歷史中，最主要的一件大事，就是五胡與中原漢族的大決戰，干係中華生死存亡，不得不提：

冉閔：奇兵奇勝屠胡令，匡復中華出將星

（一）背景：南下胡人屠殺，北方漢民近滅

五胡亂華時，胡人尚未開化，殘暴凶蠻。入塞胡族中，羯、白匈奴、丁零、鐵弗、盧水胡、大月氏、九大石胡等部落主體都是金髮碧眼的白人。他們和鮮卑族，還保留著食人獸性，其中以羯族、白匈奴、鮮卑族三族最凶殘。

史書記載：羯族軍隊行軍作戰基本不帶糧，專門擄掠漢族女子做為軍糧，叫做「雙腳羊」。被掠走的漢女隨時隨地被姦淫，被宰殺烹食。

鮮卑族也是如此。西元304年，段部鮮卑大掠中原，搶

劫了無數財富，還擄掠了數萬名漢族少女。回師途中一路上大肆姦淫、宰食。到了河北易水，吃得只剩下八千了。慕容鮮卑一時吃不掉，又不想放掉，於是將八千女子全部淹死，易水為之斷流。

在羯族建立的後趙政權殘暴無比，開國皇帝石勒規定：胡人劫掠漢人免罰，漢人稱遊牧民族為胡人者斬。史書多有後趙屠殺、屠城的記載；石勒一次就屠漢人數十萬。石虎弒君奪位後，更加殘暴。他大興土木，發男女十六萬於鄴北，逢暴雨不停工，漳水水漲淹死數萬人；又驅漢丁四十餘萬營洛陽、長安二宮，屍積原野；修林苑甲兵，漢人五十萬造甲，十七萬人造船，死亡超過三分之二；奪漢女五萬入後宮肆意變態污辱凌殺，長安—洛陽—鄴城一線，成漢的使者見到沿途樹上掛滿上吊自殺的人，城牆上掛滿漢人人頭，屍骨則被做成「屍觀」，恐嚇世人，數萬反抗將士的屍體被棄之荒野餵獸；石虎將邯鄲（一說臨漳以南）以南中原數萬平方公里土地劃為其狩獵圍場，規定漢人向野獸投一塊石子即「犯獸」，死罪。被殺、被野獸吃掉的人不計其數……

北方近百分之八十的漢人被屠殺，赤地千里，屍骨遍地。而當時北方的胡人數量迅速增長，已經超過了漢族。

（二）傳說與預言：楚霸王轉世，救民於水火

水深火熱的中原漢民中，流傳著這樣一個傳說：西楚霸王已經轉世，將救民於水火。

西元348年十一月，石虎在太武前殿大宴群臣時，後趙的國師、西域高僧佛圖澄忽然吟唱：「殿乎！殿乎！棘子成

林，將壞人衣。」石虎聽出這是預言的讖詩，立即派人掘殿下之石，果見棘草蔓生。佛圖澄嘆道：「災星將至！」

石虎做夢也想不道：讖詩中的「棘子」，是他的養孫，字「棘奴」的漢人冉閔（當時還在姓石，即石閔），「成林」是喻指他已經成了氣候。

冉閔是漢將冉瞻（原名冉良）之子。冉瞻英勇善戰，十二歲時與石勒作戰被擒。石勒命石虎收瞻為養子。瞻後來戰死，冉閔在敵視漢人的羯趙兵將中長大，數次險險被殺。他忍辱負重，終於成了一名英勇過人又謀略過人的上將，屢立戰功。

冉閔此時羽翼已豐，身遭妒忌和排擠。石虎病重，太子一黨派冉閔以五萬漢軍在凌水抵擋前燕二十萬精兵，是想借鮮卑除掉冉閔。冉閔雖然身處絕境，但胸有成竹。他的膽略和戰法，和當年楚霸王項羽確實很相似。

（三）以少勝多屢創神話，天王屠胡還我中華

後趙曾屢屢被鮮卑軍打敗。這次冉閔率五萬後趙的漢軍守凌水，以奇謀奇兵殺得二十萬鮮卑大軍潰敗近二百里，斬殺七萬餘人，連攻下郡縣大小二十八城，冉閔從此威震中原。

此時石虎已死，石氏爭位內訌。冉閔回兵攻下鄴都，解救被擄掠的漢族女子達二十萬。當時北方漢人遭到多年的大屠殺，人口已經從二千萬銳減到五百萬左右。

冉閔開始為漢族復仇，他斬了石沖全家，殺死所有胡軍，又縱兵殺掠胡人。自鳳陽至琨華，橫屍相枕，流血成渠，三日內死者達二十幾萬。

　　冉閔宣布：凡是支持他的人就進城來，反對的就出城去。一夜之間，周圍百里的漢人全部爭相擁入城中，城內的胡人全部逃走。

　　冉閔向中原殘留的漢人聚集的「城堡」傳檄《屠胡令》：「諸胡亂我中國，也已數十年，今我與諸君盡誅天下胡族，共雪我中原百姓血海深仇。——大會英，致書各地。」

　　一時間，北方各地漢人群起回應。消滅大量胡族，迫使其他胡族離開中原。而冉閔約東晉共討胡虜，東晉當時腐敗日盛，依舊不理。

　　冉閔屠胡，遭到了群胡的絕對優勢兵力的圍攻，冉閔基本是孤軍奮戰，創造一個又一個以少勝多的真實神話。

　　首戰以漢騎三千夜破匈奴營，斬首三萬，逐百里；

　　再戰以五千漢騎大破胡騎七萬；

　　三戰以漢軍七萬加四萬乞活義軍破眾胡聯軍三十餘萬；

　　四戰先敗後勝以萬人斬胡首四萬；

　　五戰以漢軍六萬幾乎全殲羌氐聯軍十餘萬；

　　六戰於鄴城以兩千漢騎將遠至而來的胡軍七萬打的潰不成軍。

　　各地漢人紛紛起義響應，「與羌胡相攻，無月不戰」。一舉光復山東、山西、河南、河北、陝西、甘肅、寧夏。逼得那些南下中原的氐、羌、胡、蠻等上百萬胡人，各還本土。道路交錯，各族部互相殺掠，加上饑疫死亡，只有十分之二、三能返回胡人的故土。

　　羯族由此走入了整族滅絕。羯族之首：後趙石勒的後代

被石虎滅門，石虎的十四個兒子全部死於非命：先後兩個太子被他自己處死；六個自相殘殺而死；五個被冉閔滅三族，一個投靠東晉，被斬於街市。羯族主力軍被完全消滅，整族基本被殺盡。只剩下一支不到萬人的部族，北投蒙古高原的鮮卑人。近200年後，這支羯人以侯景為首，先投契胡族後反，投東魏再反，投西魏又反，投南梁不久，即成為「侯景之亂」。他們八千叛兵瘋狂屠殺江南漢人，殺得赤地千里，屍骨遍地，僅屠建康城就殺光了全城二十萬人。侯景立廢兩個皇帝，而後稱帝，次年被蕭繹剿滅。從此羯族消亡。

由此也能見到：以羯族為代表的「全民皆兵、嗜殺成性」的五胡禍亂中原，如果不是冉閔屠胡驅胡，光復中華，如果等胡人殺盡了北方漢人，再向南方要生存空間，再把南方的三百萬漢人殺掉，那漢族很可能會像其他三大文明古國的古老民族一樣，亡族滅國了。

自冉閔屠胡驅胡，重振漢威後。後來又返回中原的諸胡，人口也不占多數，他們建國後也不再敢殘暴對待漢人。胡人、特別是鮮卑人被漢族先進的文明所同化。

（四）兵敗連環馬，身死慟天地

西元352年4月，冉閔率約萬人（七八千步軍和約二千騎兵）在魏昌城（今河北省無極縣）與慕容恪十四萬鮮卑騎兵遭遇。冉閔不納勸諫，與強敵決戰，十戰十勝，每戰殺敵數千。

慕容恪只好把冉閔從叢林戰場引入平川，拿出了他們的最新的祕密武器：連環馬。這是五千名善射的精壯騎兵，

鐵騎之間用鐵索相連，組成一排排無法打退的戰牆，從四面包圍上來，以弓箭配合兵器制敵。閔不知厲害，乘朱龍寶馬，左杖雙刃矛，右執鉤戟，順風斬殺三百餘人。但鐵索相連的連環馬只進不退，形成了層層包圍。冉閔的兵將拼殺得所剩無幾，終於奇蹟般地殺出了重圍。冉閔「行二十餘里，馬無故而死，為恪所擒。」

從此連環馬成了漢軍的剋星，唐朝到五代時都有它全殲以步軍為主的數萬漢軍的紀錄。

冉閔被俘拒降，痛斥夷狄。慕容俊將冉閔鞭三百，斬於龍城（今遼寧省朝陽縣），葬於遏陘山。

冉閔一死，遏陘山草木悉枯，蝗蟲大起，五月至十二月滴雨不下。慕容恪大懼，派人祭祀，追封冉閔，諡號為：「武悼天王」。當日天降大雪，雪身過膝。

（五）冉閔：深得民心與千載罪名

冉閔在當時深得民心。他的屠胡令得到了中原漢人的一致相應，紛紛投奔他。冉閔死訊傳來，冉魏國的臣子絕望至極，紛紛守節自縊，少部分逃往東晉，無一投降。冉魏幾十萬漢人不甘受辱，紛紛逃向江南的東晉。東晉軍接應不及時，使得幾十萬百姓中途受到截擊，死亡殆盡。晉將自殺謝罪。中國歷史上還沒有哪一個其他朝代的臣民表現出如此的忠誠和骨氣！

由於冉閔的王朝時間很短，無人給冉閔寫書立傳。後來統治北方的北魏（鮮卑王朝）史學家把他大罵一頓，唐朝做的《晉書》雖然介紹了他的一些事蹟，但沒有正式給他立

傳，嫌他是叛逆。如今的官方史學家也是片面強調冉閔殺胡，一筆帶過，以致歷史教材中都不見他的事蹟。

冉閔雖是叛臣，但他叛逆了異常殘暴的羯趙，應該是非常令人稱道的。他自幼生長在後趙的暴政下，深受羯族凌辱，幾次險些被殺。在他羽翼豐滿時，就給漢族饑民開倉放糧廣泛樹立個人威望，已經在為漢族起義做準備了。他的起義和屠胡驅胡，是眾望所歸的。

冉閔起義後是想歸附東晉，實現統一的。他對眾人說：「我等本是晉人，今晉室猶存，願與諸君奉表迎晉天子還都洛陽，各分封牧守公侯，諸君以為何如？」可惜表奏東晉，晉朝把冉閔當亂賊，不理睬。冉閔才在眾人擁戴下稱帝。他約東晉北伐胡族，東晉不但不理，還趁著他攻襄國的一時之敗（以為冉閔死了），攻占他的國土，招降他的將士。即是這樣，他也沒有向東晉開戰。

冉閔一死，中原又陷入紛亂戰火，其後東晉三次北伐無功而還。中原戰火斷續持續二百多年，才迎來了隋文帝楊堅的統一和太平。

解卦

「剝」䷖，下為坤☷，指地；上為艮☶，指山，故稱「山地剝」。

「剝」卦大象：「**山石崩而落於地，五陰迫一陽，正義被損**」；整體是「**群陰剝陽，去舊生新**」；運勢：「**惡運纏身**」。

「**山石崩而落於地**」：既在整體上對應中原政權崩解隕

落，又喻指本課最主要的事件：冉閔滅後趙，剿滅石氏家族。

「**五陰迫一陽**」：既在整體上對應五胡亂華，又喻指五胡圍攻冉閔漢軍，展開五胡與一漢的決戰。

引申而來的「**群陰剝陽**」，正合王之亂，爭權殘殺之勢。

「**群陰剝陽，去舊生新**」：整體上對應本象，經八王之亂，群陰剝陽，誕生了東晉；經五胡亂華，五陰迫一陽，最終隋朝統一，誕生了新的大一統的中華帝國。

落後民族對先進民族的征服只是暫時的，最終都要被先進文明所同化。北魏鮮卑王朝的孝文帝看明了這一點，主動漢化，到隋朝一統天下，在戰亂血光的迫使下，最終完成了民族大融合。

第四課 李唐興，武后沖

十八男兒 起於太原
動則得解 日月麗天

●●○●○○ 中上

證曰：陰陰陽陰陽陰，在卦為「解」。

解曰：唐太宗起兵太原。

陳曦試解

【十八男兒】

男兒是子女中的子，十八子合為李字，指隋朝末年的太原留守李淵父子。

除了上述字面意思，本句似還有深意。後文將繼續辨析。

【起於太原】

指西元617年，李淵父子自太原起兵。

【動則得解】

指李唐以動兵解除危難、國難。

【日月麗天】

本句出自《周易・離》：「日月麗乎天，百穀草木麗乎土。」麗是附著的意思。這裏取字面的意思設謎，既指唐朝成為世界仰慕的天朝大國，世界的經濟、文化中心，又喻女皇武曌（則天），曌字可解為「日月麗天」。

「日月麗天」結合第一句「十八男兒」，似還有深意。

《馬前課》每課預言一個朝代，縱覽全篇我們還能發

現：除了第二課、第十課、第十一課外（它們到下一課預言的歷史時期還沒有終結），每課都講出了該朝的國運，有始有終，預言完成。那麼對於本課也應符合上述規律。

「十八男兒、日月麗天」，似又指唐朝共有十八男帝加一個女皇武曌，共十九個能夠君臨天下（麗天）的皇帝。

唐朝共二十一帝，最後兩個先後被朱溫殺死的昭宗、哀帝是純粹的傀儡，完全受制於宦官大臣，一直被割據的藩鎮看不起，昭宗還曾被大臣囚禁三年。而在他們以前的唐帝，雖然也曾有受制於人的時候，但畢竟還是天下尊從的天子。所以，最後兩個毫無天子威嚴、被朝臣拘禁、不能君臨天下的唐帝，不能算作「日月麗天」。

如果可以這樣解析，那麼本課也預示了唐朝的國運。

解卦

卦為「解」☲，下為坎☵，指水；上為震☳，指雷。

本卦為「草木舒展之象，遇困可解之意」，正合李唐興起，遇難可解。

本卦大象：「春雷大作，大地解凍，喻冬去春來生機再現。」與李唐終結隋朝的殘暴統治，中華大地萬象更新之勢相合。

「解」卦的運勢：「宜把握良機，快速處理，身邊困境，宜出外求解，因貴人在遠方，以西、南為吉方」——正合李唐得天下之道，在太原迅速出擊解決困境，直撲西南方長安；李淵立煬帝孫楊侑為傀儡幼帝，而後取代稱帝，可見楊侑是使他過渡到帝位的貴人。

動則得解——武力走向鼎盛

　　隋末大亂，群雄紛起，作為太原留守的李淵，如果不起兵形成一股勢力，就將被聲勢浩大的義軍李密、杜伏威等消滅，所以李淵不得不冒險起兵，戰中求生。

　　李淵起兵後，勢如破竹，義軍豪族紛紛歸附，十一月攻克長安，立隋煬帝孫楊侑為帝，遙尊煬帝為太上皇。次年五月李淵受禪稱帝，改國號唐，定都長安，改元武德。

　　武德元年（西元618年）六至十一月，李世民剿滅來犯的薛舉父子平定隴西。

　　武德二年十一月，李世民殲滅依附突厥的劉武周大軍，收復淪陷的山西。

　　武德三年，李世民以劣勢兵力兩面出擊，力殲占據河北的大夏王竇建德全軍，回師逼降在洛陽稱帝的王世充。

　　武德五年三月末，李世民擊潰劉黑闥，收復河北。黑闥復起不久，被唐軍剿滅。

　　唐太宗貞觀年間，大唐四面出擊，全面擴張，依次取得了對東突厥、吐蕃、吐谷渾、高昌、焉耆、西突厥、薛延陀、高句麗、龜茲等戰爭的勝利，李世民被突厥各部尊為「天可汗」。至太宗之子高宗統治期間，國土面積已達一千二百五十多萬平方公里。

日月麗天——盛世天朝

　　唐太宗李世民統治的時期，是中國歷史最輝煌的時刻，唐朝在政治、經濟、文化、科技、武力等各個方面都遠遠超過了世界各國，走向了世界的巔峰。

　　貞觀時期吏治清平，基本杜絕了貪汙。皇帝垂範自律，官員一心為公，貪官汙吏根本沒有藏身之地。

　　唐太宗初步確立了三權分立、互相監督的管理制度，規定法令、聖旨（關係國計民生的那一部分）需門下省審查簽署方可生效發布，杜絕了獨斷專行及其危害。

　　太宗執法無私，慎殺公正。貞觀四年全國判死刑才二十九人，貞觀六年，全國死刑者二百九十人，太宗讓他們回家過年，來年秋收後回來復刑，結果這二百九十人都按時回來了。可見當時社會的道德水準！後來太宗赦免了他們的死罪。

　　貞觀時期是中國歷史上極少有的不歧視商業的封建王朝，不但不歧視，還促進商業發展。新興的商業城市如雨後春筍，當時世界著名的商都，有一半以上都在中國。自漢朝開始開闢的「絲綢之路」一直是聯繫東西方物質文明的紐帶，唐朝在西域設立了安西四鎮，保障「絲綢之路」的安全，使這條漢朝開闢的商業路線進入了最繁盛的時期，成為世界的黃金走廊。

　　盛唐是歷史上極少有的完全開放的王朝，首都長安是世界性的大都會，各國俊傑來大唐學習遊覽、留學，甚至以成為唐人為榮。全國各地都有外僑定居，僅廣州一城的西洋僑民就在二十萬人以上。

　　盛唐不但文化繁榮，還尊重信仰自由，促進東西方文明的融合。鼓勵道教，支持玄奘西遊取經，景教（基督教的一支）等信仰也能自由傳播，充分展現了天朝大國的胸襟。

　　貞觀年間，百姓富足，民風純樸。史書記載：貞觀年

間沒有盜賊，監獄常常是空的，人們外出都不關門。因連年豐收，一斗米才值三四錢。出遠門都不用帶乾糧，你到哪裏都會得到熱情的免費招待，臨走還會送給你東西。

　　貞觀之治，成為世界文明的航標，以致現在海外華人聚居區都叫做「唐人街」。昔日的盛世天朝，至今仍然讓海內外華人所自豪。

附圖：唐太宗貞觀年間，國土示意圖。

第五課　五代紛亂

五十年中　其數有八
小人道長　生靈荼毒

○○○●●●　下中

證曰：陽陽陽陰陰陰，在卦為「否」。

解曰：後五代八姓共五十三年。

陳曦試解

【五十年中，其數有八】

預言五代歷時五十餘年，共有八家皇帝。

西元907～960年，是中國古代又一個分裂割據、戰火不斷的時期，中原地區先後出現了後梁、後唐、後晉、後漢、後周五個短命王朝，史稱五代。

在《推背圖歸序全解》上部第十四象的注解中，可以看到五代時間跨度五十三年零三天。後梁朱姓一家，後唐李姓三家，後晉石姓一家、後漢劉姓一家、後周郭、柴二姓二家，共八家皇帝。

本課預言所對應的史實，可參照本書上部第十至十四象的注解。

【小人道長】

指五代的君主多為昏庸小人，卻能得勢。

後梁太祖朱溫，是著名的小人。他是黃巢部將，後降唐，在鎮壓黃巢起義中壯大起來。他謀害功臣李克用（未

478

成），挾持唐昭宗，後殺昭宗、殺何太后，廢唐哀帝後殺之，篡唐登基，創下後梁十七年社稷。這是五代時期國運最長的。

後唐莊宗李存勖，百戰滅梁。創下後唐十五年基業。他也昏庸無道，熱衷於和伶人唱戲，最終被伶人叛亂所殺。

後晉高祖石敬瑭，賣國求榮成了歷史典故。他割燕雲十六州並進貢，還向比他小十歲的契丹王耶律德光稱父皇，自稱「兒皇帝」，換得契丹出兵，幫著他滅後唐建立了後晉。

後漢高祖劉知遠雖然不能算是小人，後周太祖郭威雖然是名主，但是他們的基業都很短，也不違背「小人道長」。

辨析：「小人道長」是指馮道嗎？

有很多人把「小人道長」解為輪事五朝、轉保十帝的馮道，不妥！

像《馬前課》這樣每朝一課的概括性的大預言，一般的君主都排不上，何況馮道這樣的人物。而且，如今認為馮道是小人得志，主要是受紅朝臉譜化的歷史定性教育的影響。

歷史上的馮道，非但不是小人，而且是一位勤儉自律，力主仁政，為當世人稱道的良臣。

《舊五代史》和《新五代史》都記載了馮道令人稱道。馮道做隨軍當書記時，住草棚，睡在草上，俸祿與隨從、僕人一起花，與他們吃一樣的伙食；遇到搶來的美女，就花錢贖出來，送回家。他喪父回鄉守孝時遇到大饑荒，這位「翰林學士」傾盡家財救濟鄉民，自己卻住茅屋，還親自耕田背柴，偷著幫人耕種……

自後唐開國以後的三十一年間，馮道先後在五個朝廷官居一品：後唐宰相、後晉宰相、契丹太傅、後漢太師、後周太師；依次輔保十帝：唐莊宗、明宗、閔帝、末帝，後晉高祖、出帝，契丹遼太宗耶律德光，後漢高祖、隱帝，後周太祖、世宗。這就是官方史學家斥責他不忠的唯一證據。

但是，上述君主有明主嗎？除了最後兩位後周皇帝外，其他基本都是昏君，為一家昏君盡忠不二，結果又能如何？能「上報國家，下安黎庶」嗎？

馮道擔任宰相後，不以門第選拔人才，寒門學士有才學者能得到重用。他不失時機地勸諫君主施仁政，甚至婉勸滅亡後晉、劫掠中原的契丹主不要危害中原百姓。他在五代亂世中以官方印刷儒家九經，教化世人，開創歷史先河……這些都是難能可貴的。

馮道得到了當世人的大加稱讚。馮道死時七十三歲，與孔子同壽，「時人皆共稱歎」；《資治通鑑》引用宋初的名臣范質對他的評價：「厚德稽古，宏才偉量，雖朝代遷貿，人無間言，屹若巨山，不可轉也。」

【生靈荼毒】

五代十國群雄割據大亂，兵災不斷，生靈塗炭。

解卦

「否」☷☰，音匹，下為坤 ☷，指地；上為乾 ☰，指天。

卦象為「天氣上升，地氣下降，天地之氣不交，主閉塞不通」，運勢：「上下不和，百事不通，凡事宜忍，須知

否極泰來」，正是本課所預言的五代亂世的時局。

　　「**否極泰來**」是天道循環的規律，五代的運勢再惡再凶，也必有轉運開「**泰**」之時，下一課即是驗證。

第六課 宋興金起

惟天生水 順天應人
剛中柔外 土乃生金

●○○●○○ 上中

證曰：陰陽陽陰陽陽，在卦為「兌」。

解曰：趙宋聿興天下化成金兵入寇，是剛中柔外之象。

陳曦試解

【惟天生水】

本句與本課兌卦 ☱「天降雨澤之象」相應。

與《推背圖》第十六象「天一生水」表面相似，但兩者側重不同，從本課全文來看，本句似以五行相生中：「水生木」，來隱喻建立宋朝是順合天意的。「宋」字面含木，既然「天生水」，宋為木，順「水」而生，當然是順應天象了。

下文「土乃生金」，也是這樣以「字中五行」來解析的。

【順天應人】

指北宋立國是上合天意，下順民心的。

北宋完成了統一大業，結束了五代分裂割據，戰火紛飛的局面，救民於水深火熱之中，上應天時，下順民心，所以是「順天應人」。

【剛中柔外】

指宋朝對內強硬鎮壓，對外柔弱怯懦。

宋太祖滅五國統天下後，怕江山有失，重文輕武、壓

制武將，造成武力疲軟。兵不知將，將不知兵，甚至文官帶兵。對遼、金，以及小國西夏，打的大仗幾乎沒有勝過，一律納貢。楊延昭、狄青等名將都被壓制不得志。對內卻不惜血本鎮壓起義。

南宋也是如此，殺岳飛、貶忠臣，對金國屈膝稱臣。都是剛中柔外。

【土乃生金】

五行相生中：「土生金」，這裏借五行相生相剋之說，喻指指宋朝被金國所克。「宋」，字面含木，五行相克中，金克木。

北宋亡於金國。南宋長期被金國侵略欺凌，趙構向金國稱臣，割讓了近三分之一的國土。

解卦

卦為「兌」☱，上下都是兌☱，指澤。

本卦為「**天降雨澤之象，有譽有譏之意**」。北宋、南宋的建國都是這樣。

本課預言宋室當興用了「惟天生水」，與兌卦卦意的「**天降雨澤**」相合，雖然是天之水滋潤了宋朝，順合天意一統中原，但畢竟是趙匡胤陳橋兵變篡奪的北周江山，這一點上不光彩。所以是「**有譽有譏**」。

南宋建立也是「**有譽有譏**」，參照本書上部第二十二象的解析，趙構建南宋也是順天應人，是亡國的北宋百姓所企盼的，但編造「泥馬渡康王」之類的「祥瑞」，也是「**有譽有譏**」，不光彩。

　　「**兌**」卦：失物「有望失而復得，但是遲，且多數已損毀或損失。」

　　北宋的失物是六塊分裂出去的國土：南平、後蜀、南漢、南唐、吳越、北漢，以及割讓給契丹（遼）的「燕雲十六州」。北宋初年，一直致力於興兵奪回，後雖得回，但損失很大。而「燕雲十六州」直到南宋聯合蒙古滅金後，才從蒙古手裏贖回來，已是滿目瘡痍，損失巨大了。

　　北宋的失物是被金國掠走的二帝，南宋的使者多次向金國乞求討回徽宗、欽宗二帝和趙構的母親韋后，但是，最終得回的只是徽宗的靈柩和被金人凌辱十六年的韋后……

　　本課對應的史實，可參照本書上部第十五至二十二象的注解。

第七課 蒙元起，分東西

一元復始 以剛處中
五五相傳 爾西我東

●○○●○○ 中中

證曰：陰陽陰陽陽陰，在卦為「井」。

解曰：有元一代凡十世，至正以後割據者眾，有爾西
　　　我東之象。

陳曦試解

【一元復始】

　　《易》中的復卦為「一元復始」之象。這裏只是取字
面意思，預示元朝立國。

【以剛處中】

　　指元朝統治中原，對漢人的種族壓迫極其嚴酷。

　　蒙古人對漢人的統治是很嚴厲的。蒙古人把漢人列為
三等和四等的國民（一等的國民是蒙古人，二等的國民是色
目人即中亞人）。元朝規定每二十家編為一「甲」，首長稱
「甲主」，由蒙古人充當。嚴厲規定：禁止漢人打獵，禁止
漢人學習武術，禁止漢人持有兵器，禁止漢人集會拜神，禁
止漢人趕集趕場作買賣，禁止漢人夜間走路。對漢人的政策
過於剛硬，故曰「以剛處中」。

【五五相傳】

　　五五相加為十，指元朝統治中原以後，傳十帝。

元世祖忽必烈建立元朝後，共十帝承傳：成宗、武宗、仁宗、英宗、泰定、天順、文宗、明宗、甯宗、惠宗（順帝），從西元1291年忽必烈改國號為元，到西元1368年惠宗逃奔元上都，元朝共九十八年國運。

【爾西我東】

指蒙古帝國分裂，四大汗國在西邊，元朝在東北。

蒙古帝國橫跨歐亞大陸，面積達三千多萬平方公里。分成四大汗國，從西到東依次為：欽察汗國（金帳汗國）、伊利汗國（伊兒汗國）、察合台汗國、窩闊台汗國、元朝。忽必烈為蒙古大汗，是各大汗國形式上的共主，元朝為形式上的宗主國。

本課相關的史實，可參考本書上部二十五、二十六象。

解卦

卦為「井」䷯，下為巽 ☴，指風；上為坎 ☵，指水。

「井」卦為「珠藏深淵之象，井井有條之意」。

「井井有條」：蒙元征伐各國非常有循序漸進，非常有條理、有章法，蒙元的戰法也是這樣。

「珠藏深淵之象」：元朝滅了南宋，一統華裔，只是武力征服而已。元朝殘酷專制下，也沒有在心理上征服中原；在文化上雖然抵制漢化，但是不可避免地被漢化。真正中華民族之魂，只是暫時被元朝埋沒而已，是為「珠藏深淵」。

「井」卦的爻辭注解：「村邑變動，井不能移，井無

得無失。往來取水，井水（取）幹，也不挖井，（還取水）結果毀壞了取水的瓶，凶。」

和《推背圖》第三十二象用「井」卦比喻李自成滅明朝很相似，用「井」來比喻中國的皇權。

元朝西元1276年滅南宋奪得中原的皇權，中國就像變了村邑的主人，「井」被外族占據了。元朝治國無道，殘酷壓榨中原人，就如爻辭中「往來取水，井水（取）幹，也不挖井，結果毀壞了取水的瓶，凶。」凶數也即指元朝發生的起義是歷史上最頻繁的，終於在西元1368年被趕出了中原。

至此，中華之魂不再「珠藏深淵」，皇權之「井」也迎來了下一課的新主人。

第八課 明室國運

日月麗天 其色若赤
綿綿延延 凡十六葉

○○●●●○　上上

證曰：陽陽陰陰陰陽，在卦為「益」。

解曰：日月為明，赤者朱，有明一代凡十六主。

陳曦試解

【日月麗天】

日月合為「明」字，預示明朝立國。

【其色若赤】

「赤」，紅色，喻明朝皇帝的姓氏為「朱」，朱是紅色。

【綿綿延延，凡十六葉】

預示大明王朝共十六個皇帝。

明太祖（1368～1398年）、惠帝（1399～1402年）、成祖（1403～1424年）、仁宗（1425年）、宣宗（1426～1435年）、英宗（1436～1449年，1457～1464年復辟）、景帝（1450～1456年）、憲宗（1465～1487年）、孝宗（1488～1505年）、武宗（1506～1521年）、世宗（1522～1566年）、穆宗（1567～1572年）、神宗（1573～1620年）、光宗（1620年）、熹宗（1621～1627年）、思宗（1628～1644年），共二百七十七年國運。

解卦

「益」☳☴，下為震☳，代表雷；上為巽☴，代表風。

卦象：「**強風配快雷，聲威增長之象，有損上益下之意**」。

本課明朝得天下，正是「**強風配快雷之象**」，迅速剿滅了敵手，把元順帝趕出了中原。

「**損上益下**」：朱元璋建立明朝後，盡殺開國功臣，酷刑處置大批貪官，濫殺株連甚廣，有的一案株連殺戮數萬人，這些即是「**損上**」；朱元璋對官吏極為嚴酷，對百姓卻很關愛。他修養生息，鼓勵墾荒，大力發展生產，這些「**益下**」之舉，使明朝很快從元末多年戰亂的瘡痍中走向繁榮。

本書上部第二十九象注釋中，提到了明成祖朱棣開始創立的「**內閣制**」，後來演變為制約皇帝的最高權力機構。內閣的常規職責是：票擬（批閱）章奏、草擬聖旨、奏議朝政、封駁帝命、保薦人才等。雖然內閣奏章最終要皇帝批准，但皇帝自己擬旨獨斷專行已經不行了。這也是「**損上益下**」。

第九課 清朝氣數

水月有主 古月為君
十傳絕統 相敬若賓

○●○●●● 中上

證曰：陽陰陽陰陰陰，在卦為「晉」。

解曰：水月有主，清也，古月胡也。胡人為君，殆亦
天數，不可強歟。老僧生於嘉慶十年，今年八
十有六，過此以後不敢妄議。

陳曦試解

【水月有主】

「水、月、主」合為「清」字，預示新朝國號為清。

【古月為君】

「古月」為「胡」字，指胡人成了中原之主。「胡」
是古代對北方塞外少數民族的統稱，滿清的祖先被稱為「東
胡」。

【十傳絕統】

滿清統治中原共十帝，絕於宣統帝（溥儀）。

清朝統治中原的十帝：順治（1644～1661年）、康熙
（1662～1722年）、雍正（1723～1735年）、乾隆（1736
～1796年）、嘉慶（1797～1820年）、道光（1821～1850
年）、咸豐（1851～1861年）、同治（1862～1874年）、光
緒（1875～1908年）、宣統（1909～1911年）。

【相敬若賓】

指清帝退位後，皇室受到禮遇，被民國以國賓之禮相待。

舊朝皇室受到如此禮遇，這在中國歷史上是絕無僅有的。在袁世凱軟硬兼施的斡旋下，西元1912年2月12日滿清皇室正式頒布退位詔書，新的國民政府宣布允許滿清皇室住在皇宮裏，並給予訪華的外國元首待遇。

守元的注釋中：説他生於嘉慶十年，應是西元1805年，解《馬前課》時他虛歲八十六歲，應是1890年，即光緒十六年。

守元的解釋，只是截止到本課的前半部分，見證他生活年代以前的歷史，而對他身後的預言，卻無法破解，説：「過此以後不敢妄議。」

《馬前課》「過此以後」的預言，都在逐一應驗，可見《馬前課》不是清朝人附會的，那樣是無法準確預言清朝以後的事情的。

本課相關的史實，可參考本書第三十三象。

解卦

卦為「晉」☷☲，下為坤☷，指地；上為離☲，指火。

本卦大象：「日出地面，普照大地，有光明上進之象」；運勢為「事業、名望、財運皆吉，所謂有加官晉爵之兆」。正合本課主角：滿清入關，掃蕩中原之勢。

「晉」卦爻辭的演化，與滿清王朝的主體階段相應。

最下面的陰爻：「進攻、摧毀有利，吉。」合於滿清

入關，一路南下攻城掠地、屠城，勢如破竹。

倒數第二陰爻：「**進攻、圍困是吉，得到王母的福佑。**」合於康熙用兵，平定三藩之亂，以及開闢疆土。孝莊皇太后撫養了康熙，並全力支持他的帝業。本爻的「**王母**」，本是指武王的祖母居於福位，福佑武王。這裏顯然是喻康熙的祖母，孝莊皇太后。

倒數第三陰爻：「**得到眾人的信從，無悔。**」合於康乾盛世，滿清進入全盛時期，一統華裔，國力鼎盛。

倒數第四陽爻：「**進攻征戰如同碩鼠，有危險。**」合於太平天國之亂，十四年的戰禍，重創清朝的統治。

倒數第五陰爻：「**無悔，失物可得，勿憂，前進是吉。**」合於曾國藩、李鴻章剿滅太平天國，開展洋務運動，帶來同治中興的局面。

最上的陽爻：「**進攻、較量，採用城池攻防的戰術，危險但終究是吉，無罪過，占問很困難。**」這合於滿清後期和列強最大的一次較量：興拳滅洋、八國聯軍之戰。本書第三十九象中，《推背圖》用了「**一個或人口內啼，分南分北分東西。六爻占盡文明見，棋布星羅日月齊**」，來預示八國聯軍之戰：先危險，最終是吉，給中國全面帶來了近代文明。這個預示，與「晉」卦這一爻辭是一致的。

本課所對應的史實，本書第三十三～三十九象有詳述。

第十課 民國共和

豕後牛前 千人一口
五二倒置 朋來無咎

 中下

證曰：陰陽陰陽陰陰，在卦為「蹇」。

陳曦試解

【豕後牛前】

「豕」：音史，豬的別稱。本句指豬年的後期，牛年之前，指辛亥革命發生的時間。

辛亥革命始於西元1911年（辛亥年，豬年）10月10日的武昌起義，成立湖北軍政府，黎元洪被推舉為都督，改國號為中華民國。全國紛紛響應，兩個月內，十三個省紛紛脫離清政府宣布獨立。1912年1月1日，中華民國臨時政府在南京成立，孫中山被推舉為臨時大總統。1912年2月12日（辛亥年十二月二十五），清帝溥儀退位，清朝退出歷史舞臺。

【千人一口】

「千、人、口」合為「和」字，喻共和，指中華民國廢帝制，實現共和。

【五二倒置】

「五」：喻「九五之尊」，指皇帝。

「二」：指百姓。舊有「一天二地」之說，「一」：第一位的是君王，君為天；「二」：第二位的是百姓，民為地。

「五二倒置」：顛倒了過去君、民的關係，民為主，君為次，喻民主。故本句指中華民國廢除帝制，實現了民主。

【朋來無咎】

「朋」：外國。本句指外國來華，民國沒有犯致命錯誤。

外國來華，有來開發資源，有來掠奪的，還有日本侵略亡華，民國的應對沒有犯大錯，沒有亡國，最終打敗了日本。

民國未央

《馬前課》前遍幾課，一般每課預言都預示了這一歷史時期的國祚：有的以時間為喻，如「五十年中」；有的以傳代為喻，如「五五相傳」、「凡十六葉」；有的是以終結為喻，如「羊終馬始」。而本課沒有預言民國終結，後面也沒有預示民國滅亡。是民國未央？還是民國有復興之時？

破解《馬前課》全篇，我們能看到：民國作為偏安的小朝廷，它是和大陸紅朝並存，二者都在後面的「世界大同」之中，歸於「天下一家」的結局了。

解卦

卦為「蹇」☶（音：檢），下為艮☶，指山；上為坎☵，指水。

「蹇」卦大象：「**前路險陷，後有高山，進退維谷，如跛者舉步為艱。**」

民國多戰亂，軍閥割據、北伐統一，又經歷一戰（殃及民國）、二戰（抗日戰爭）、內戰，困難重重，步履維艱，正合「蹇」卦之象。

民國統治中原三十九年，在上述戰爭中，以十四年的（西元1931年九、一八～1945年八、一五）抗日戰爭最有代表性。是日本侵華這場亡國之難，才把分裂的民國暫時凝聚在一起，也正是抗日的巨大消耗和中共的趁機發展，才使民國丟了大陸的江山。所以，抗日戰爭是民國的主體事件。

「蹇」卦運勢：「**多災多難，進退兩難，此時宜守正道，不可輕舉妄動，動反招禍。**」 對於糾紛：「**終必有險，更防血光。不宜起訟，動則招咎。**」

正合抗日之勢。抗戰初期，力量懸殊，日本橫掃東南亞，掃平了太平洋、印度洋的盟軍艦隊，中國只能是以退為進，不能妄動。蔣介石的暗中積極準備，拖延宣戰、利用美國打日本的戰略是正確的，否則將重覆甲午戰爭的悲劇。

「蹇」卦：「**利西南，不利東北；利見大人，貞吉。**」

「**利西南**」：民國以大西南的重慶為根據地，領導抗日，正合於此。

「**不利東北**」：東北淪陷於日本。

「**利見大人**」：中國與世界大國美英法結盟有利，加入世界反法西斯陣營，共同抗日。

「蹇」卦各爻辭，整體都是歷經重重困難，最終有利。也與抗日最終勝利，中國成為舉世矚目的四大領袖國相合。

本課所對應的史實，請參照本書下部第四十～四十五象。

第十一課 紅朝興衰

四門乍辟 突如其來
晨雞一聲 其道大衰

○●○○●○ 中下

證曰：陽陰陽陽陰陽，在卦為「離」

陳曦試解

按《馬前課》一朝一課的規律，第十課預言中華民國，第十一課必然講中共紅朝的興亡了。應運而生，應劫而滅。

【四門乍辟】

「乍辟」：剛開，指二戰後國門初步開放。

同時又是一個字謎，「四門乍辟」：是「共」字，「共」像一個方形城池的四個門打開了。

【突如其來】

沒有想到共產黨會異軍突起，二戰後會奪得天下。

【晨雞一聲】

「晨」：對應十天干中的「乙」。

「雞」：對應十二地支中的「酉」。

「晨雞」：乙酉年，指西元2005年。

「一聲」：2005年最高亢的聲音，中共紅朝最怕的聲音，就是《九評中國共產黨》。

《九評》揭開了中共掩蓋的犯罪歷史，展現了它的本質。《九評》引發了退黨大潮，明白真相的人紛紛以各種方

式退出中共及其附屬組織。至西元2008年7月，上網聲明三退(註1)的人數已超過四千萬。

中共極度恐慌，不敢發表半字評論，唯恐人們得知《九評》的消息，一邊大力截堵《九評》的流傳。一邊用各種方式裝潢形象。

【其道大衰】

指中共紅朝很快將衰亡，滅亡的原因是「晨雞一聲」，《九評》問世。

中共的信仰本質是一種宗教，在本書第三十五象以古論今的對比中，我們能發現它是一個完善的宗教，只是表面打著反對宗教的旗號而已。其假、惡、鬥、殺的本性，決定它是一個邪教。到現在，中共的信仰已經沒有人再相信了，這成了道義上的「大衰」。

目前中共的制度性腐敗，普遍性的權錢交易、貪汙受賄，是中共機體「大衰」的表現。

目前紅朝的經濟是櫥窗經濟，大城市的表面被浮華裝點，編造漏洞頻頻的資料，展現其發展勢頭，嚴格操縱言論，粉飾和諧安定。實際是用櫥窗經濟掩蓋著重重危機。社會不公平極為普遍，社會矛盾激化，每年百姓信訪、上訪（民告官）超過上千萬次；貧富差距在世界上名列前茅，西元2000年中共《內參清樣》報導：大陸城鄉家庭人均收入的差距已經世界第一。同年大陸官方祕密調查顯示：省部級以上高幹的三千位貴族，私人資產共達兩萬億元。中共高官家族的外逃資金逐年遞增，2000年就達到了四百八十億美元，超過海外對華總投資。另一方面，對百姓草根階層：在低工

資、苛捐雜稅的剝削下，約1.2億人每天收入不到一美元，屬於赤貧……以上是紅朝社會整體「大衰」的表現。

危機四伏，天災人禍頻頻，中共紅朝隨時可能因突發事件解體。這也是「其道大衰」之兆。

「藏字石」——共黨滅亡本天意

西元2002年6月在貴州境內發現了2.7億年的「藏字石」，該石高近三米，重一百餘噸。斷裂面清晰可見六個大字，每字近一尺見方：

「中國共產黨亡」！

其中那個「亡」字特別的大。中國大陸官方媒體都報導了此新聞，但隱去「亡」字，但官方照片卻看得很清楚。

人間不可能有這樣的巧合，只能說這是亡黨的天意。也難怪現在大陸有流行語：「天滅中共，退黨平安」。

解卦

卦為「離」☲，上下都是八卦中的離☲，都代表火。火喻紅色，正與紅朝和紅色政權相應。

　　「離」卦為「烈日當空之象」，與紅朝的專制暴政相應。紅朝的各種政治運動，造成了非戰爭時期八千萬人的非正常死亡。

　　「離」卦大象：「火有氣，但無形，主不實不定之意」。紅朝政策變來變去、反覆無常，慣於謊言欺世，虛偽不實，正應「離」卦之象。

註1：退黨實際是三退，包括退出中共的附屬組織：共青團、少先隊。

第十二課　聖人救難

拯患救難　是唯聖人
陽復而治　晦極生明

●○○○○●　上中

證曰：陰陽陽陽陽陰，在卦為「大過」。

文征試解

【拯患救難，是唯聖人】

人間將有大難，會有聖人來拯救。

【陽復而治】

陰氣盛過之後，陽會復甦重生，預示人間大難時，會由亂而治。

【晦極生明】

黑暗到了極點就將迎來光明了。也是預示人間這場大難，危難到了極點才能有轉機，否極泰來。

從《馬前課》整部預言來看，這是世界大同前的大難，是人所未知的、預料不到的大難，聖人為了此劫而來，也不為人知。

辨析：聖人是誰？深究得解

本課的預言，並沒有直接說出聖人是誰，但是，深入探究，結合下一課，是能解析出來的。解出的答案，也能從

其他預言中得到印證。

本課和上一課在世間上有交疊，這並不奇怪，《馬前課》第二課、三課在世間上也有很大交叉，也為後面的破解留下了先例。

解析本課的聖人，思路如下：

1. 聖人來「拯患救難」，一定要在大難來之前拯救。
   如果難來了再拯救，就太遲了，很多人也就沒有機會了。歷史上的一些傳說，特別是《聖經》，都講過大難來之前，就會有先知者告訴世人，當然，很多世人是不以為然的，這正是在劫的表現。

2. 結合下一課的「光耀中華」，我們能看出：聖人是中國人。

3. 從上一課還能看出：聖人是以普傳大道大法，提高世人的道德，來濟世救人，使得天下一家，世界大同。那麼，聖人在此課的「拯患救難」，也是傳法佈道，提高世人道德的形式。這在前後是連貫的。

4. 既然聖人傳的是大法大道，根據《道德經》：「上士聞道、勤而行之。中士聞道、若存若亡。下士聞道、大笑之。不笑、不足以為道。」，我們能判定：能追隨聖人之道的，在人中一定不占多數。聖人傳道的表層意義，會有人理解，也會有人不理解，甚至嘲笑。

5. 既然聖人是以傳法提高世人道德的形式，説明當時世風日下，道德滑坡很嚴重，人心離道很遠。

6. 既然聖人傳法時世風日下，道德淪喪，那麼，聖人傳法必遭非議！曲高和寡，道大莫容，既然在「士」中都會有人不理解，那麼連「士」都算不上的惡人，就不能與道

相容。聖人傳法，必將被世間惡人、惡勢所不容，遭到毀謗、打擊、鎮壓，聖人之法的追隨者也會遭難……耶穌傳道是這樣，釋迦牟尼傳法也是這樣，只是一般的佛經沒有記載釋迦滅度後佛家被打壓、教徒被屠殺的事。

7. 要救人於難，要先去承擔，自古都是這個規律。所以，聖人傳法被毀謗、鎮壓，其實是對這次人間大難的先行赴難，所以本課的「陽復而治，晦極生明」，也在暗喻聖人傳法之難，暗喻聖人追隨者之難，是否極泰來，倒楣到極點，才會時來運轉。

上述推理，與本書第五十六象《推背圖》中「而今中國有聖人」、「否極泰來九國春」的預言，完全相合了。也與中外其他預言一致。

上述推理，完全對應於現在的社會形勢。打擊聖人的惡人、惡勢對應於現在的紅朝中共的腐敗當權者。聖人對應於現在的傳播「真善忍」大法的法輪功創始人李洪志。紅朝對法輪功的鎮壓，確實是由於容不下它。信仰「真善忍」，以此自律自醒確實能提高人的道德，這在中國大陸是有目共睹，人人皆知的，就連鎮壓者也是知道的，只是懾於中共的淫威和巨大利益的趨勢，做著昧良心的事。法輪功的諸多著作，都是教人向善，以「真善忍」為準則提高道德，其中有不少「拯患救難」的內容，與本課預示的聖人之所為也是一致的。

本課相關的史實，可參考本書第五十四至五十六象。

解卦

卦為「**大過**」☱☴，下為巽☴，指風；上為兌☱，指澤。

　　「大過」為「枯木生花之象」：對應本課預言聖人「拯患救難」，使得「枯木生花」，重見生機。

　　「大過」本卦運勢：「有力不從心，負擔過重之象，多煩惱，防官非及水險」。對應本課聖人的「拯患救難」、聖人追隨者法輪功人之難，負擔過重、多煩惱。中共官方的鎮壓，是為「官非」；中共的鎮壓伸及海外（買通海外媒體造謠中傷），是為「水險」。

　　「大過」卦，是「有大過失之意」，預示本課聖人「拯患救難」時，人間的道德滑坡、世風日下是大過；中共不遺餘力地鎮壓聖人及其追隨者，重蹈當年古羅馬帝國鎮壓基督、基督徒的覆轍，是大過。

　　「大過」卦還有「反省過失之意」，預示後人在這個階段反省自己，自己對人間這件大事的態度，可能就決定自己在大難中的禍與福！被中共鎮壓者的一方迷惑的人，等於站在了「拯患救難」的對立面，將追隨中共最終應劫落難。

第十三課 大道興 世界同

賢不遺野 天下一家
無名無德 光耀中華

○●●○○○　上中

證曰：陽陰陰陽陽陽，在卦為「大畜」

文征試解

本課預言，與《推背圖》第五十九象有異曲同工之妙。

【賢不遺野】

珍貴、賢德的寶物不會再被遺棄不顧。喻指聖人及其大法大道終會被世人認識，被珍視。

「賢不遺野」應該是《馬前課》首創的詞，不但在成語中沒有，在現有的古籍中也見不到。這樣精妙的詞，如果它出現在古籍中，早就成為成語了。由此也表明：《馬前課》曾長期祕傳、沒有公諸於世。

【天下一家】

天下大同，不分國土、疆界，世界成為一家。

因為上一課預言聖人「拯患救難」，不可能只是針對中國人，所以，這裏所預示的「賢不遺野，天下一家」，也不局限在中國，而是指世界大同。

【無名無德】

這是道家名詞：不求名、不求德，是大道風範，這裏喻指「大道」。結合前一課，這裏預示聖人普傳的大道大

法，使天下大同。

【光耀中華】

中華聖人的大道洪傳，使道德回升，最終使世界大同，「天下一家」，在世界上「光耀中華」。

解卦

卦為「大畜」䷙，下為乾☰，代表天；上為艮☶，代表山。

「大畜」（音：旭）卦大象：「**山中含天，以陰畜陽**」，是「**積小成大之意**」。正合本課聖人傳法，以道德的回升，帶動天下大同。

「大畜」卦運勢：「宜腳踏實地，可成大業」，也與此相合。

「大畜」是吉卦，爻辭最後「受天的庇護」，與本課天下大同、得天時相應。

第十四課 新天新地

占得此課 易數乃終
前古後今 其道無窮

○●○●○● 中下

證曰：陽陰陽陰陽陰　在卦為「未濟」

文征試解

本課預言，與《推背圖》第六十象珠聯璧合。

【占得此課，易數乃終】

卦象推演到這一課，《易經》之數也到頭了。人類將進入新文明。

【前古後今，其道無窮】

前兩句「占得此課」，明白了《馬前課》的預言規律，識得了聖人「拯患救難」的天機，順天意而行，將像聽到福音一樣得到福報。這福分前無古人、後無來者，在新的人類文明中，將受益無窮。

解卦

卦為「未濟」☲☵，下為坎☵，代表水；上為離☲，代表火。

「未濟」是周易周文王卦序的最後一卦，《馬前課》以此卦結尾，是以卦序隱喻：此課預言本次人類文明的最後階段。

　　這個解析，與《推背圖》最後一象一致，也與古代瑪雅預言相合。古瑪雅的天文曆法，認為西元前3113年～西元2012年，太陽系正經歷一個「大周期」，其中1992～2012年，為最後一個階段——稱為「地球更新期」，地球要完全達到淨化。2012年冬至前後，本次人類文明將結束，人類將進入一個全新的文明。

　　未濟卦大象：「水性下注，火勢向上，水火不交，陰陽不得正位，陰陽失調之象」。

　　未濟卦運勢：「初凶後吉，但必須耐心，終可渡過難關」。

　　上述與《推背圖》最後一象「終者自終」的一樣，暗示著「天下大同」前人類的劫難（詳見本書第六十象），但「初凶後吉」，經聖人的「拯患救難」，難關過後，將進入新紀元，與《聖經》〈啟示錄〉的預言一致：劫難過後，人類將進入新天新地。

　　＊　＊　＊　＊　＊　＊　＊　＊　＊　＊　＊　＊　＊

　　《馬前課》、《梅花詩》、《推背圖》、《百字銘》、《聖經》〈啟示錄〉……這些在時間上嚴格有序的預言，其最後都一致地預言：

　　聖人傳法 → 聖人法難 → 人類大難 → 否極泰來 → 世界大同（人類新紀元）

　　這在告訴我們什麼？

　　當今正處於上述歷史運行軌跡的關鍵時刻。在人類大

難來臨之前，《推背圖》這個**順序被打亂**了一千多年的預言，**被歸序全解**；《馬前課》、《梅花詩》這兩部預言也被全解，《聖經》〈啟示錄〉也被破譯……都在警示世人：大難來臨前，「**拯患救難**」的福音就在眼前……

附錄三：巨難臨頭眾生不覺，雖有推延終將應劫

歷史上許多預言家預言了人類在此時將經歷一場大劫，這場史無前例的大災難可能將毀滅一半以上的眾生……

《推背圖》最後一象以「終者自終」暗示這場大災對人類的淘汰；《馬前課》以「拯患救難，是唯聖人」點明了解難之人；《梅花詩》以「寰中自有承平日，四海為家孰主賓」，也預示了劫難和解難的福音。

災難的形式

古代一些著名的預言明示了這場大劫的形式──大瘟疫。

十六世紀法國大預言家諾查丹瑪斯在《寫給亨利二世的信》中有一段警世預言：

「會出現一場對信仰團體前所未見的大迫害，緊跟著一場瘟疫會毀滅世界三分之二以上的人口。房屋和土地都找不到主人，城市裏街道上的雜草長的比膝蓋還高。對聖徒而言，那裏將是一片荒蕪……」

明朝劉伯溫的《金陵塔碑文》中也明確地預示了這場浩劫的慘狀：

「繁華市，變汪洋。

高樓閣，變坭崗。

父母死，難埋葬。

爹娘死，兒孫扛。

萬物同遭劫，蟲蟻亦遭殃。

幸得大木兩條支大廈，鳥飛羊走返家邦。

能逢木兔方為壽，澤及群生樂且康。

有人識得其中意，富貴榮華百世昌……」

（其中的「大木兩條」與《格庵遺錄》的「兩木聖人」暗合：木，都是指聖人的姓氏：李。下一句「木兔」中的「兔」，則與《格庵遺錄》中的「白兔走青林」一致，暗示李姓聖人屬兔。上述謎底與其他預言是完全一致的。）

另一篇傳為劉伯溫所作的碑文中預言：「牛頭鼠尾撒下災，朝病暮死甚悲哀。」也以比喻的方式，預示了瘟疫之烈。

定數的應驗與推延

定數一般是不能推延的。一千三百多年來，《推背圖》預言的每件歷史事件，都按照「既定的軌道」毫釐不爽地應驗了。

西元2008年5月12日的汶川大地震，是典型的定數應驗。這個時間在《諸世紀》中有明確的預示，1998年10月出版的《諸世紀：諾查丹瑪斯預言全書》就破解出地震發生在「某年5月12日」：

《諸世紀》紀9第83首

「當太陽進入陶魯斯第二十天時，大地發生劇烈震動，龐大的劇場頃刻間化為廢墟，

空氣、天空和地面都變得黑暗汙濁，

不信神的人們也開始呼叫起了神和聖者。」

（「陶魯斯」在星相上指「金牛座」，古代太陽進入金牛座的時期是4月22日～5月21日；「第二十天」正是5月12日。）

從《陝西太白山劉伯溫碑記》^{（註1）}（以下簡稱《碑記》）來看，定下的劫數已有所推延。《碑記》中有：

七愁有飯無人食，八愁有衣無人穿，

九愁屍體無人撿，十愁難過豬鼠年。

從碑文看來，豬鼠年（西元2019年～2021年）也有不少災難，據《碑記》所言可能有瘟疫大劫，但劫數有所推延。

定數為什麼會有變化或者推延？

定數只有在極特殊的情況下，才能有所改變、推延。雖然這種推延值得慶幸，但是災難一般會加重，過去就是這樣的規律^{（註2）}。

前面已經詳細論述過，古今各大著名預言的核心天機，就是警示今天的人類：在即將來臨的大難前，「聖人傳法」解救眾生的劫數。那麼定數圍繞「聖人傳法」而有所推延也在情理之中的。

「XX年人們所說的那種劫難已經不存在了。許多預言家也知道了在XX年如果有一件什麼事情出現的時候，他們的預言就不準了。就是因為今天有大法在傳，有那麼多的人心在向上。」（《在美國西部法會上講法》，李洪志1999年2月21、22日於洛杉磯）

這裏，我們看到了李先生講出的劫難被改變的原因。這最後的大難究竟改變了多少，是在事前永遠無法知道的天機，但是，李先生已經把劫難的推延和解難的鑰匙明示出來了——

大難無處藏，解難靠真相

「天地兩茫茫，世人向何方？

迷中不知路，指南有真相；

貧富都一樣，大難無處藏，

網開有一面，快快找真相。」

這是西元2007年海外新唐人全球華人新年晚會上的一首歌：《找真相》，李先生用這種方式，向世界傳達了人們在最後的大劫中解脫的鑰匙：認清當今「真善忍」的信仰者被迫害的真相。如果不先從劫數中解脫，一旦劫數降臨，一切都來不及了。

西元2007年1月1日李先生在《謝謝眾生的問候》一文中講道：「眾生啊！你們幾千年來希望的、等待的和你們擔心的都來了，而且正在發生著，從中人人都在自覺和不自覺的選擇著自己的未來。」

解讀《推背圖》等古代預言，我們發現西元2012～

2013年，是定數中的大變革、大災劫的時期。期間，紅朝共黨將解體，在這前後，一半以上的人將被大瘟疫淘汰。如今這個定數雖有變化推延，也不會推多久。而這個推延，應該在等待更多的眾生醒悟吧。

莫把生命當賭注，勿將僥倖作聰明。

《聖經》舊約〈出埃及記〉，記載了埃及法老迫害信仰上帝的以色列人，給埃及人民招來了十次天譴，最後依然執迷不悟的法老和軍隊葬身紅海。

《聖經》新約記載了古羅馬人迫害耶穌和他的信仰者的歷史，古羅馬為此招來了四次大瘟疫，死掉了一半以上的人，強盛的古羅馬由此走向了衰亡。

歷史是一面鏡子，預言在警示今天！

註1：《陝西太白山劉伯溫碑記》，是在一場地震中被震出的，告訴人們一個可怕的景象與末法大劫難有關。全文如下：

天有眼，地有眼，人人都有一雙眼，
天也翻，地也翻，逍遙自在樂無邊。
貧者一萬留一千，富者一萬留二三，
貧富若不回心轉，看看死期在眼前。
平地無有五穀種，謹防四野絕人煙，
若問瘟疫何時現，但看九冬十月間。
行善之人得一見，作惡之人不得觀，
世上有人行大善，免遭此劫不上算。
還有十愁在眼前：
一愁天下亂紛紛，二愁東西餓死人，
三愁湖廣遭大難，四愁各省起狼煙，
五愁人民不安然，六愁九冬十月間，
七愁有飯無人食，八愁有人無衣穿，
九愁屍體無人撿，十愁難過豬鼠年。
若得過了大劫年，才算世間不老仙，
就是銅打鐵羅漢，難過七月初一十三，
任你金剛鐵羅漢，除非善乃能保全，
謹防人人艱難過，關過天番龍蛇年。（西元2012年～2014年1月）
幼兒好似朱洪武，四川更比漢中苦，
大獅吼如雷，勝過悼百虎，
犀牛現出尾，平地遇猛若，
若問大平年，架橋迎新主，
上元甲子到，人人哈哈笑，
問他笑什麼？迎接新地主，
上管三尺日，夜無盜賊難，
雖是謀為主，主坐中央土，
人民喊真主：
銀錢是個寶，看破用不了。

　　果然是個寶，地下裂不倒。

　　七人一路走，引誘進了口；

　　三點加一勾，八王二十口。

（這兩句詳見本書第五十九象的破解）

　　人人喜笑，個個平安。

註2：劫數推延要加重償還的規律，在本書〈前言〉中也有所提及：李淳風〈預知武后代唐王，勸諫太宗順天數〉時說：「如果真把她殺了，她轉生回來殺氣更旺，陛下子孫就會被殺盡！」

國家圖書館出版品預行編目(CIP)資料

《推背圖》歸序全解 / 陳曦 文征 作.
-- 初版. -- 臺北市：博大國際文化, 2016.08

冊：　14.8 x 21 公分
ISBN 978-986-92642-3-5 (平裝)　NT$：480

1.預言
296.5　　　　　　　　105014822

《推背圖》歸序全解修訂版

作者：陳曦 文征
編輯：李敏 方儷芬
特約編輯：湯學君
美術編輯：吳姿瑤
出版：博大國際文化有限公司
電話：886-2-2769-0599
網址：http://www.broadpressinc.com
台灣經銷商：采舍國際通路
地址：新北市中和區中山路二段366巷10號3樓
電話：886-2-82458786
傳真：886-2-82458718
華文網網路書店：http://www.book4u.com.tw
新絲路網路書店：http://www.silkbook.com
規格：14.8cm ×21cm
國際書號：ISBN 978-986-92642-3-5 (平裝)
定價：新台幣480元
初版日期：2016年8月　2024年 5月 三刷